배우는 대로 쏙쏙 기억되는
7단계 수업전략, 7R

How To Teach So Students Remember, 2nd Edition

Translated and published by ERICK Publisher with permission from ASCD.
This translated work is based on How To Teach So Students Remember,
2nd Edition by Marilee Sprenger © 2018 ASCD.
All Rights Reserved.
ASCD is not affiliated with ERICK Publisher or responsible for the quality
of this translated work.
Korean translation copyright © 2022 by ERICK PUBLISHER.
Korean translation rights arranged with ASCD through EYA(Eric Yang Agency).

배우는 대로 쏙쏙 기억되는

7단계 수업전략

7R

How To Teach
So Students Remember
2ND EDITION

마릴리 스프렝거 지음
이현아 · 권채리 · 이찬승 옮김

교육을바꾸는사람들

○

차례

2장
2단계 되돌아보기 ● Reflect

3장
3단계 자신만의 방식으로 재구성하기 ● Recode

4장
4단계 학습강화하기 ● Reinforce

5장

5단계 시연활동하기 ● Rehearse

6장
6단계 복습활동하기 • Review

7장
7단계 인출활동하기 • Retrieve

8장

7R 실현하기 • Realization

표 목록

제2판 서문

> 학습은 정보를 습득하는 것이고,
> 기억은 그 정보를 어떻게 저장하는가에 관한 것이다.
> 교육은 학습을 강화하는 것이고,
> 신경과학은 학습과 기억이 어떻게 일어나는지를 이해하려는 학문이다.
> 기억은 우리의 지적 활동을 한데 이어 붙여주는 풀과 같은 역할을 한다.
> – 에릭 캔델(Eric Kandel)

이 책의 개정판을 집필하는 일은 신바람 나는 일이었다. 최근 들어 신경과학자들은 현장 교사들을 지원할 수 있는 전략을 발견하기 위해 더욱 열심히 연구하고 있다. 그래서 요즘 교사는 학생들의 뇌를 변화시키는 사람, 새로운 학습을 통해 신경세포를 자라게 하는 사람, 교육학과 신경과학을 통합해서 가르치는 사람으로 불리기도 하는데, 이는 적절한 명칭이다.

학생들의 뇌에서 일어나는 변화 중 가장 중요한 것은 기억에 관련된 것이다. 인간은 장기기억에 저장된 기존의 기억에 끊임없이 접근하며, 이를 기반으로 새로 들어온 정보를 이해한다. 감각을 통해 입수된 새로운 정보는 작업기억(working memory)에 잠깐 유지되었다가, 나중에 사용될 수 있도록 장기기억(long-term memory)으로 옮겨진다. 이와 같은 일련의 과정은 전기적·화학적 소통을 통해 이루어진다.

나는 오랫동안 대니얼 셰크터(Daniel Schacter)의 연구에 경외심을 가져 왔다. 그는 『Searching for Memory(기억을 찾아서)』(1996)와 『The Seven Sins of Memory(기억의 7가지 원죄)』(2001)의 저자이다. 어느 날, 가르치는 과정을 7단계로 나누면 아이들이 더 잘 기억할 수 있지 않을까 하는 아이디어가 떠올랐을 때, 그에게 연락해봐야겠다는 생각이 들었다. 학습과정을 작게 쪼개면 작업기억에 부담을 덜 주게 되어, 학생들이 쏟아져 들어오는 정보를 감당하지 못하는 일이 줄어들지 않을까 생각했다. 작업기억에서 정보처리가 제대로 이루어지지 않으면 정보를 장기기억에 저장할 수 없다. 즉, 기억은 작업기억과 장기기억의 협업의 산물이다.

배움이 어떻게 일어나는지를 생각해보라. 최근에 골프나 외국어, 디지털기기 사용법 등을 배운 적이 있다면 이것들을 배우는 과정이 놀라울 정도로 같다는 사실을 알 것이다. 다른 것들도 마찬가지다.

먼저, 무언가를 배우겠다고 의식적으로 결정하는 순간이 온다. 어떤 이유에서든 무언가를 배우고 싶다는 생각에 사로잡히면, 그것에 관심을 두고 주의를 기울이게 된다. 관심이 가는 대상에 대해 더 알아보고 생각해보면서 어떤 방식으로 배우면 좋을지 결정한다. 그러고는 관련 정보를 수집한다. 그런 다음, 코치나 강사가 가르쳐준 것을 나만의 방법으로 이해하고, 그렇게 이해한 바에 대해 피드백을 받는다. 필요하다면 피드백에 따라 교정하고, 연습을 통해 그동안 배운 것을 연마한다. 실력이 좋아지면 새롭게 알게 된 정보나 기술을 어떻게 사용할지 스스로 계획을 세우기도 한다. 실제로 한번 해보기 위해 날짜를 정하고, 실전에 대비해서 마지막 점검을 한다. 배운 기술을 선보여야 하는 시간이 다가오면, 지금까지 저장해뒀던 모든 기억을 뒤져 최적의 어휘와 동작을 찾아낸다. 열심히 연습했다면 생각이 나지 않아서 실패하는 일은 없을 것이고, 필요한 것의 숙달을 통해 목적을 달성할 수 있을 것이다. 정리해보면 배움은 다음과 같은 7단계를 거친다.

1단계 주의끌기(Reach and Teach) 배울 것에 관심을 가지거나 동기가 형성되고 배움을 시작하는 단계이다.

정보를 잊지 않고 기억하려면 학습자가 직접 참여해야 한다(Marzano, Pickering, & Heflebower, 2010). 따라서 수업은 교사중심이 아니라 학생중심으로 이루어져야 한다. 개인별 맞춤학습(personalized learning), 문제기반학습(problem-based learning), 프로젝트기반학습(project-based learning), 탐구학습(inquiry learning) 등이 그 예이다. 정보는 감각기관을 통해 유입되기 때문에 교사는 교수·학습을 설계할 때 새로움, 필요성, 선택, 주의집중, 동기, 정서, 의미 등을 신중하게 고려해야 한다.

2단계 되돌아보기(Reflect) 내가 지금 무엇을 하고 있는지, 그것이 내 삶에 무엇을 의미하는지 생각해보는 단계이다.

오래된 우스갯소리를 하나 소개하면, 가르친다는 것은 수업을 위한 메모를 교사나 학생의 뇌를 거치지 않고 학생의 노트로 옮겨지게 하는 것이라는 말이 있다. 때때로 학생들은 수업내용에 대해 전혀 생각하지 않고 그저 기계처럼 받아쓰기만 할 때가 있다. "무엇을 배우고 있는지 잠시 생각할"(Rogers, 2013) 여유를 주면, 기존의 지식과 새로운 정보를 연결 지어 생각하게 하는 데 도움이 된다. 그러면 좀 더 고차원적인 사고로 이어질 수 있다.

3단계 자신만의 방식으로 재구성하기(Recode) 새로 배운 지식을 학습자의 방식으로 재구성하게 함으로써 학습자에게 실제로 학습이 일어났는지를 교사가 확인할 수 있는 단계이다.

배운 것을 학습자의 언어나 다른 방식으로 재구성하게 하는 것은 뇌에서 일어나는 여러 수준의 정보처리방법 중 하나인데, 이는 기억을 위해 필수적인 과정이다. 학생들은 뇌 안으로 들어온 정보를 자기 것으로 만들어야 한다. 작업기억을 사용하고, 장기기억에 저장된 기존의 지식과 연결함으로써 학습자는 새로운 정보를 자기만의 언어, 그림, 소리, 움직임으로 표현할 수 있다. 이러한 방식으로 자기만의 자료를 만들면 기억하는 데 도움이 된다. 이렇게 자기만의 언어로 표현된 내용은 학습자에게 확실히 기억되고 개념적 이해에 이르는 발판이 된다.

4단계 학습강화하기(Reinforce) 교사의 피드백을 받은 후 배운 내용으로 다시 돌아가야 할지, 앞으로 나아가 새로운 내용을 배워야 할지를 결정하는 단계이다.

앞서 '자신만의 방식으로 재구성하기' 과정을 통해 교사는 자신이 기대한 대로 학생들이 배우고 있는지를 알 수 있다. 이제 학생들은 피드백을 받아 개선하고 이 결과를 차기 학습에 반영함으로써 개념과 절차에 점점 더 익숙해지게 된다. 이때 동기를 부여하는 피드백, 정보를 주는 피드백, 성장을 돕는 피드백이 필요하다. 피드백 단계에서 교사는 학생들이 잘못 알고 있는 개념이 장기기억으로 넘어가기 전에 바로잡아줄 수 있다.

5단계 시연활동하기(Rehearse) 연습, 연습, 또 연습하는 단계이다.

연습에는 기계적 시연(rote rehearsal)과 정교화 시연(elaborative rehearsal) 두 가지가 있는데, 전자는 정보를 마음속에서 그대로 되뇌는 것을, 후자는 기억하고자 하는 정보를 이미 알고 있는 정보와 연결하여 장기기억 속에 있는 정보를 적극적으로 재조직하는 복습활동을 말한다. 이들은 모두 정보를 장기적·영구적으로 저장하는 데 중요한 역할을 한다. 시연을 위한 다양한 활동은 적용하기, 분석하기, 창조하기 등의 고차원적 사고 스킬을 요구한다. 시연과 분산연습 효과(spacing effect)를 활용하는 전략을 개발하면, 교사와 학생이 최적의 시연 스킬을 찾는 데 도움이 된다. 잠을 자는 것도 장기기억을 만드는 데 필수적이다.

6단계 복습활동하기(Review) 학습한 내용을 복습하는 단계이다.

시연활동이 정보를 장기기억에 저장하기 위한 것이라면, 복습활동은 그 정보를 인출해(retrieve) 작업기억에서 조작하는 것을 말한다. 이렇게 작업기억에서 조작된 정보는 장기기억으로 다시 저장될 수 있다. 고부담시험(high-stakes testing)에서 가장 높은 성취를 이루려면 지도방법, 복습방법, 평가절차가 서로 잘 연계되어야 한다. 복습과정에는 시험 보는 요령의 지도도 포함되어야 한다.

7단계 인출활동하기(Retrieve) 새로운 정보를 사용하기 위해 학습을 통해 저장해둔 정보를 다시 불러내는 단계이다.

저장된 정보를 인출하는 데 평가유형이 영향을 미칠 수 있다. 저장된 기억에의 접속은 구체적인 단서가 있느냐 없느냐에 달렸다. 기억의 인출과정은 회상(recall, 과거의 경험이나 정보를 생각해내는 것-옮긴이)뿐만 아니라 재인(recognition, 현재 접하고 있는 자극(정보)이 과거에 학습을 통해 기억체계 속에 저장된 자극(정보)과 같은 것임을 확인하는 인지과정-옮긴이)에 따라 촉발되기도 한다. 한편 스트레스는 저장된 기억에 접근하는 능력을 떨어뜨릴 수 있으므로 관리가 필요하다.

이 책은 학습(기억)의 과정을 7단계로 나누어 다룸으로써 교사들이 쉽게 참고할 수 있게 했다. 이 중 몇몇 단계는 이미 많은 교사가 수업에서 사용하고 있지만 '되돌아보기, 자신만의 방식으로 재구성하기, 학습강화하기' 등의 단계는 종종 간과된다. 이 책은 이러한 단계를 개발하는 방법과 더 높은 수준의 사고에 접근하는 방법에 대해 다룰 것이다. 또한, 이러한 방법이 뇌의 활동 및 뇌 연구와 어떻게 연결되는지도 소개할 것이다. 이 책을 따라 차근차근 단계를 밟아나가면 뇌가 배우는 대로 가르칠 수 있고, 연구기반전략을 활용해 학생들이 그동안 배운 것을 새로운 상황에 적용할 수

도표 P.1
학습 및 기억의 7단계, 7R

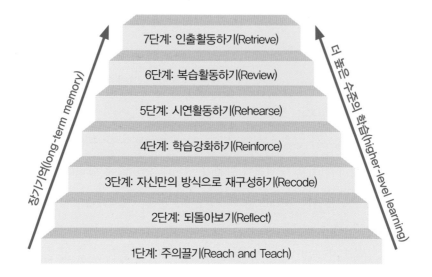

장기기억(long-term memory) →

더 높은 수준의 학습(higher-level learning) →

7단계: 인출활동하기(Retrieve)

6단계: 복습활동하기(Review)

5단계: 시연활동하기(Rehearse)

4단계: 학습강화하기(Reinforce)

3단계: 자신만의 방식으로 재구성하기(Recode)

2단계: 되돌아보기(Reflect)

1단계: 주의끌기(Reach and Teach)

있다. 이 책에서 제시한 대로 7단계에 따라 학습하면 단계가 높아질수록 기억도 강화되고 더 높은 수준의 사고도 가능해질 것이다(〈도표 P.1〉 참조).

이 책에는 뇌와 기억에 대해 새롭게 연구된 내용은 물론, 학습에 관한 새로운 발견들이 담겨 있다. 그 내용은 다음과 같다.

- **학습에 대한 책임의 점진적 이양**(gradual release of responsibility, GRR)**모델 및 피드백** 학생들 스스로 피드백을 제공할 수 있는 수준까지 도달할 수 있을까?
- **숙제의 가치에 관한 최근 연구** 숙제는 얼마만큼, 어떤 상황에서 내줘야 할까?

- **수면 및 기억에 관한 새로운 연구** 수면은 아이들의 기억에 엄청난 차이를 만들어낸다.

- **신체 움직임이 기억의 최적화에 미치는 영향** 신체 움직임은 뇌 기능을 강화해 화학물질(도파민)을 분비시켜 집중력을 높이고 정보를 장기기억에 저장하는 일을 돕는다.

- **피드백에 관한 최신 연구** 피드백을 언제, 얼마나 자주, 어떤 형태로 줘야 할까?

- **매슬로(Maslow)의 욕구위계설(hierarchy of needs)과 사회적 두뇌(social brain)의 중요성에 관한 새로운 관점** 성공적인 학습을 위해서는 어떤 기본적인 욕구가 먼저 충족되어야 하는가?

- **성장관점(growth mindset)의 중요성** 누구나 성공적으로 배울 수 있다는 믿음은 학습에 매우 중요하다.

- **신경전달물질에 관한 최근 연구** 어떤 신경전달물질이 뇌에 동기를 부여하는가? 신경전달물질이 분비되게 하려면 어떻게 해야 하는가? 목표가 달성되면 신경전달물질에는 어떤 영향을 미치는가?

- **복습에 관한 메타분석 결과** 복습을 하는 새롭고 효과적인 방법은 무엇인가? 복습은 얼마만큼의 간격을 두고 진행되어야 하는가?

- **정보를 의미 있는 덩어리로 묶는 방법** 정보를 의미 있는 덩어리로 묶어서 제시해야 한다는 말은 오랫동안 들어왔다. 실제로 그렇게 하려면 어떻게 해야 하는가?

- **사전평가에 관한 새로운 관점** 사전평가를 어떻게 활용해야 학생들의 관심을 더 끌 수 있는가? 사전평가는 어떤 방식으로 해야 하며, 평가결과

데이터를 가지고 무엇을 할 수 있는가?

• **메타인지에 관한 새로운 정보** 메타인지(metacognition, 인지과정에 대해
인지하는 능력으로, 상위인지라고도 함-옮긴이)란 '생각에 대한 생각'만을
의미하지 않는다. '생각하면서 생각하는 것'이 메타인지이다! 다소 어렵
게 들릴지 모르지만 맞는 말이다.

이 책의 1판에 썼던 '핵심 노트'를 가져와 장마다 엮어뒀다. 그중 일부
는 전문가의 의견을 직접 인용한 것이고, 다른 일부는 신경과학 연구결과
이며, 또 다른 일부는 학위만 없지 신경과학자일 수도 있는 우리네 할머니
들로부터 전해져 내려오는 상식적인 내용이다. 현명한 어른들의 충고를 따
랐다면 우리 뇌와 몸 상태가 지금보다 나았을지도 모른다. 더 많이 놀고,
더 많이 움직이고, 더 많은 과일과 채소를 먹고, 요리할 때 식품첨가제 등
의 인공재료를 덜 썼다면 어땠을까? 음악을 더 많이 듣고, 다른 사람의 이
야기를 더 많이 듣고, 개와 고양이를 더 많이 쓰다듬고, 매일매일 웃으며,
우리 자신과 다른 사람들에게 더 친절했다면 어땠을까? 우리네 할머니 할
아버지가 권했던 그 모든 일을 잘 따랐다면, 오늘날 우리의 기억력은 더
좋아졌을 것이고, 우리의 뇌는 더 많이 연결되었을 것이다. 그리고 더 많
은 친구를 사귀고(이건 뇌에도 좋은 일이다.), 지구상의 많은 것들을 지금
보다 좋게 만드는 데 더 많은 시간을 썼을 것이다.

○

되돌아보기

단계마다 성찰과정이 꼭 필요하다는 점을 알기에 이 책의 각 장을 '되돌아보기'로 마무리하려고 한다. 지금까지 서문에서 읽은 내용에 대해 아직 성찰의 시간을 갖지 못했다면, 지금 해보도록 하자. 서문을 읽으면서 어떤 질문이 떠올랐다면, 그 질문에 대해 생각해보자. 그 질문에 대한 답을 어디에서 찾을 수 있겠는가? 그 질문은 현재 여러분이 처한 상황과 어떤 관련이 있는가? 메모하거나 강조 표시를 했다면 해당 영역으로 돌아가서 그 부분이 왜 중요하다고 느끼는지 생각해보자. 더 자세한 정보가 필요하다면 참고문헌을 보고 다른 자료를 더 찾아 읽어도 좋고, 그렇지 않다면 계속해서 이 책을 읽어나가면 된다.

Reach and Teach

1단계

주의끌기

우리 기억에 좋은 선생님으로 남아있는 분들은
우리에게 진심으로 관심을 기울여주고 성장하도록 북돋워주신 분들이다.
우리를 인정해주고 우리들 한 명 한 명에게 관심을 기울여주신 선생님 말이다.

- 조나단 코헨(Jonathan Cohen)

○ Reflect

○ Recode

○ Reinforce

○ Rehearse

○ Review

○ Retrieve

나는 작년에 이어 올해도 가정환경이 어려운 학생이 많은 학급을 담당하고 있다. 가정환경이 좋지 않은 29명의 8학년(우리나라의 중학교 2학년에 해당함-옮긴이) 학생들로 구성된 학급이다. 29명 중 4명은 이전 학교에서 강제 전출되어 우리 학교로 온 아이들이고, 2명은 범죄조직에서 활동하고 있는 형제를 둔 아이들이다. 17명은 한부모가정 아이들이고, 그중 일부는 취약계층 대상의 복지혜택을 받고 있다. 감옥에 수감 중인 아버지를 둔 아이도 있다.

학기가 시작되는 첫날, 학교생활 안내책자에 있는 규칙들을 공지하고 있을 때였다. 함께 안내사항을 읽어보던 아이들이 갑자기 웃으면서 비아냥대기 시작했다. 소리가 너무 작아서 뭐라고 말하는지 정확하게 들리지는 않았다. 나는 애써 무시하며 교과서를 배부했고, 비상시 연락처를 수합하면서 첫날 일과를 마무리했다.

두 번째 날에는 사회과 관련 도서들을 접할 수 있도록 '북워크(book walk, 책에 대한 관심을 높이기 위해 곳곳에 책을 전시해두고 학생들이 돌아다니면서 살펴볼 수 있게 하는 활동-옮긴이)'를 하기로 했다. 진도를 나가기 전에 학생들에게 관련 학습자료를 먼저 노출시키면 나중에 이를 배울 때 더 안정감을 가지고 배울 수 있다는 조언을 읽은 적이 있었기 때문이다. 그런데 학생 두 명이 책 내용을 놓고 언쟁을 벌이기 시작했고 순식간에 15명 정도의 아이들이 논쟁에 합세했다. 교실이 교장실 바로 옆이라서 이러한 소동이 교장실에 들릴까 봐 조마조마했다. 걱정되는 마음에 수업종이 울리기를 기다리면서 시계를 봤다. 하지만 드라마나 영화처럼 결정적인 순간에 종이 울려서 위기를 모면하게 되는 행운은 오지 않았다. 나는 책상 서랍을 열어서 호루라기를 꺼냈다. 재빨리 호루라기를 한 번 불자 아이들은 조용해졌다. 깜짝 놀라거나 짜증내는 아이들도 있었지만 어쨌든 조용해졌다. 그 조용한 분위기를 유지하기 위해 학생들에게 역사적 사건의 한 장면을 그림으로 그려보라는 간단한 과제를 내줬다. 그러고는 종이 울리기만을 기다렸다.

마침내 종이 울렸고, 나는 아이들보다 먼저 교실 문을 나섰다. 마침 문 앞에서 동료교사와 마주쳤다. 나는 정색을 하며 그 선생님에게 말했다. "전 이 아이들 데리고 수업 못하겠어요."

"하실 수 있어요. 아이들의 주의만 끌 수 있다면 말이죠. 그럴 수 없다면 기대하지 않는 일이 벌어지겠죠."

동료교사는 이렇게 말하고 나를 지나쳐갔다.

처음에는 어리둥절했지만, 생각해보니 맞는 말이었다. 다른 학급을 가르칠 때는 어떻게 아이들의 주의를 끌었는지 생각해보기 시작했다. 호루라기로 효과를 본 것은 그것이 아이들에게 새로웠기 때문이다. 다음번에 아이들의 주의를 집중시키려면 또 다른 새로운 방법을 생각해내야 하는 걸까? 무엇이 교육적이면서도 효과가 있는 방법일까? 주의를 끌기 위해서는 먼저 아이들의 관심을 얻어야 한다. 정서적으로 교류하며 좋은 관계를 만들고, 아이들 각자가 선호하는 학습법이 무엇인지 파악하고, 아이들의 삶과 동떨어지지 않은 학습자료를 사용해야 한다.

자극, 주의, 학습

하루 동안 감각기관을 통해 유입되는 외부 자극은 수없이 많다. 매초 2천 비트의 정보가 우리 뇌의 여과시스템을 통해 들어온다(Willis, 2009/2010). 우리 뇌는 유입되는 정보량의 단 1퍼센트 정도만을 기억한다(Gazzaniga, 1999). 수많은 의미정보(semantic information)는 물론, 감각정보(sensory information)까지 기억할 수 있게 하려면 교사는 학생들을 어떻게 지도해야 할까? 연구에 따르면 "관련 주제에 얼마나 관심이 있는지, 그리고 해당 사건이나 정보가 극적으로, 정서적으로, 시청각적으로 주는 영향력의 크기에 따라" 기억 여부가 결정된다(Kerry, 2002).

나는 주의력을 주의지속시간(attention span) 관점에서 생각하곤 했는데, 아이들의 주의를 붙잡아둘 수 있는 시간은 과연 얼마나 될까? 내가 배운 공식에 따르면, 주의력 지속시간은 학생들의 나이를 분(minute)으로 나타낸 것과 같다. 즉, 7세 아동의 주의력 지속시간은 7분 정도이다.

하지만 학습을 위한 주의력의 지속을 기대하기 전에 학생들은 지금 들어오는 정보에 주의를 기울이는 훈련부터 되어야 한다. 다음의 예를 보자.

작문시간에 초등학교 3학년 학생들이 교실에 흩어져 글쓰기를 하고 있다. 학생들은 글쓰기를 어떻게 할지 서로 소곤거리며 논의하고, 교사는 한 아이를 놓고 일대일 지도를 하는 중이다.

케이티는 조용히 앉아서 자신이 좋아하는 책에 관해 쓴 짧은 에세이를 다시 읽고 있다. 중간중간, 읽기를 잠시 멈추고 책 속의 장면을 묘사하는 그림을 그리기도 한다. 그때 제이미가 케이티의 책상으로 다가와서 파란

색 마커를 빌려달라고 한다. 케이티는 읽기를 멈추고 제이미에게 마커를 건네준다. 제이미는 케이티의 그림을 슬쩍 보더니 책에 관해 몇 가지 질문을 한다. 케이티는 그림을 그리면서 그 장면과 책 속 인물들에 관해 이야기한다. 이때 안젤로가 케이티의 책상 서랍에서 책을 꺼내야 한다면서 대화에 끼어든다. 안젤로는 케이티에게 양해를 구하고 책을 찾기 시작한다. 이제 케이티는 일어서서 색칠하며 제이미에게 그림에 관해 계속해서 설명한다.

케이티는 오른손으로 그림을 그리는 와중에 안젤로가 찾던 책을 발견한다. 케이티는 왼손으로 그 책을 집어 안젤로에게 건네준다. 안젤로는 고맙다고 말하고는 에세이 첨삭을 하던 자리로 돌아간다. 케이티의 설명에 흥미가 생긴 제이미는 그 책의 작가가 누구인지 묻는다. 케이티는 그 책을 빌려간, 건너편에 앉아있는 티파니에게 작가 이름을 묻는다. 답변을 기다리며 둘은 계속해서 대화를 이어간다. 케이티는 그 책에 대한 제이미의 의견을 들으면서 자신이 그린 그림을 만족스럽게 바라보다가 작가 이름을 불러주는 티파니의 목소리를 듣는다. 제이미가 자리로 돌아가자 케이티는 초록색 마커를 집어서 집 그림 옆에 커다란 나무를 그려넣는다.

연구에 따르면, 주의를 끄는 주요 요소로는 필요, 새로움, 의미, 정서 이렇게 4가지가 있다(Tate, 2016). 주의집중을 한다는 것 자체가 일종의 인지적 처리과정이라고 할 수 있다(Andreasen, 2004). 케이티가 불필요한 자극(주위 친구들의 대화)을 무시하고, 중요한 자극(글, 그림, 제이미의 말)에 주목하며, 하나의 자극에서 다른 자극으로 관심을 옮기는 것(제이미에게 말하다가 그림을 그리고, 안젤로와 대화하다가 제이미나 티파니와 대화하는 모습)을 보면 알 수 있다. 케이티는 또한 그림 속 시각정보를 조율하고, 제이미나 티파니의 말을 듣기 위해 청각정보에 주의를 기울인다. 그림을 그리고, 안젤로에게 전해줄 책을 집어들고, 제이미에게 마커를 건네주면서 촉각정보를 처리하기도 한다.

주의(attention)는 다음과 같이 5가지 유형으로 분류할 수 있다(Andreasen, 2004).

- **지속적 주의**(sustained attention) 오랜 시간에 걸쳐 주의집중이 지속될 때 일어난다. 교안을 짜고 평가방법을 계획할 때 필요한 집중 유형이다.
- **특정 대상 지향 주의**(directed attention) 쏟아지는 정보 속에서 특정 자극을 의식적으로 지향할 때 일어난다. 수업을 방해하는 학생들에게 교사가 주목하는 경우가 그 예이다.
- **선택적 주의**(selective attention) 개인적인 이유 또는 감각적인 이유에 의해 특정 자극에 더 집중할 때 일어난다. 학생들이 교사의 강의보다는 친구가 속삭이는 말에 더 귀를 기울이는 것이 이에 해당한다.
- **분산 주의**(divided attention) 동시에 여러 과제나 개념에 주의를 분산할 때 일어난다. 멀티태스킹(multitasking)의 상황을 말한다. 텔레비전 앞에서 숙제를 하는 학생들은 이런 유형의 주의를 발휘한다.
- **초점 주의**(focused attention) 목표 자극에만 일정 시간 동안 집중하는 것을 말하며, 이를 통해 관련 자극을 간파할 수 있다. 인터넷을 활용해 자료조사를 할 때, 제시된 질문의 답에 초점을 맞추도록 요구하면 교사

는 학생들이 이런 유형의 주의를 사용하도록 유도하는 셈이 된다.

주의집중은 사고하는 데 꼭 필요하다. 뇌는 주변 환경을 훑으며 감각기관이 전달하는 정보를 샅샅이 살펴 주의를 기울일 대상을 발견한다. 뇌는 항상 주의를 기울이고 있다. 다만 학생들이 우리가 원하는 것에 주의를 기울이지 않을 뿐이다.

주의집중이 일어나는 메커니즘

주의집중을 위해서는 각성(arousal), 지향(orientation), 초점(focus)이라는 3가지 요소가 필요하다(McNeil, 2009). 먼저, 뇌의 망상활성계(reticular activating system)가 신경전달물질 분비량에 따라 각성의 정도를 조절한다. 노르에피네프린(norepinephrine)과 도파민(dopamine)에 의해 전두엽(frontal lobe)이 자극을 받으면 뇌의 전기적 활동이 변화하면서 우리를 깨운다(각성). 이로 인해 두정엽(parietal lobe)은 현재까지의 자극이 아니라 새로운 자극에 관심을 두게 된다(지향). 그러면 시상(thalamus)은 상황을 통제하고, 전두엽에 새로운 정보를 전달해 우리가 새로운 정보에 초점을 맞추도록 유도한다(초점). 시상은 이를 돕기 위해 다른 자극을 차단하고, 전측대상회(anterior cingulate)는 집중을 지속할 수 있도록 돕는다(McNeil, 2009). 이와 같은 주의집중 과정에서 중요한 역할을 하는 것이 해마(hippocampus)이다. 해마는 많은 정보에 접근할 수 있어서, 망상활성계가 어떤 감각자극에 반응하면 그것을 이전의 경험과 비교해 얼마나 새로운 정보인지를 판단한다(Ratey, 2008).

뇌에 관한 이와 같은 생물학적 정보(<부록 A> 참조)는 학생들이 주의집중을 하도록 교사가 도울 수 있다는 사실을 확인해준다. 학생들이 주의를 기울이도록 유도한다면, 학생들의 전측대상회는 교사가 무엇을 제시하든 그것에 초점을 맞출 수 있다. 다음의 예를 살펴보자.

노아는 태블릿을 가지고 놀고 있다. 벌써 7시가 다 되었지만 게임에 너무 몰입한 나머지 시간이 벌써 이렇게나 지났다는 사실을 깨닫지 못한다. 배터리가 다 떨어져 태블릿 전원이 갑자기 꺼져버렸다. 배터리가 부족하다는 경고 표시를 진작에 봤지만, 게임을 멈출 수 없어서 충전기를 찾아보지 않았다. 배터리가 완전히 방전되었으므로 노아는 할 수 없이 충전기를 찾아 콘센트에 꽂는다. 배터리가 충전되기를 기다리는 동안, 시계를 슬쩍 본다. 노아는 시간이 벌써 그렇게나 되었다는 사실을 그제야 깨닫는다.

망상활성계가 노아를 흔들어 깨운다. '해야 할 숙제가 많은데, 시간이 이렇게나 지났을 줄이야!'

노아는 책상 위에 쌓여 있는 교과서를 보고, 해야 할 일의 우선순위를 정하기 시작한다. '음…… 영어숙제는 내일 학교 가는 버스 안에서 할 수 있어. 수학숙제는 엄마 도움이 필요할지 모르니까 지금 해야겠다. 그다음에 스펠링 시험준비를 하는 게 좋겠어.'

노아의 전두엽은 이제 숙제 쪽으로 관심을 돌린다. 계획을 세우고 우선순위 정하는 역할을 담당하는 전두엽의 도움을 받아 수학숙제를 하려면 엄마의 도움이 필요하니 먼저 해야겠다고 생각한다.

노아는 책꽂이에서 수학책을 꺼내 들고 공책을 펼친 후, 숙제에 완전히 집중한다. 엄마가 문을 열고 들여다보는 것도 눈치채지 못한다.

노아의 시상은 수학숙제에 집중하는 일에 도움이 되지 않는 감각정보들을 차단한다.

핵심 노트 유입되는 정보를 인식하지 못하면 명시적 학습은 일어날 수 없다.

주의집중을 유도하는 요소

제레미와 조는 유치원 때부터 같은 학교를 다니는 가까운 친구 사이다. 엄마들은 같은 독서동아리 회원이고, 아빠들도 종종 함께 골프를 치는 사이다.

어느 화창한 토요일 오후, 제레미와 조는 야구연습장에 갈 계획이었다. 곧 야구 시즌이 시작되니 연습을 많이 해서 주니어 대표팀에서 정식 대표팀으로 뽑히고 싶었다. 야구 배트를 챙겨 막 나서려는데 조의 아빠가 다가와서 말했다.

"얘들아, 오후에 아빠들이랑 골프장에 같이 가는 게 어떠니? 우리는 훌륭한 캐디가 필요하거든."

그 말을 듣고 제레미의 얼굴이 환해졌다.

"재미있을 것 같아요. 골프 치는 데 유용한 팁도 배울 겸요. 마침 날씨도 너무 좋잖아요! 그렇지 않아, 조? 야구연습장은 나중에 가면 되지 뭐. 그리고 너, 학교 골프부에 지원해보고 싶다고 했잖아. 골프 연습하기에 좋은 기회가 될 것 같은데?"

그러나 조는 제레미의 말에 그다지 동조하지 않는 것 같았다. 대답을 기다리던 조의 아빠는 아들의 얼굴에서 부정적인 감정을 알아챘다.

"좋아, 조! 네가 마음에 내키지 않아도 가준다면, 그 수고에 대해 내가 돈으로 보상할게."

조는 고개를 끄덕이며 이렇게 말했다.

"좋아요. 하지만 10달러보다 더 주셔야 해요. 지난번에 10달러 주셨잖아요. 그걸로는 안 돼요."

조와 제레미는 관심사가 비슷하지만 각자 다르게 반응했다. 캐디 역할을 수락하는 데 조는 돈이라는 외적 동기가 필요했던 반면, 제레미는 그 일 자체를 즐기는 내적 동기를 가지고 있었다. 제레미의 관점에서 '캐디 역할하기'는 집중을 유도하는 4가지 요소(필요, 새로움, 의미, 정서) 중 3가지 요소, 즉 필요(골프 치는 데 유용한 팁을 배우기 위해서), 의미(날씨 좋은 날, 좋아하는 사람들과 친밀한 시간을 보낼 수 있어서), 정서(골프 연습 자체가 재미있어서)를 내포하고 있다.

동기 유발의 요인

메리엄웹스터 사전에서는 동기(motive)를 '욕구나 욕망같이 사람들의 행동을 유발하는 무언가'라고 정의하고 있다(Merriam-Webster, 2003). 욕구가 무엇이냐고 물으면 아이들은 엄청나게 긴 목록을 읊어대지만, 그중에 공부와 관련된 건 하나도 없다. 학생들은 읽기, 수학, 역사, 과학, 작문을 배울 필요가 없다고 생각하는 경우가 많다. 따라서 이것들이 필요할 뿐만 아니라 심지어 배워볼 만하다는 걸 입증하는 일은 교사들의 몫으로 남겨진다.

내적 동기는 사람의 내면에서 발생하는 것으로, 어떤 욕구나 필요가 즐거움을 주거나 중요하다고 생각될 때 생겨난다. 내적 동기가 있으면 뇌에서 도파민이나 노르에피네프린 같은 신경전달물질이 분비된다(Burns, 2012). 이러한 화학물질은 우리가 목표를 달성하는 데 필요한 태도와 행동을 촉발한다. 목적이 달성되면 이런 신경전달물질이 새롭게 분비된다. 만족감을 유발하는 도파민은 성취 후의 기분 좋은 감정을 다시 느낄 수 있도록 목표를 거듭 달성하고 싶다는 마음이 들게 한다.

반면에 외적 동기는 보상이나 벌과 관련이 있다. 연구에 따르면, 외적 동기는 목표를 추구하기보다는 눈에 보이는 보상을 추구하거나 벌을 회피하는 쪽으로 뇌를 전환시킨다(Kohn, 1993). 만약 보상받을 때 도파민이 분비되어 기분이 좋아지면, 학생들의 뇌는 그 기분 좋은 느낌을 성과보다는 보상과 연결 짓게 되고, 이런 식으로 길들여진다. 앞의 예에서, 조는 돈이라는 보상이 주어져야 기분이 좋아지지만, 제레미는 경험과 학습에서 오는 즐거움을 추구한다. 많은 연구자들에 의하면, 외적 보상은 시간이 지남에 따라 점점 더 커져야 예전과 같은 수준의 즐거움이나 흥분을 느낄 수 있다. 조가 10달러 이하로는 만족하지 못하는 이유가 바로 여기에 있다.

○ **핵심 노트** 주의를 끌고 동기를 유발하려면 필요, 새로움, 의미, 정서 같은 요소가 필요하다.

매슬로의 욕구이론

매슬로의 욕구위계설(Maslow's hierarchy of needs)에 따르면, 특정 욕구들을 만족시켜야 뇌가 학습에 집중할 수 있다(〈도표 1.1〉 참조). 매슬로의 위계는 맨 아래 생리적 욕구에서 시작해 안전, 소속감과 사랑, 자긍심의 충족 단계를 거쳐 자아실현의 단계에 이른다(Maslow & Lowery, 1998).

- **생리적 욕구**(physiological needs) 생리적 욕구는 생존에 필요한 기초적 욕구로서 음식, 물, 주택, 의복 등에 대한 욕구를 지칭한다. 학생이 배고픔을 느낀다면 학습 이전에 무엇보다도 배고픔이 먼저 충족되어야 한다. 학생의 관심과 주의는 우선적으로 이러한 기본적인 욕구를 충족시키려는 데 쏠리게 된다.

- **안전의 욕구**(safety needs) 안도감을 느끼고 위협요소가 없으며 예측이 가능할 때 뇌는 안전하다고 느낀다. 생리적 욕구가 해소되면 인간은 자연스럽게 안전을 갈망한다. 이 욕구가 충족되어야 그다음 상위단계의 욕구를 갖게 된다. 교실에서 안전하다고 느끼지 못하면 학생은 학습에 집중하기 어렵다.

- **소속감과 사랑의 욕구**(belonging and love needs) 소속감과 사랑은 인간의 뇌에서 동기를 유발하는 데 중요한 역할을 한다. 생리적 욕구와 안전의 욕구가 충족되면 인간은 외로움을 극복하고 싶어 한다. 친구나 가족, 교사와의 관계는 소속감을 충족시킨다. 교사나 친구들과 좋은 관계를 맺는 학생에게서는 세로토닌(serotonin, 행복감을 느끼게 하고 우울감을 지워주는 역할을 하는 신경전달물질-옮긴이)과 도파민(dopamine, 보

상과 동기부여, 기억, 집중력, 주의력, 학습 및 기분을 제어하는 신경전달 물질-옮긴이)이 분비되며, 이는 기분을 좋게 하고 학습동기를 유발한다.

- **자긍심의 욕구**(esteem needs) 자기존중, 성취, 성공, 평판 등이 여기에 해당한다. 학생들은 교실 안에서 자신이 가치 있는 사람이라고 느껴야 학습에 집중할 수 있다. 특히, 선생님에게 자신이 의미 있는 존재라고 느끼면 학생은 좀 더 노력을 기울여 학습에 임한다.
- **자아실현의 욕구**(self-actualization needs) 각자 자신에게 가장 잘 맞는 모습으로 존재하고자 하는 욕구를 의미한다. 욕구 위계의 최상위 단계인 자아실현이야말로 학생들이 성취하기를 바라는 최상의 모습이다. 이를 위해서는 먼저 자신이 안전하며, 어딘가에 소속되어 있고, 가치 있는 존재이며, 타인이 자신을 존중하는 만큼 스스로를 존중할 수 있다는 것을 알아야 한다.

도표 1.1
매슬로의 욕구단계

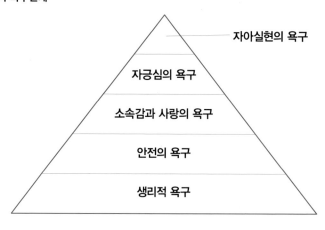

리버만의 욕구이론

신경과학자 매튜 리버만(Matthew Lieberman)은 매슬로가 틀렸다고 생각했다(2013). 인간은 의식주를 확보하기 위해 다른 사람에게 의존할 수밖에 없으므로 매슬로가 주장하는 욕구단계의 순서 일부가 바뀌어야 한다고 주장했다(〈도표 1.2〉 참조). 그의 견해에 따르면, 사회적 배척은 신체적 고통만큼 엄청난 충격을 줄 수 있다. 따라서 가장 원초적인 욕구는 사람들에게 받아들여지고 소속되고 싶은 욕구이다.

십대의 세계에서 또래집단에 소속되는 일은 배고픔 같은 기본 욕구보다 우선시된다. 예를 들어 7학년인 카키샤는 배구팀을 짜는 동안에 화장실을 가지 않아서 바지에 실수할 뻔한 적이 있다. 화장실에 가느라 친구들 사이에서 빠지면 어느 팀에도 못 낄지 모른다는 두려움 때문이었다.

따라서 학생들의 주의를 끌어 학습에 집중하게 하려면 교사는 먼저 학

도표 1.2
리버만이 제안한 욕구단계

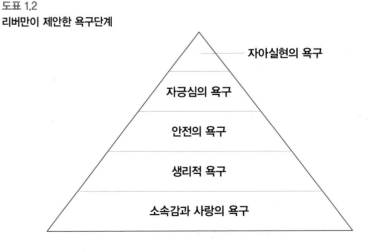

생들의 욕구를 이해하고, 그 욕구가 충족되도록 노력을 기울여야 한다. 학생들은 기본 욕구가 충족되어야 교사가 가르치고자 하는 바에 집중하고 학습내용을 기억할 수 있다.

글래서의 욕구이론

윌리엄 글래서(William Glasser)는 『선택이론(Choice Theory)』(1999)에서 생존, 소속감과 사랑, 힘, 자유, 재미를 5가지 중요한 욕구로 정의한다. "내가 원하는 삶을 선택하고, 내게 필요한 사람 곁에 머무르기"라는 책표지의 문구는 그의 이론을 가장 잘 보여주는 문장이다.

글래서의 이론에 따르면, 학생들에게 선택의 기회를 주는 것은 자율권에 대한 그들의 욕구를 수용해주는 것을 의미한다. 이를 통해 학생들은 자신이 하는 일에 대해 긍정적인 감정을 갖게 되고, 학습동기가 높아지며, 학습에 집중하게 된다. "내게 필요한 사람 곁에 머무르기"는 소속감과 사랑을 의미한다. 십대들은 다른 사람과 친밀감을 느끼고 선생님이나 친구들에게 의지할 수 있어야 한다.

브로피(Brophy, 1987)에 따르면 학습동기는 경험을 통해 높아질 수 있다. 본받고 싶은 모델이 있거나, 누군가가 나에 대해 기대하고 있다는 사실을 알면 학습동기는 더욱 자극된다. 중요한 사람으로부터 직접 배우거나 사회적으로 교류하는 과정을 통해서도 학습동기는 고취될 수 있다. 따라서 교사가 교실에서 어떤 사회적 관계를 조성하고, 무엇을 기대하는지, 또 그 기대를 어떻게 표현하는지가 중요하다. 교사가 예시를 보여주는 방식

역시 학습동기를 고취시키고 학생들의 주의를 집중시키는 데 매우 커다란 영향을 끼친다.

핵심 노트 기본적인 욕구가 충족되지 않으면 뇌가 학습에 집중할 수 없다. 학생들의 기본 욕구는 우리가 생각하는 것과 다를 수 있다.

감정이 학습에 미치는 영향

바네사는 학교 자료실에서 미술시간에 사용할 재료들을 고르고 있다. 마커, 종이, 자 등 평범한 재료를 골랐다. 바네사는 미술에 딱히 관심이 없고, '나만의 이상적인 공간'을 만드는 미술 프로젝트에 관해서도 특별히 창의적인 아이디어가 떠오르지 않았다. 끝내야 할 다른 과제들이 있기에 미술 프로젝트에 많은 시간을 투자하고 싶지도 않았다. 자료실의 진열장 사이를 서성이던 중 제시도 자료실에 와 있다는 사실을 알게 되었다. 제시는 매사에 적극적인 학생이다. 발레와 피아노를 배우고 있고, 에세이 쓰기 대회에서 상을 탄 적도 있으며, 미술에도 재능이 있다. 이번 미술 프로젝트도 매우 좋아한다. 제시는 총명하고, 다른 사람들에게 자기 재능을 인정받고 싶어 한다.

바네사는 제시가 선택한 재료들을 슬쩍 넘겨다봤다. 제시는 풀, 반짝이, 솜, 찰흙, 유화용 물감 등 다양한 재료를 품 안에 들고 있었다. 제시가 자신의 프로젝트 계획을 자랑할 것이라고 생각한 바네사는 몸을 틀어 제시와 대면하는 것을 피하려 했다. 하지만 이미 늦었다. 이내 제시가 다가온다. 제시는 바네사가 고른 평범한 미술 재료들을 보고 미소 짓는다. 그리고 자신이 가득 담은 재료를 보여주며 물었다.

"이제 막 고르기 시작한 거야?"

바네사는 쭈뼛거리며 대답했다.

"응. 지금 막 들어와서 몇 가지 항상 쓰는 재료들을 꺼내고 있었어. 이제 좀 색다른 재료들을 찾아봐야지."

"너는 미술 프로젝트를 어떻게 할 계획이야?"

제시가 다시 물었다. 바네사는 제시가 자신의 프로젝트가 더 근사하다는 걸 뽐내고 싶어서 물어본다는 것을 간파했다.

바네사는 재빨리 좋은 아이디어를 생각해내고는 이렇게 말했다.

"내가 만들 이상적인 공간은 내 친구들만 아는 비밀장소야. 이걸 미술 프로젝트에 써도 좋은지 먼저 친구들에게 물어봐야 해."

이렇게 말하면 제시가 입을 다물지 않을까 생각했다. 아마 제시에겐 친구들과 공유하는 비밀장소 같은 게 없을 테니까.

그런데 제시가 자신의 프로젝트 계획을 말하기 시작했다.

"내가 만들 이상적인 공간은 하와이야. 우리 가족은 매년 하와이에 가서 2주 동안 머물다 오거든. 그곳엔 멋진 해변과 엄청난 화산이 있지. 미술 선생님께 말씀드렸더니 선생님도 몹시 보고 싶다고 하셨어."

그다지 듣고 싶지 않았지만, 제시는 바네사가 들어보지도 못한 식물과 장소까지 장황하게 이야기를 이어나갔다. 마침내, 제시는 이렇게 말하면서 대화를 마쳤다.

"프로젝트를 멋지게 만들 방법을 알고 싶다면 언제든 말만 해. 내가 도와줄게."

바네사는 화가 나고 당황해서 어쩔 줄 몰랐다. 재치 있는 말로 받아치고 싶어서 입을 열었지만 무슨 말을 해야 할지 생각이 나지 않았다. 뇌가 멈춰버려서 그럴듯한 말 한마디도 생각해낼 수 없었다. 바네사는 어금니를 꽉 깨물고 조용히 미소를 지으며 자료실을 빠져나왔다.

바네사는 속이 부글거렸다. '쟤는 어떻게 저런 말을 할 수 있지? 내 프로젝트는 내가 알아서 할 수 있거든? 도움 따위 필요 없다고! 한바탕했어야 하는데 내가 너무 고상하게 대응했어. 왜 곧장 받아치지 못했을까? 원래 난 그런 걸 잘하고, 누구에게든 할 말은 하는 사람인데 말이야!'

바네사는 분노와 당황스러운 감정으로 인해 말을 제대로 잇지 못했다. 이러한 상황을 '편도체 하이재킹(amygdala hijacking, 편도체가 스트레스 상황에서 긴급한 대응을 위해 다른 뇌 기능, 특히 이성과 사고체계를 담당하는 전두엽을 비활성화하는 것을 의미하며, '편도체 납치'라고도 함-옮긴이)'이라고 한다(Goleman, 2013). 이와 같은 상황에서는 고차원적 사고가 일어날 수 없다. 바네사는 정서를 담당하는 뇌 영역의 필터링을 통과하지 못해 창의적 영역으로는 전혀 접근할 수 없었다. 어쩌면 몇 시간 뒤 바네사는 제시에게 하고 싶은 말을 생각해내 전화를 걸지도 모른다.

○ **핵심 노트**　수업을 시작할 때 교사가 학생들을 반갑게 맞이하거나 긍정적인 말을 해주면 학생들은 학습에 좀 더 적극적으로 참여하게 된다.

감정을 활용해 주의끌기

감정이 학습에 미치는 영향은 크다(Small, 2003). 불안하거나 우울하거나 화가 난 상태에서는 학습과 관련된 정보들을 효과적으로 받아들일 수 없다. 뇌는 감정에 사로잡히면 주의를 온통 거기에 쏟는다. 뇌의 인지활동은 감정의 영향을 받기 때문에 정보를 인지하고 집중해야 하는 순간에 뇌가 부정적 감정에 집중하게 되면 작업기억에 과부하가 일어나서 당면과제를 온전히 처리할 수 없다.

대다수 연구자는 행복, 슬픔, 공포, 분노, 놀람, 혐오를 6가지 보편적인 감정으로 꼽는다. 인종을 초월해 거의 모든 사람이 6가지 감정을 일차적으로 가지고 있다. 질투심, 죄의식, 당황스러움 같은 2차적 감정은 사회성과 관련되며, 긴장과 웰빙(well-being) 같은 감정은 이른바 '배경 감정(background emotions)'으로 불린다(Feldman, 2007).

감정은 뇌의 피질하영역(subcortical regions)에서 생성되며, 무의식적으로 관여해 뇌와 신체에 영향을 미친다. 감정 및 정서 상태는 외부환경에 대한 반응인데 이것이 행동을 결정한다. 오감을 통해 정보를 감지할 때 또는 어떤 기억이 떠오를 때 특정한 감정과 행동이 일어난다.

2015년에 나온 디즈니 만화영화 〈인사이드 아웃(Inside Out)〉은 기쁨, 슬픔, 공포, 분노, 혐오라는 5가지 핵심 감정을 꽤 정확하게 묘사하고 있다. 영화 속에서 힘든 일이 있거나 기쁜 일이 있을 때 이러한 감정들이 표현되면, 관객들은 이를 쉽게 이해할 수 있다(Desautels, 2016).

앞선 예시에서 바네사가 제시와 맞닥뜨렸을 때 느꼈던 감정은 감각정보이며, 바네사는 나중에 그 상황을 떠올리면 그때의 감정을 자동으로 연상하게 된다. 다음에 바네사가 제시를 우연히 마주치면 그때의 감정이 떠올라 행동에 영향을 미칠 수 있다는 말이다.

편도체(amygdala)는 감정을 처리하고 기억하는 데 중요한 역할을 한다. 외부에서 정보가 유입되면 편도체는 그 정보에 접근해 외현기억(explicit memory, 장기기억의 일종으로, 의식적으로 지각하고 떠올리거나 인지가 가능한 기억-옮긴이)과 암묵기억(implicit memory, 의식하거나 지각하지는 못하지만, 이후의 행동이나 학습 등에 영향을 주는 기억-옮긴이) 모두를 통제하는 역할을 한다. 이때 별 감흥이 없는 사건이나 아무런 감정이 내포되지 않은 사건보다는 감정이 연관된 사건이 더 잘 기억된다(Bloom, Beal, & Kupfer, 2003).

르두(LeDoux, 2002)에 따르면 "주의, 지각, 기억, 의사결정 등의 인지작용에 수반되는 뇌 활동은 모두 정서 상태에 영향을 받는다. 즉, 정서적 각성이 뇌 활동을 조직하고 조정한다"(p.225). 또한 셰크터(Schacter)는 『The Seven Sins of Memory(기억의 7가지 원죄)』에서 다음과 같이 지적한다. "감정이 연관된 사건이 그렇지 않은 사건보다 더 잘 기억된다. 기억이 형성되는 그 순간에 감정이 고양되면, 주의집중과 정교화가 강력하게 작동해 어떤 경험을 기억하고 어떤 경험을 잊을지를 결정한다"(p.163).

자기공명영상(magnetic resonance imaging, MRI)을 사용해 다양한 단어 및 그림에 대한 감정적 반응을 측정한 한 연구(Hamann et al., 1999)에서는 감정적인 장면을 접할 때 편도체가 어떻게 작동하는지를 보여준다. "편도체는 감정을 포착하면 기억을 담당하는 뇌 영역의 활동을 증진시킨다. 이러한 방식으로 편도체는 더 강력하고 생생한 기억을 생성한다"(p.292). 이 실험의 참가자들은 감정이 관여되지 않은 어휘보다 감정과 연관된 단어를 2배 더 잘 기억했다.

이처럼 감정은 학습에 지대한 영향을 미치기 때문에, 수업할 때 감정을 잘 활용하면 학생들의 주의를 끌어낼 수 있다. 감정이 뇌 활동을 조직하고, 주의집중과 지각이 감정 상태에 따라 영향을 받는다면, 감정을 잘 활용해 주의를 끌 때 학생들은 학교에서의 일상적인 경험을 좀 더 강렬하게 기억하게 될 것이다.

정서적으로 관심을 끄는 여러 가지 방법

수업에서 학생들의 관심을 끄는 방법으로는 다음과 같은 것들이 있다.

- 설명을 재미있게 하라. 사람은 흥분하면 흥분성 신경전달물질을 분비한다. 기분 좋아 들떠 있을 때 노르에피네프린이 차례대로 화학적 반응을 일으키며 경험과 지각의 강도를 높인다.
- 학생들을 따뜻하게 맞이하고 긍정적인 말을 건네라(Allday et al., 2011).
- 감정은 전염성이 있다(Guillory, Hancock, & Kramer, 2011). 교사 스스로 신명 나게 가르쳐라. 무언가를 가르칠 때 교사 자신이 신명 나는지 생각해보라.
- 호응을 얻든 웃음거리가 되든 학생들의 이목을 끌 만한 복장을 하라.
- 가르치는 주제와 관련된 음악을 들려줘라. 음악은 감정과 정서를 촉발시키는 자극이다. 음악은 학생들의 두뇌 속 다양한 신경망을 활성화

한다. 고차원적 사고도 여기에 포함된다. 특정 주제에 관한 수업을 하면서 학생들에게 들려줬던 음악이 있다면, 평가시간에 그 음악을 다시 들려주는 것도 좋다. 회상을 강화하는 단서가 되기 때문이다.

- 이야기로 수업을 시작하라. 교사가 직접 겪은 일 또는 들은 이야기를 학습주제와 관련지어 이야기해주면 좋다. 이야기는 정보를 조직하는 매우 자연스러운 방법이다(Willingham, 2004).
- 학생들에게 선택하게 하는 활동으로 수업을 시작하라. 두 가지 측면을 가지고 있는 주제로 수업을 해야 한다면, 교실을 두 영역으로 나누어 학생들이 교실에 들어오면서 한쪽을 선택할 수 있도록 하라. 각각의 의견을 지지하는 포스터를 교실 양쪽에 세워 놓아라.

핵심 노트 뇌는 감정이 실린 정보를 다른 정보에 우선해서 처리한다.

선행조직자를 통해 주의를 집중시키기

"흔히 우리는 볼 것이라고 기대하는 것을 보게 된다"(Marzano et al., 2001, p.279). 이와 같은 맥락에서, 선행조직자(advance organizers, 수업의 주제를 소개하고, 앞으로 배울 내용과 이미 배운 내용과의 관계를 보여줌으로써 이해와 기억을 촉진하는 교수전략-옮긴이)는 학생을 학습에 집중시키는 강력한 수단이 된다. 선행조직자는 다양한 방식으로 제시할 수 있다. 가령, 학습주제에 대해 구두로 발표하면서 사전지식과 어떤 관계가 있는지 알아보는 것도 선행조직자의 일종이다. 그래픽 오거나이저(graphic organizers, 텍스

도표 1.3 찬성/반대 차트

진술문	찬성	반대
젊은 사람은 나이가 많은 사람보다 더 잘 기억한다.		
나이는 기억과 관련이 없다.		
뇌에서 기억이 저장되는 영역은 한 곳이다.		
즉시기억(immediate memory)은 용량이 아주 작아서 전화번호 하나만 외워도 꽉 찬다.		
여자들은 남자들보다 기억력이 좋다.		
자전거 타는 법은 절대 잊어버리지 않는다.		
기억하는 것보다 잊어버리는 것이 쉽다.		
냄새는 관련 기억을 떠올리는 자극으로 작용한다.		

트와 그림을 결합시켜 개념, 지식, 정보를 구조화하여 제시하는 시각적인 체계-옮긴이)를 효과적으로 사용하면 학습에 필요한 인식의 틀을 제공함으로써 학생들을 집중시킬 수 있다.

내가 가장 선호하는 선행조직자는 찬성/반대 차트이다(Burke, 2009. 〈도표 1.3〉 참조). 이런 차트는 진술문으로 구성되는데, 대개 의견이 진술되어 있고, 그 진술문에 대해 찬반 표시를 하게 되어 있다. 찬성/반대 진술문은 학생들에게 호불호의 감정을 유발하고, 학습할 개념을 이해하는 데 도움을 준다.

선행조직자는 주제와 관련된 사전지식을 상기시키는 역할을 한다. 배경지식이 없더라도 일단 찬반 표시를 해보게 하면 좋다. 단원이 끝나갈 무렵 학생들에게 차트를 한 번 더 보여주고, 다시 찬반 표시를 할 기회를 준다. 그러면 학생들은 학습 이전의 결과와 학습 이후의 결과를 비교할 수 있다. 어떤 학생들은 무엇을 새로 배웠는지 깨닫고 놀라워하며, 또 다른 학생들은 이미 답을 알고 있었다는 사실에 뿌듯해한다. 이와 같은 그래픽 오거나이저를 선행조직자로 사용할 수 있는 경우가 많다(《부록 B》 참조).

이 외에 도움이 될 만한 다른 선행조직자로는 다음과 같은 것들이 있다.

- 벤다이어그램(venn diagram) 유사점과 차이점을 알아보는 데 도움이 된다.
- 마인드맵(mind map) 새로운 학습내용을 조직하는 데 도움이 된다. 특히 난독증 학생에게 도움이 된다(Verhoeven & Boersen, 2015).
- KWHLU차트(KWHLU chart) 주의를 집중시키는 효과가 있다. K는 무엇을 이미 알고(Know) 있는지, W는 무엇을 알기를 원하는지(Want), H는 알고 싶은 것을 어떻게(How) 배울지, L은 무엇을 배웠는지(Learned), U는 배운 내용을 어떻게 활용할지(Use)를 생각해보게 한다.
- 위계도(hierarchy diagram) 학습내용을 위계에 따라 분류하는 데 도움이 된다.
- T차트(T-chart) 다양한 학습영역을 조직화하는 데 도움이 된다.
- 순서도(sequencing chart) 이야기의 순서나 역사적 순서를 나타내는 데 도움이 된다.

핵심 노트 무엇에 집중해야 하는지를 뇌가 미리 알 수 있게 하라.

감각을 통해 학생과 연결하기

학생들을 학습스타일(learning styles)이나 학습선호도(learning prefer-ences)에 따라 분류하는 것이 일부 교사들에게는 도움이 될 수 있다. 몇년 전 뇌친화적(brain-compatible) 수업을 처음 시작했을 때, 학생들에게는 각자 선호하는 학습방법이 있다는 개념을 강조하는 교사연수에 참석한 적이 있다. 그 후 나는 가르치는 방식을 바꾸었고, 좀 더 뇌친화적인 수업으로 만들어갔다. 학습내용을 제시하는 방법을 꾸준히 바꿔보면서 학생들이 더 잘 기억하게 된다는 사실을 직접 확인했다.

나는 가르칠 때 '시각', '청각', '운동감각'이라는 3가지 단어를 마음속에 되새긴다. 학생들 대부분이 정보를 받아들일 때 시각에 의존한다는 사실을 많은 연구에서 지적한다(Medina, 2014). 이는 오늘날 시각정보가 증가하는 것과도 관련 있다. 이제는 교사들도 전화상담 대신 영상통화를 사용한다. 학생들은 책을 읽기도 하지만 〈해밀턴(Hamilton)〉 같은 뮤지컬을 보거나 음악을 들으면서 학습하는 것을 좋아하고, 그렇게 학습한 내용을 더 잘 기억한다.

다중감각을 사용할 때 학생들을 몰입시킬 수 있다는 사실을 알면, 그동안 학생들에 대해 가져왔던 구태의연한 생각을 버릴 수 있다. 그림 한 장이 열 마디 말보다 강력하다는 사실을 알고 다양한 방법으로 학습내용을 제시하면, 좀 더 흥미로운 수업을 만들 수 있다. 몸동작이 뇌를 다양한 방법으로 작동하게 만들고 수업을 활기 있게 한다는 사실을 잊지 않으면, 학생들의 삶에 커다란 변화를 가져올 수 있다. 다음의 예를 생각해보라.

푹푹 찌는 더운 날, 9학년(우리나라에서는 중학교 3학년에 해당함-옮긴이) 학생들이 교실로 들어온다. 창문은 열려 있지만 바람이 불지 않아 교실 안 공기는 답답하다.

오늘은 미국 남북전쟁에 대해 배울 차례이다. 남북전쟁은 역사 교사인 나도 좋아하지 않는 단원이다. 내가 중학교 때 역사 선생님 역시도 남북전쟁 부분을 재미있게 가르치지 못했다. 게다가 이런 찜통더위 속에선 가르치고 싶은 마음도 별로 없고, 무거운 주제에 대해 수업하고 싶지도 않다. 아마 수업을 한다면 이렇게 시작하게 될 것이다.

"오늘 참 덥지요? 정말 너무 덥네요. 좀 힘들겠지만, 어쨌든 오늘은 남북전쟁에 관해 공부해야 해요. 남북전쟁에 대해서 좀 알고 있는 사람?"

하지만, 다른 방법으로 수업을 시작할 수도 있다. 오늘의 수업주제와 시대적 배경이 같은 노래 <I wish I was in Dixie(내가 딕시에 있다면 좋을 텐데)>를 들려주면서 시작하는 게 그 예이다. 학생들이 교실에 들어올 때 물을 한 잔씩 줄 수도 있겠다. 수업 시작종이 울리면, 음악을 끄고 학생들에게 다음과 같이 말한다.

"자, 교실을 돌아다니면서 남북전쟁에 관한 포스터와 관련 물품들을 둘러보도록 해요. 오늘처럼 더운 날, 전쟁터의 병사들은 무거운 군복을 입고 뜨거운 태양 아래 서 있어야 했어요. 영화 〈바람과 함께 사라지다(Gone with the Wind)〉를 본 사람 있나요? 그 영화에 끔찍한 학살 장면이 나오는데 기억하나요? 영화에도 나오지만 남북전쟁은 몇 사람이 아니라 수없이 많은 사람이 죽어나간 피비린내 나는 전쟁이었다는 사실을 잊지 말아야 해요.”

두 번째 방법이 학생들을 좀 더 주목시킨다고 말하는 이유는 다음과 같다. 첫째, 음악을 사용하고, '피' 같은 단어를 언급함으로써 학생들의 감정을 유발했다. 둘째, 다양한 감각과 연계하려고 시도했다. 학생들은 교실에 들어서자마자 몸을 움직이고, 듣고, 봤다. 마지막으로, 현재 덥고 불편한 교실 상황을 학습할 내용에 등장하는 인물들과 연결시켰다. 학생들의 생리적 욕구를 충족시키기 위해 마실 물을 줬고, 찜통 같은 더위에도 공부해야 하는 학생들의 감정을 이해한다는 것을 보여줬으며, 교사와 학생이 같은 처지라는 것을 알게 해줬다.

핵심 노트   학습스타일에 맞춰 수업을 한다고 해서 학생들의 필요를 온전히 반영할 수는 없지만, 다양한 감각을 활용해 가르치면 학업성취 격차를 줄일 수 있다.

좋은 관계의 형성

앞서의 역사수업 사례에서 보듯이 무언가를 공유하고 있다는 느낌은 교사와 학생 간에 좋은 관계(relationships)가 형성되어 있을 때 생겨난다. 상황과 나이를 막론하고, 관계는 학습에서 중요한 요소이다. 교사와 학생 간에 좋은 관계가 형성되면 얼마나 배우고 있는지, 배운 것이 얼마나 유용한지를 인지할 수 있는 인식론적 틀이 마련된다(Goleman, 2013).

자기인식(self-awareness), 자기관리(self-management), 사회적 인식

(social awareness, 타인의 관점을 이해하고 공감하는 능력-옮긴이), 관계관리 (relationship management)는 정서지능(emotional intelligence)을 구성하는 4가지 영역이다. 이는 관계를 만들어가는 데도 적용될 수 있다. 자기인식과 자기관리는 개인적 스킬이다. 특히 자신의 감정을 인식하는 것은 다른 정서적 역량을 획득하는 데도 중요하다. 자신의 감정을 잘 아는 학생은 적절한 지도를 통해 그 감정을 어떻게 관리해야 하는지 배울 수 있다. 우리는 학생들이 감정관리 스킬을 갖춘 채 학교에 오기를 바라지만, 이런 스킬을 지도하는 것은 교사들의 의무일 뿐 아니라 보람 있는 일이다. 가르치고 배우는 일을 더욱 수월하게 만들기 때문이다.

반면, 사회적 인식과 관계관리는 사회적 스킬이다. 다른 사람의 감정을 인식하고 타인의 관점을 이해하며 상대방에게 관심을 보이는 능력은 교사-학생, 학생-학생 간의 관계를 강화하는 데 큰 역할을 한다. 관계관리는 갈등을 해결하고, 다른 사람에게 영향력을 행사하며, 관계를 돈독하게 구축하는 것을 포함한다.

자신의 일에 대해 갖고 있는 열정은 흥분 같은 순수한 감정이나 학습하는 과정에서 느끼는 만족, 다른 사람과 함께 일하는 기쁨 등의 감정으로부터 온다. 이러한 동기를 유발하는 긍정적인 감정은 좌전두엽 피질을 자극해 신경전달물질로부터 좋은 감정의 신호들을 듬뿍 받게 한다. 동시에 전두엽의 회로는 학습에 방해가 되는 좌절감을 진정시키는 역할도 한다 (Goleman, 2013).

공통의 관심사 찾기

학생들과 좋은 관계를 유지하기 위해서는 공통의 관심사를 찾아야 한다. 학생들이 교사도 자신들과 같다고 느낄수록 교사와의 관계를 편안하게 여기게 되며, 이는 학습을 강화하는 데 도움이 된다.

나는 5학년 담당 동료교사로부터 배운 방법을 종종 활용한다. '서로 알아가기 활동'을 약간 변형시킨 것인데(〈도표 1.4〉 참조), 학생들은 여러 칸이 그려진 활동지를 가지고 돌아다니면서 각 칸에 언급된 특징과 일치하는 친구를 찾아 사인을 받는다. 예를 들어 누가 쿠키를 좋아하는지, 또는 누구네 집에 빨간색 차가 있는지를 물어볼 수 있다. 하지만 종이를 내밀면서 단순히 사인해달라고 요청해서는 안 된다. 친구들에게 다가가서 활동지에 있는 질문을 직접 해야 한다.

빈칸이 다 채워지면 다함께 질문을 하나씩 확인하면서 각각의 특징에 해당되는 학생들이 손을 든다. 이 활동을 통해 학생들은 자신과 비슷한 특징과 흥미를 가진 친구가 누구인지 알 수 있다. 학기 초, 제일 처음 사용하는 활동지에는 교사인 내게 해당되는 질문이 많다. 그 덕에 학생들은 나와 자신들 사이에 공통점이 많다는 사실을 일찍 알게 된다. 몇 주 뒤, 학생들이 제출한 개인정보 카드를 읽고 나서는 학생들의 관심사나 특징을 적은 활동지를 가지고 공통점 찾기 활동을 한다.

'강물이 우리들 사이로 흐르고 있네'는 내가 가장 좋아하는 활동으로, 교실이나 교무실에서 해보기 좋은 '관계 만들기' 게임이다. 이 게임에서 서로를 알아가는 활동은 의자를 동그랗게 배치해 원을 만들기만 하면 된다. 먼저, 한 사람이 원의 중심에 서서 다음과 같이 말하면서 게임을 시작

도표 1.4 서로 알아가기 활동

다음 각각의 특징을 갖고 있는 친구를 찾아 해당되는 칸에 친구의 사인을 받으세요.

개를 키우는 사람	갈색 눈동자를 가진 사람	우유보다 콜라를 좋아하는 사람
공포영화를 즐겨보는 사람	책을 많이 읽는 사람	쿠키를 좋아하는 사람
빨간색을 좋아하는 사람	오디오북을 즐겨듣는 사람	초콜릿을 좋아하는 사람
체스를 즐기는 사람	컴퓨터를 좋아하는 사람	은보다 금을 좋아하는 사람
집에 빨간색 차가 있는 사람	여동생이 두 명 있는 사람	고소공포증이 있는 사람
여행을 많이 하는 사람	음악을 좋아하는 사람	달리기를 좋아하는 사람
골프를 칠 줄 아는 사람	보드게임을 즐겨하는 사람	남동생이 있는 사람

한다. "안녕하세요. 내 이름은 ○○○입니다." 그러면 빙 둘러앉은 학생들이 "안녕, ○○○"이라고 응답한다. 소개를 시작한 사람이 "강물이 우리들 사이로 흐르고 있네요."를 덧붙이면서 자신에 대한 사실을 한 가지 말한다. 예를 들어 "나는 강아지를 기르고 있어요. 강물이 우리들 사이로 흐르고 있네요."라고 말했다면, 강아지를 기르고 있는 다른 학생들이 재빨리 일어나 자리를 옮긴다. 이때 가운데 서서 소개한 사람 역시 재빨리 자리를 차지해야 한다. 그러면 자리를 차지하지 못한 한 사람이 원 안에 남게 된다. 그다

음은 똑같은 과정을 반복하면 된다. 이때 교사는 모든 학생이 한 번씩 원 안에 서서 자기소개를 할 수 있도록 공평한 기회에 신경 써야 한다. 가끔은 교사가 원 안에 들어가서 아직 자기소개를 하지 못한 학생과 관련 있는 특징을 말해줄 수도 있다.

그렇게 20여 분의 활동이 끝날 때쯤에는 학생들 모두 서로의 이름을 알고 공통점을 알게 된다. 이 게임을 처음 하게 되면, 활동이 끝났을 때 이렇게 말하고 싶어질 것이다. "우리는 공통점이 많네요. 여러분은 모두 비슷한 경험을 가졌어요. 마치 강물이 우리들 사이로 흐르는 것처럼 말이에요!"

마자노(Marzano)는 저서 『The New Art and Science of Teaching(새로운 교수기술 및 교수과학)』(2017)에서 학생들과 관계를 형성하는 데 도움이 되는 언어적·비언어적 전략을 다음과 같이 언급했다.

- 교실 문 앞에서 학생들을 맞이하라.
- 정해진 상담시간 외에도 비공식적인 상담시간을 자주 가져라.
- 방과후 활동에 참석하라. 방과후 활동에 참석하면 '선생님은 교실 밖에서도 너희에게 관심이 있다.'는 메시지가 전달된다.
- 학생들에게 특별한 책임감을 느낄 수 있는 역할을 부여하라.
- 사진게시판을 만들어라.
- 학생의 작품을 게시하라. 말로는 싫다고 하지만, 대개 학생들은 자기 작품이 게시되는 것을 좋아한다.
- 학습내용을 이해시키기 위해 제스처와 표정을 사용하라.

• 유머를 사용하라. 중학교 문법시간에 구두점에 대한 단원을 시작할 때, 내가 즐겨 사용하는 문장이 2개 있다. 하나는 "할머니를 먹자(Let's eat Grandma. '먹자'라는 단어와 '할머니'라는 단어 사이에 쉼표를 찍어야 하는데 찍지 않아서 의미가 달라짐을 보여줌-옮긴이)."라는 문장이고, 다른 하나는 "내가 좋아하는 일은 내 강아지와 가족을 요리하는 것이다 (I love cooking my dogs and my family. 요리하기, 나의 강아지, 나의 가족이라는 단어 사이사이에 쉼표를 찍지 않아서 의미가 달라짐을 보여줌-옮긴이)."라는 문장이다. 오늘날, SNS와 문자메시지가 널리 사용되면서 제대로 된 구두점을 사용하는 사람들이 줄고 있다. 이는 의미의 모호성을 유발한다.

사회적 특성에 따른 그룹의 분류

학생들은 사회적 특성에 따라 다음과 같이 4가지 그룹으로 분류할 수 있다(Giannetti & Sagarese, 2001).

1. **인기 있는 그룹** 매력적이고 운동을 잘하며 부유한 학생들로 구성된다. 또래 중에 누구를 끼워주고 누구를 배제할지를 결정하며, 미국 학생의 35퍼센트 정도가 해당한다. 인기를 지속시킬 방법을 찾는 데 골몰하며, 자신이 소중하게 생각하는 사회적 지위를 계속 유지할 수 있을지를 걱정하기도 한다.
2. **주변인 그룹** 미국 학생의 10퍼센트 정도가 해당한다. 인기 있는 아이들과 같이 놀 때도 있고, 그러지 않을 때도 있다. 인기가 있는지 없는지

확신이 없고, 어디에도 속하지 않는다는 불안감이 있다.

3. **우정으로 맺어진 그룹** 서로에게 좋은 친구가 되는 소규모 그룹이다. 자신이 인기 없는 존재라는 사실을 알고 있으며, 비슷한 성향의 친구들과 교류하는 것에 만족한다. 미국 학생 전체의 45퍼센트를 차지한다.

4. **외톨이 그룹** 미국 학생 전체의 10퍼센트 정도를 차지하는데, 친구가 적거나 아예 없는 학생들이다. 이 그룹의 학생들은 두 부류로 극명하게 구분된다. 한쪽은 우수하고 야망이 있으며 또래보다 성숙한 학생들이고, 다른 한쪽은 사회성이 부족해 친구를 사귀는 데 어려움을 겪는 학생들이다. 또래집단에 속하고 싶지만 종종 거절당한다. 자신의 이러한 교우관계에 때로는 마음의 상처를 입기도 하고, 강하게 불만을 내비치기도 한다.

이 연구에서 미국 학생 전체의 45퍼센트 정도만이 자신의 사회적 지위(social status, 사회적 관계 속에서 개인이 차지하고 있는 위치-옮긴이)에 만족한다고 언급했다. 외면당한 학생들에 의해 벌어지는 빈번한 총기사고는 학교 안의 사회적 지위 구조와 그것이 학생들의 정서적 안정에 미치는 영향을 이해하는 것이 얼마나 중요한가를 암시한다. 이러한 사회적 관계망 구조를 잘 파악할 수 있는 곳이 점심시간의 급식실이다. 그곳에서는 점심을 누구와 같이 먹느냐에 따라 사회적 지위 구조가 뒤섞이는 일이 흥미진진하게 벌어진다. 관계를 공고히 다지기 위해 모든 학생은 상호작용하면서 서로 간의 차이점을 존중해야 한다.

공감

9년을 함께해온 반려견을 떠나보낸 직후의 일이었다. 장례식을 마치고 학교로 돌아왔다는 말을 전하기 위해 교무실에 들렀을 때, 내 눈은 울어서 빨갛게 충혈되어 있었다. 한 동료교사가 딱하다는 표정으로 다가와서는 아이들에게는 울었다는 사실이 알려지지 않도록 조심하라고 말했다. 나는 고개를 끄덕였다.

우울한 마음으로 복도를 걸어가는데, 갑자기 동료교사의 말에 화가 나기 시작했다. '내 슬픈 감정을 학생들에게 내보이지 말라는 이유가 뭘까? 내 마음을 숨기면 아이들은 내가 감정이 메마른 사람이라고 생각하지 않을까? 오히려 이번 기회를 통해 아이들이 공감하는 법을 배울 수 있지 않을까?'

교실에 도착했을 때, 아이들의 시선이 나에게 쏠렸다.

"선생님! 돌아오셨네요."

한 아이가 나를 보고 외쳤다. 또 한 아이는 어디가 아프냐고 물어봤다.

"아니, 슬픈 일이 있었어."라며 나는 무슨 일이 있었는지 설명했다.

"우리 고양이도 얼마 전에 저세상으로 갔어요." 하고 낸시가 자신의 경험을 이야기했다. "저도 그때 정말 슬펐어요."

"그랬겠구나." 하고 나도 공감했다.

"말 못하는 동물인데 뭘요." 하고 브렛이 무덤덤하게 말했다.

그 말에 나는 브렛을 쳐다봤다. 아이도 나를 바라봤다.

"반려동물을 키워본 적이 있니?" 하고 브렛에게 물어봤다.

"네. 개를 길렀는데, 제 방에서 죽었어요."

브렛도 자신의 경험을 이야기했다.

이 대화를 시작으로 아이들은 저마다 누군가를 잃었던 슬픔에 대해 이야기하기 시작했다. 브렛은 친구들의 대화가 끝날 때까지 조용히 앉아서 들었다. 그 뒤에 브렛은 내게 다가와 이렇게 말한 뒤 교실을 빠져나갔다. "사랑하는 개와 헤어지는 게 어떤 감정인지 정확히 모르겠지만, 저도 슬프네요."

그날, 학생들은 두 가지를 배웠다. 첫째, 다른 사람의 입장이 되어 타인이 느끼는 감정을 이해하는 법을 배웠다. 우리는 이것을 공감(empathy)이라고 부른다. 둘째, 타인의 감정을 인식하고, 당사자가 감정을 극복하려고 애쓰는 모습을 지켜봤다. 학생들은 교사와 정서적 유대감을 경험할 필요가 있다(Comer, 2003). 일상생활에서 어른들과 건강한 사회적 관계를 맺는 학생들은 학교생활도 잘하게 된다.

○ **핵심 노트** 교사가 학생들과 개인적인 관계를 맺으면 학생들이 좀 더 학습에 집중하게 되고, 학습동기가 강화된다.

학습자 삶과의 관련성 찾기

"제가 이걸 왜 알아야 하죠?"라고 되묻는 학생들을 한 번쯤은 만나봤을 것이다. 여기서 인간의 뇌와, 뇌가 학습하고 기억하는 방식에 대해 다시 한번 살펴보도록 하자.

뇌는 새로운 정보를 입수하면 장기기억을 더듬어 그 새로운 정보와 잘

들어맞는 패턴을 찾으려고 한다. 예를 들어 〈도표 1.5〉를 보자. 이와 같은 모양을 보면 뇌는 대번에 '사각형'이라고 인지한다. 그런데 〈도표 1.5〉에 그려진 것이 과연 사각형인가? 그렇지 않다. 하지만 사각형이라는 패턴이 저장돼 있는 우리 뇌는 이런 모양을 보면 '사각형'이라는 패턴을 찾아내고 거기에 끼워 맞추어 인식하게 된다.

교사가 새로운 정보를 제공하면 학생들의 뇌는 이미 저장된 패턴과의 관련성을 찾으려고 애쓴다. 기존의 정보와 연결되지 않으면 새로운 정보는 쉽게 폐기된다. 삶과의 관련성은 어떤 추억을 떠올리게 하고 다시 삶에 영향을 미친다.

성취기준과 도달해야 하는 목표를 생각해보면 정보 사이의 관련성을 찾는 일은 쉬운 일이 아니다. 학생들은 기대를 분명히 드러내는 기준, 모델, 예시가 제시될 때 과제를 더 잘 수행한다고 한다(Schmoker, 1999). 정

도표 1.5
친숙한 패턴 찾기

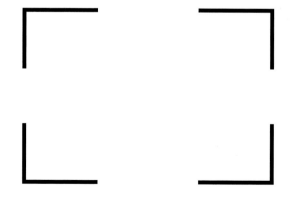

보처리기술을 정교화하고 진정한 이해를 가능하게 하는 프로젝트학습 또는 탐구중심활동을 활용하면 학생중심수업을 만들 수 있다. 관련성 있는 사안들을 활용해 학생들의 주의를 끌면 해당 정보가 기억될 가능성이 커진다. 다음 두 가지 시나리오 중 어느 쪽이 학생들에게 더 매력적인 수업이 될지 생각해보자.

시나리오 1 오웬 선생님의 교실로 들어간 학생들은 곧바로 자리에 앉아 공책을 꺼낸다. 오늘은 '루이스와 클라크의 탐험(Lewis and Clark Expedition, 1804년~1806년 사이에 이뤄진 미국 역사상 손꼽히는 대탐험-옮긴이)'에 대해 배울 예정이다. 선생님이 미리 칠판에 학습할 주제를 써뒀기 때문에 학생들은 배울 내용을 알고 있다.

수업 시작종이 울리자 선생님은 루이스와 클라크의 탐험에 대해 설명하기 시작한다. 정신없이 노트필기를 하는 학생들이 있는가 하면, 곧바로 집중력을 잃고 교실을 두리번거리는 학생들도 있다. 선생님은 탐험에 관한 사건들을 묘사한 포스터를 들어 학생들에게 보여준다. 아마 일부 학생만이 이 포스터로부터 뭔가를 배우게 될 것이다.

시나리오 2 학생들이 오웬 선생님의 교실로 들어간다. 거대한 모기 그림이 컴퓨터 스크린에 떠 있다. 그림 아래에는 이런 말이 적혀 있다. "여러분은 루이스와 클라크의 탐험을 함께할 예정입니다. 탐험하는 동안 겪게 될 가장 큰 어려움 중 하나는 모기입니다. 어딜 가든 모기는 항상 있을 것입니다. 숨을 쉴 때마다 모기가 입으로 들어갈지도 모릅니다. 이 탐험을 하

도표 1.6
유사점과 차이점을 정리하는 데 사용되는 벤다이어그램

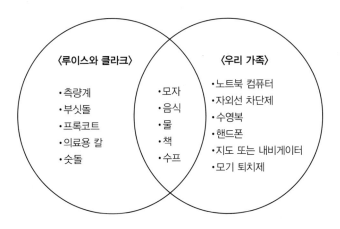

는 동안 모기 문제를 어떻게 해결할 수 있을지 조사해보세요. 모기에 대처하는 현재의 방법과 비교해보세요." 학생들은 포스터나 책을 참고하고 인터넷을 사용할 수 있으며, 모둠으로 해결방안을 조사할 수 있다.

두 번째 시나리오에서 학생들은 모기 문제를 해결하는 것 이상을 배울 수 있다. 수업내용을 학생 모두에게 와닿는 문제로 연결시키면 학생들을 배움의 시간으로 초대할 수 있다. 학생들은 모기의 움직임을 쫓아가면서 루이스와 클라크의 탐험을 따라가게 된다. 오웬 선생님은 루이스와 클라크가 챙겨간 물품과 학생들이 가족여행을 떠날 때 챙기는 물품을 비교하는 벤다이어그램(〈도표 1.6〉 참조)을 그리게 함으로써 학습내용에 일상생활과의 관련성을 부여한다.

학습내용을 일상생활과 연계한다면 학생들은 즉각적으로 이전의 배경

지식과 관련성을 찾게 된다. 문제해결학습은 경험에 의한 학습이며, 이는 실제 세계를 바탕으로 이뤄지는 학습이다. 학생들은 문제를 규정하고 해결책을 찾는 과정에 참여하게 되며, 이는 창의적인 접근방법이다. 학습을 위해 주어진 문제들은 실생활에서 전문가들도 해결하고 싶어 할 실질적인 주제여야 한다(Wiggins & McTighe, 2005).

학습자의 실제 삶과의 관련성

교사는 다양한 학생들을 가르친다. 어떤 학생들은 학습목표나 성취기준을 달성하기 위한 학습이 자신의 삶에 필요하지 않다고 생각할 수 있다. 특히 극빈층에 속하는 학생들에게는 학업보다 생존이 더 중요할 수 있다. 글을 유창하게 읽고, 정부의 다양한 형태를 이해하며, 생물의 기능을 학습하고, 진화의 개념을 습득해 적용하는 것은 이 아이들에게 중요한 일이 아닐지 모른다. 그렇더라도 교사는 이런 아이들이 성취기준에 도달할 수 있도록 노력해야 한다. 교사가 할 수 있는 가장 효과적인 일은 학생들이 자신의 삶과 학습목표 간의 의미 있는 관련성을 찾아내도록 돕는 것이다. 물론, 쉬운 일은 아니다.

미국의 주공통핵심성취기준(Common Core State Standards)을 활용하는 사례를 살펴보자.

영어과목/ 말하기와 듣기/ 유치원생/ 1a (ELA/ SL/ K/ 1a)

유치원에서 다룰 만한 내용을 가지고 친구들이나 어른 등 다양한 사람들과 어울리며 대화에 참여한다. (a) 대화를 유지하기 위해 합의된 규칙을 준수한다(예: 다른 사람이 말할 때 잘 듣고, 특정 주제에 관해 말할 때 혼자 그 주제를 독점하지 않는다.). (b) 다양한 사람들과 대화를 이어간다.

티칭채널(Teaching Channel)이라는 교사단체에 소속된 한 유치원 교사는 이 성취기준을 활용해 미국의 상징에 관한 포스터를 제작하고 설명하는 수업을 설계했다. 미국 국기, 자유의 여신상, 독수리, 백악관, 자유의 종과 같이 미국 학생들이 일상적으로 볼 수 있는 상징물을 사용해 학생들의 삶과 연계된 수업을 했다. 학생들은 포스터를 만들기 위해 협업했다. 교사는 상호작용 활동이 많은 교수법을 사용해 수업을 이끌었는데, 이는 교사들이 반드시 사용해야 할 수업전략 중 하나이다(www.teachingchannel. org/videos/teaching-facts-sfusd에서 동영상을 시청할 수 있다.).

○ **핵심 노트**   학생들은 자기 삶에 직접적인 영향을 주는 학습내용을 더 잘 기억한다.

색다른 접근

교사는 학생들의 주의를 끌고 그들에게 다가가는 자신만의 노하우를 가지고 있어서 새로운 것을 시도할 적절한 시기를 직감적으로 잘 포착한다. 뇌는 색다른 것에 주의를 기울이고 크게 반응한다. 앞서 1단계 주의끌기(Reach and Teach) 전반부에서 설명했듯이, 망상활성계는 정보를 걸러내는 역할을 한다. 새롭게 유입되는 정보가 평소와 다르다는 것을 감지하면 뇌가 노르에피네프린이라는 신경전달물질을 배출하여 주의를 집중한다. 생소함이 사라지면 신경전달물질의 배출과 주의집중 상황은 끝난다(Ratey, 2008).

해마에 도파민 분비가 넘치면 회상하는 데 도움이 된다. 이렇게 섬광기억(flashbulb memory, 섬광처럼 매우 짧은 기간 동안 세부적인 상까지 기억하는 감각기억-옮긴이)의 과정을 활성화하기 위해서는 학습자를 깜짝 놀라게 하는 것이 좋다. 그 시기는 기억하기를 바라는 내용을 제시하기 전이든 후든 다 가능하다. 인간이든 동물이든 정보의 제시 직전이나 직후에 새로운 사건이 일어나면 일화기억(episodic memory, 개인의 경험, 즉 자전적 사건에 대한 기억으로, 사건이 일어난 시간·장소·상황 등의 맥락을 함께 포함하는 기억-옮긴이)의 파지(retention)가 강화될 수 있다(Takeuchi et al., 2016).

다음은 수업에 새로움을 더해줄 몇 가지 아이디어이다.

- 수업내용과 관련된 특이한 사실로 수업을 시작하라(예: 링컨 대통령이 나비넥타이를 즐겨 착용했다는 사실을 알고 있나요?).
- 액세서리를 착용하라(나비넥타이를 착용하라.).
- 천장이나 전등에 (나비넥타이 같은) 물건을 매달아라.
- 호루라기처럼 학생들이 익숙하지 않은 소리를 사용하라.
- 학습내용과 관련된 음악을 들려줘라.
- 애니메이션 효과가 있는 파워포인트 자료를 사용하라.

작은 단위로 쪼개서 정보 제공하기

수년 동안의 연구를 통해 학생들이 정보를 쉽게 이해하도록 작게 쪼개서 전달하는 것이 좋다는 사실이 밝혀졌다(Marzano, 2017). 작업기억 용량에는 한계가 있으므로 정보를 작게 쪼개 제시하면 학생들이 정보를 더 쉽게 수용하고 작업기억에서의 정보처리가 더 수월해질 수 있다. 그러면 학생들은 새로 유입된 소량의 정보에 집중하고, 더 많은 정보가 유입되기 전에 그것에 대해 잠시 생각해볼 수 있다. 읽기 지도를 할 때, 지문을 몇 개 문단으로 쪼개 읽게 한 후 그 내용을 잠시 생각해서 말하게 한다든지, 아니면 간단하게 지문 내용을 설명해준다든지 하는 방법이 있다. 예를 들면, 서부 개척의 7가지 이유나 이야기 전개의 5단계를 한꺼번에 모두 가르치기보다는 내용을 작은 단위로 쪼개 학생들이 이해할 수 있을 만큼씩 알려주는 편이 좋다.

마자노(Marzano, 2017)는 학기 초에 교사가 진단평가를 통해 정보를 어떤 크기로 나눠서 전달할지를 결정해야 한다고 주장한다. 사전에 진단평가를 실시하면 전체 단원을 지도하는 데 유용한 정보를 얻을 수 있으며, 평가는 새로운 단원이 시작되기 일주일 전쯤에 시행하는 것이 좋다. 학생들이 무엇을 알고, 무엇을 모르는지 사전에 파악하면 그 수준을 고려해 수업을 준비할 수 있다. 잘하는 학생이 누구이고, 도움이 필요한 학생이 누구인지 알면 개별화 지도(differentiated instruction)를 계획하는 데도 도움이 된다. 진단평가 결과 모든 학생이 학습내용을 잘 알고 있다면 그 내용은 좀 더 큰 덩이로 복습하고, 그렇지 않고 새로운 정보를 추가로 제시할 때는 작게 쪼개서 제시하는 것이 좋다.

사전에 진단평가를 하기 위해 활용할 수 있는 것으로는 다음과 같은 것들이 있다.

- 단원의 사후평가용으로 학생들에게 제공한 평가문제
- KWL 또는 KWHLU차트(〈부록 B.3〉 참조)
- 생각하고, 쓰고, 짝 활동으로, 공유하기(think-ink-pair-share): 학생들 에게 학습할 주제에 대해 1~2분 정도 생각하게 하고 관련 내용 중 알고 있는 것을 적게 한 다음 짝을 지어 토론하고 생각을 공유하는 기회를 준다.
- 출구 티켓(exit ticket): 수업이 끝날 무렵 메모지를 나눠주고, 학습주제 와 관련해 알고 있는 것을 적게 한다. "학습주제에 관해서 알고 있는 것 3가지, 알 수 있을 것 같은 것 2가지, 궁금한 것 1가지를 쓰시오."와 같은 간단한 질문을 활용한다.

핵심 노트　오늘의 평가는 내일의 수업을 개선하기 위한 수단이다.
　　　　　　　　　　　　　　　　　　　　　　　　－ 캐롤 앤 톰린슨(Carol Ann Tomlinson)

감각에서 즉시기억까지

지금까지 뇌의 인지과정에 관한 연구를 통해 주의집중, 동기, 관계, 관련성, 학습선호도, 정서 등이 학습자의 주의를 끌고 그들에게 다가가는 데 중요 한 요소임을 알아봤다. 감각기관을 통해 유입된 정보를 수 초나 수분 이내 상기할 수 있으면 그 정보는 더 나아가 장기기억에까지 저장할 수 있다.

과제해결을 위해 마음으로 준비하면 전두엽이 활성화된다. 전두엽은 고차원적 사고를 담당하며, 생각을 행동으로 옮긴다. 이렇게 미리 준비하는 시간을 가지면 준비 없이 과제를 수행할 때보다 더 좋은 결과를 얻을 수 있다(Kolb & Whishaw, 2009).

되돌아보기

01 수업 중에 학생들의 주의를 흐트러뜨릴 만한 요인이 있다면 무엇인지 미리 알아야 한다. 예를 들어, 청각적 학습자는 소리에 민감할 수 있다. 난방기가 시끄럽다면 미리 수리해두는 편이 좋고, 당장 수리하기 어렵다면 소리에 민감한 학생을 난방기에서 멀리 떨어져 앉도록 해주는 편이 좋다.

02 외적 동기를 활용한다면 그러한 관행에 대해 다시 생각해보는 편이 좋다. 외적 동기가 적절하고 필요한 순간이 있는 것은 사실이다. 하지만 외적 동기는 학생들의 내적 동기를 약화시킬 수 있다.

03 학습내용을 학생들의 삶과 연계하는 방안에 대해 동료교사들과 논의하라. 학습내용의 필요성을 어떻게 설명할 것인가? 학생들이 배우고 싶은 마음이 들게 하려면 어떻게 해야 할까? 학생들의 삶과 관련된 통합단원을 만들어볼 수는 없을까?

04 교실 분위기를 점검하라. 학생들의 기본적인 욕구가 충족되고 있는가? 학생들은 친구들이나 교사와의 관계를 편안하게 느끼는가? 교실 분위기를 개선하기 위해 고려해야 할 사항은 없는가?

Reach and Teach

Reflect

2단계

되돌아보기

되돌아보는 과정은 학습한 내용을 뇌에 효과적으로 저장하는
강력한 접착제와 같은 역할을 한다.
- 패티 맥기(Patty McGee)

Recode

Reinforce

Rehearse

Review

Retrieve

"이건 시간 낭비야!"

성찰일기를 쓰고 있는데 누군가가 이렇게 외쳤다. 한 아이가 과제에 대해 불만을 표현하고 있었다. 나는 깜짝 놀랐다. 패티는 B학점을 받을 만큼 평소에 수업을 잘 따라오는 학생이었다. 학습내용을 잘 이해하는 만큼 잘 기억하기만 한다면 A학점도 충분히 받을 수 있는 아이였다. 대개 이해를 잘하는 편이지만, 이따금 답답한 감정을 내비치는 경우가 없지는 않았다. 그날이 바로 그런 날이었다.

"패티, 이게 그리 시간이 많이 걸리는 일은 아니야. 지금까지 무엇을 배웠는지, 그 내용을 어떻게 적용할 수 있을지 적어보기만 하면 돼."라고 나는 말했다.

패티는 짜증스러운 표정으로 나를 바라봤다.

"알아요, 선생님. 하지만 새로운 단원을 이제 막 배우기 시작했잖아요. 저는 빨리 그다음을 알고 싶지 여기서 멈춰서 이런 거나 생각하고 싶진 않다고요."

"패티, 선생님을 믿어봐. 이 과정을 거치면 지금 배우는 내용을 더 잘 기억하는 데 도움이 될 거야."라고 나는 대답했다.

"선생님은 지금 모둠토의를 멈추고 성찰일기를 꺼내서 '그래서 무엇을? 지금은 무엇을?(So What? Now What?, 질문기반 성찰활동모델의 하나-옮긴이)' 페이지를 채우라고 하셨잖아요. 이게 도움이 된다고요? 대체에너지의 형태에 관한 단원을 좋아하게 될 거라고는 상상도 못했는데 의외로 재미있어서 놀라는 중이에요. 이제 막 재미가 붙기 시작하는데, 배우기를 멈추고 생각을 하라고요? 이건 마치 TV를 보다가 중간광고가 나와서

흐름이 끊기는 것과 마찬가지예요!"

이때 다른 학생 몇몇이 수업성찰일기 쓰기를 멈추고 패티의 말에 고개를 끄덕였다.

급기야 한 학생이 큰소리로 외쳤다.

"패티 말이 맞아요. 우리, 시간 낭비하는 거 아니에요?"

나는 학생들을 향해 이렇게 말했다.

"여러분, 선생님의 말을 들어봐요. 이런 기억전략을 쓰는 이유는 선생님도 대학원에 다닐 때 교수님으로부터 배우고 적용해서 효과를 봤기 때문이에요. 이 방법은 실제로 수업내용을 기억하는 데 도움이 돼요. 여러분에게도 도움이 될 거라고 생각해서 한번 해보자고 하는 거예요."

나는 수업성찰일기를 펼쳐서 '그래서 무엇을? 지금은 무엇을?' 페이지에 다음 내용을 덧붙였다. '어쩌면 이것은 좋은 방법이 아닐지도 모르겠다. 내게는 효과가 있었지만 학생들에게는 효과가 없을 수도 있다. 아이들에게 의구심만 심어주고 있는 건 아닐까? 연구에 따르면 뇌는 돌이켜 성찰할 시간이 필요하다고 하는데 말이야. 제발 이 전략이 효과가 있었으면!'

그로부터 몇 주 후, 패티가 멋쩍어하며 교실에 들어섰다.

"선생님, 이것 좀 보세요."

패티가 A를 받은 다른 과목 시험지를 보여주며 말했다. 그 시험지에는 해당 과목 선생님의 총평이 적혀 있었다.

"패티, 정말 잘했어요! 주어진 문제에 대해서 폭넓게 답안을 작성한 것을 보니 문제를 풀기 위해서 여러모로 생각했다는 걸 알 수 있군요. 계속 열심히 해주길 바랍니다!"

나는 그 총평을 읽고 패티에게 축하를 건넸다.

"잘했어, 패티! 축하해!"

그러자 패티는 이렇게 말했다.

"전에 수업성찰일기 쓰는 것 때문에 불평했던 일, 죄송하게 생각해요. '그래서 무엇을? 지금은 무엇을?'에 대해서 쓰는 게 시간 낭비 같다고 말씀드렸던 일 말이에요."

나는 놀라서 되물었다.

"패티, 혹시 지금 그게 효과가 있었다고 말하려는 거니?"

"네, 사실은 그게 더 많은 걸 기억하는 데 정말 도움이 되었어요. 그래서 다른 수업시간에도 그 전략을 쓰기 시작했고요. 그동안 B를 많이 받았는데 이제 A가 점점 더 늘고 있어요. 무엇을 배웠는지에 대해 생각해보는 일이 정말로 필요한 것 같아요. 선생님이 알려주신 그 뇌과학 어쩌고 하는 것들이 실제로 도움이 된다는 걸 알려드리고 싶었어요."

나는 미소를 지으며 패티에게 고맙다고 말했다. 패티는 곧 다음 수업을 듣기 위해 교실 문을 나섰고, 나는 수업성찰일기를 펴서 새로운 페이지에 이렇게 썼다. '야호! 해냈어!'

이 일화가 보여주듯 '되돌아보기(Reflection)'는 단순히 기억을 장기적으로 저장하는 과정에서 거쳐가는 두 번째 단계가 아니라 기억형성과정 전반에 걸쳐 작용한다. 즉, 기억형성의 각 단계(자신만의 방식으로 재구성하기, 학습강화하기, 시연활동하기)마다 이 '되돌아보기'를 실시하는 편이 좋다. 나는 학생들에게 '되돌아보기' 역시 시연활동의 한 형태라고 설명한다. 되돌아보는 과정을 활용하면 배운 내용을 성공적으로 기억해낼 수 있기 때문이다.

코스타(Costa)와 칼릭(Kallick)은 『Learning and Leading with Habits of Mind(마음습관으로 배우고 이끌기)』(2009)에서 이렇게 말했다.

> 되돌아보기는 우리의 인식이 머물렀던 곳을 더듬으며 그것을 이해하려고 노력하는 것을 의미한다. 대다수 교실은 과거보다 현재와 미래를 지향한다. 이러한 지향성은 학생들(그리고 교사들)이 외견상으로는 현재와 관련이 없어 보이는 과거의 경험에 대한 성찰 없이 가볍게 지나치고, 앞으로만 나아가게 만든다(p.223).

핵심 노트   되돌아보기는 첫 번째 시연활동이다.

침묵할 시간과 말할 시간

코미디에서 잘 웃기려면 타이밍이 중요한 것처럼, 잘 가르치기 위해서도 타이밍이 중요하다. 교사의 반응이 너무 빠르거나 느리면 학습효과가 기대에 못 미칠 수 있다. 교사가 너무 빠르게 반응하면 학생들은 잘 배우지 못한다(Stahl, 1994; Tobin, 1987). 교사는 기다려야 하는 순간, 침묵해야 하는 순간이 언제인지 알아야 한다. 교사가 침묵함으로써 학생들이 되돌아볼 시간을 갖도록 장려하면 학생들은 학습내용을 장기기억에 저장하기 쉬워진다.

즉시기억(immediate memory 수 초, 수분, 수 시간 이내의 사건을 상기하는 기억-옮긴이)으로부터의 정보를 작업기억(working memory)에서 활발하게 처리하려면, 경험을 비판적으로 성찰하고 그것을 사전지식에 연결할 수 있어야 한다. 작업기억이 제대로 작동하면, 뇌가 장기기억을 더듬어 패턴과 연결고리를 찾는 작업을 하는 동안 새로 들어온 정보를 유지할 수 있다. 윌리엄슨(Williamson, 1997)은 되돌아보기가 일종의 발달적 학습과정(developmental learning process, 정상적인 인지발달과정에서 자연스레 일어나는 학습-옮긴이)에 해당한다고 봤으며, 웰링턴(Wellington, 1996)은 학생마다 되돌아보기의 수준이 다를 수 있다고 봤다. 이런 관점에서 볼 때, 되돌아보기 습관을 들이는 것은 중요하며 되돌아보기의 가치에 대해 가르치는 것이 그 첫 단계가 될 수 있다.

미국 교사들에게 가장 큰 장애물은 시간 부족이다. 커리큘럼을 모두 다룰 시간도, 주정부에서 주관하는 시험을 충분히 준비할 시간도 주어지지 않는다. 학생들에게 개별적인 관심을 기울일 시간 역시 주어지지 않는다. 점심을 먹고 화장실에 가고 이메일을 확인할 시간도 제대로 갖지 못한 채 수업을 다시 시작하는 날이 다반사다. 동시에 두 가지 일을 처리해야만 시간을 효율적으로 쓰고 있다고 느낄 만큼 교사들은 늘 시간이 부족하고 할 일이 많다. 하지만 학생들에게는 장기기억이 생성되려면 배운 것에 대해 곰곰이 생각해볼 시간이 필요하다. 2단계 되돌아보기(Reflect)에서는 정보를 장기기억에 확실히 자리잡게 하는 데 필요한 3가지 시간, 즉 주의집중의 시간, 기다려주는 시간, 성찰의 시간에 대해 알아볼 것이다.

핵심 노트　생각할 시간은 반드시 필요하다.

주의집중의 시간

컴퓨터 앞에서 바쁘게 일한다고 생각해보자. 성적표를 작성하는 중일 수도 있고, 학술지에 실을 논문을 쓰는 중일 수도 있고, 연구지원금 신청서를 작성하는 중일 수도 있다. 그런데 갑자기 눈에서 초점이 사라지고 멍해지면서 뇌가 멈춰버린 것처럼 아무 생각도 할 수 없는 순간이 찾아온다. 어떤 이들은 이런 현상을 '기진맥진한 느낌'이라고 표현하는데, 이럴 때 우리 뇌는 휴식을 필요로 한다. 자리에서 일어나 잠시 다른 일을 하거나, 단 몇 분이라도 쉬거나, 냉장고에서 간식을 꺼내 먹거나, 농구공이라도 몇 번 던지고 오면 조금 나아진다. 그러면 다시 원래 하던 일로 돌아갈 수 있게 된다.

학생들도 학교생활을 하면서 때때로 이런 순간이 찾아온다. 문제는 이런 순간에도 학생들은 규칙을 지켜야 한다는 점이다. 학생들은 수업시간에 친구와 말을 해서도, 자리를 이탈해서도, 간식을 먹어서도 안 된다. 학생들은 흥미를 잃어가고 있다는 미묘한 신호를 보내곤 한다. 만약 교사가 그 신호를 무시하면 아이들은 곧 완전히 흐트러져 산만해진다.

아이들이 집중할 수 있는 시간을 나타내는 가장 일반적인 공식은 연령이다(DeFina, 2003). 예를 들어, 만 10세 아동은 주어진 자극에 집중할 수 있는 시간이 10분 남짓밖에 되지 않는다. 10분이 넘어가면 아이들은 잡담을 하고, 교실을 돌아다니고, 딴짓을 하기 시작한다. 이는 지극히 자연스러운 현상이다. 자극의 유입이 집중할 수 있는 한도를 넘으면, 주어진 과제에 집중하느라 에너지를 쓰던 뇌는 기력(즉, 포도당)을 모두 소진하고 만다.

페리(Perry, 2016)에 따르면, 뉴런(neuron, 신경계를 이루는 기본 단위인 신경세포-옮긴이)은 연령을 불문하고 4~8분 안에 피로를 느낀다. 그는 감정을 자극하는 이야기로 수업을 시작한 다음, 사실적 정보(의미정보)든 개념적 이해든 앞선 이야기와 연결시켜 전달하는 식으로 수업을 구성하는 편이 좋다고 제안한다. 그러면 신경계가 에너지를 모두 소진하지 않고 각성 상태를 유지할 수 있다.

⊙ 핵심 노트 학생들이 집중할 수 있는 시간을 넘기지 않고 감각자극을 바꿔주면 주의집중시간을 연장할 수 있다.

기다려주는 시간

속도를 늦추는 것이 속도를 높이는 방법일 수 있다.
– 메리 버드 로(Mary Budd Rowe)

1960년대 후반 메리 버드 로(Mary Budd Rowe)는 다양한 교사들의 수업방식을 면밀히 관찰하고, 교사들이 학생들에게 분당 2~3회 정도 질문한다는 사실을 알아냈다. 질문을 하고 1초 정도 후에 같은 질문을 되풀이하거나 질문 형태를 약간 바꾸는 교사도 있고, 학생이 대답할 때까지 기다려주지 못하고 다른 학생에게 곧바로 다시 물어보는 교사도 있었다. 학생들이 교사의 질문에 빠르게 대답하는 경우 교사는 평균 0.9초 이내에 다른 질문을 하거나 학생의 대답에 응답했다(1973).

기다려주는 시간이 학생들에게 미치는 영향(Rowe, 1986)

- 학생들의 응답이 한 단어에서 문장으로 길어진다.

- 자신감이 높아진다.

- 철학적 사고가 증가한다.

- 미심쩍은 태도로 답하는 경우가 줄어든다.

- 대충 추측하거나, '몰라요'라고 말하거나, 부적절한 답변을 하는 경우가 줄어든다.

- 학생들이 서로의 생각에 꼬리를 물고 생각을 이어나간다.

- 속도가 느린 학생들도 답변하는 경우가 늘어난다.

- 교사가 질문하고 학생이 응답하던 일방적인 상호작용에서 교사의 조절 하에 학생 간에 토론하는 방식으로 바뀐다.

- 학생들이 더 많은 질문을 한다.

- 학생들 스스로 뭔가를 더 알아보는 게 좋겠다고 제안한다.

- 학생들의 성취도가 높아진다.

'기다려주는 시간(wait time)'은 익숙한 개념이지만, 이것이 기억하는 과정에서도 중요한 역할을 한다는 사실은 많이 알려지지 않았다. 응답할 시간을 충분히 주고 기다려주면 학생들은 사전지식을 탐색하고 학습내용을 평가해보면서 적절한 답을 찾아보는 시간을 가질 수 있다.

로(Rowe)는 기다려주는 시간에는 두 가지가 있다고 강조했다. 첫 번째는 질문을 하고 학생이 응답할 때까지 기다려주는 시간이다. 교사는 질문을 바꾸거나, 좀 더 깊이 있는 질문을 하거나, 다른 학생을 지목해 물어보거나, 교사의 답을 들려주기 전에 우선 학생이 응답할 수 있도록 기다려줘야 한다. 두 번째는 교사가 학생들의 응답을 듣고 피드백을 주기 전에 잠시 기다려주는 시간이다. 첫 번째 경우 교사들은 평균적으로 0.9초 정도를 기다려주는 것으로 나타났다. 그리고 두 번째 경우는 첫 번째보다 훨씬 짧다. 그런데 이 기다려주는 시간을 최소 3초로 늘리면 〈도표 2.1〉과 같이 주목할 만한 변화가 나타난다. 학생들이 교실 규칙을 더 잘 지키고, 교사가 질문 횟수를 줄이면서도 고차원적인 사고가 요구되는 질 높은 질문을 하는 경우가 늘어나고, 학생들에 대한 교사의 기대치가 전반적으로 높아지는 것이다(1986).

기다려주는 시간은 특히 다음과 같은 경우에 유용하다.

- 교사가 개별 학생 또는 모둠에게 처음 질문을 던지고 답을 기다리는 경우
- 개별 학생 또는 모둠이 교사의 첫 질문에 답변한 직후
- 학생의 질문을 받고 교사가 대답하기 전
- 교사가 후속 질문을 한 후

포가티(Fogarty, 2003)는 학생들이 하나의 아이디어나 개념에 대해 계속 생각하게 하려면 다음과 같은 두 가지 형태의 질문을 활용하라고 제안했다. 첫 번째 질문은 "지금까지 나온 것 말고 또 어떤 답이 가능할까요?"이다. 이런 질문은 아직 대답하지 않은 학생들에게 '다양한 답변이 존재할

수 있으니 계속 생각해보자.'라는 의미를 전달할 수 있다. 두 번째는 "좀 더 말해볼까요?"이다. 이런 방식으로 물어보면 학생들은 더욱 심층적으로 사고하고, 세부적인 내용을 생각해보면서 정보를 종합하게 된다.

○ 핵심 노트   학생들에게는 대답하고 질문할 시간이 필요하다.

기다려줘야 하는 또 다른 경우들

스탈(Stahl)은 로(Rowe) 등의 연구를 참고해 교사가 침묵하고 기다려줘야 하는 또 다른 경우를 제안했는데, 이것을 "생각하는 시간(think time)"이라고 부른다(1994). 생각하는 시간에는 다음과 같이 4가지가 있다.

- **교사가 잠시 멈추는 시간** 지금까지 일어난 상황을 파악하고, 어떻게 수업을 진행할지 생각하기 위해 교사가 3초 이상 멈추는 시간이다.
- **학생들의 주의를 환기시키기 위해 기다리는 시간** 학생들이 분위기를 감지하고, 다시 과제에 집중할 때까지 몇 초(때로는 몇 분) 동안 기다려주는 시간이다.
- **학생이 대답을 준비하면서 잠시 머뭇거리는 시간** 대다수 교사는 학생들이 답변하기 위해 잠시 머뭇거리는 것을 불편해하고 학생을 도와주려고 한다. 그러나 스탈은 학생들이 답변을 생각해내기 위해 잠시 머뭇거리는 시간을 적어도 3초 이상 허용하라고 제안한다.
- **학생이 답변한 후 다른 학생들의 의견을 독려하기 위해 기다리는 시간** 한 학생의 답변에 대해 다른 학생들이 생각해보고, 다른 의견을 말할 수

있도록 3초 이상 기다려주는 시간이다.

　이 중 첫 번째, '교사가 잠시 멈추는 시간'은 바쁜 일과 중에 사치인 것처럼 보이지만 수업 중 잠시 멈춰 되돌아보고 방향을 수정하면 향후 수업을 진행하는 데 매우 큰 도움이 된다. 두 번째, 세 번째, 네 번째는 학생들에게 주는 시간인데 교사들은 대부분 두 가지 이유로 이런 시간을 주는 것을 꺼린다. 첫째, 학생들의 답변을 조용히 기다리면 오히려 학생들이 당황할 것으로 생각하기 때문이다. 둘째, 학생들이 자극과 반응이 단순한 '비디오 게임'식의 반응에 익숙해져서 질문을 받으면 바로 답변해야 한다는 강박을 느낄 것이라고 생각하기 때문이다. 하지만 어쩌면 교사들은 '지나친 우려의 함정'에 빠져 학생들을 잘못 평가하고 있는지도 모른다.

　기다려주는 시간이 실제 사용되는 예시는 다음과 같다.

11학년(우리나라의 고등학교 2학년에 해당함-옮긴이)을 대상으로 문화에 대한 토론수업을 진행하고 있었다. 나는 조나단에게 다음과 같이 물었다. "문화적 보편성이란 무엇일까요?" 좀 머뭇거리더라도 기다려줄 생각이었는데, 조나단은 깊이 생각해보지 않고 바로 "제가 생각하기에 모든 문화는……."이라고 말하기 시작했다. 당황했을 수도 있고, 시간을 갖고 천천히 대답하는 것에 익숙하지 않아서일 수도 있다. 몇몇 학생이 코웃음을 쳤고, 대신 대답해보겠다며 손을 드는 학생도 있었다. 나는 코웃음치는 학생들을 날카롭게 쏘아본 다음 조나단의 말에 주의를 기울였다. "그러니까 저는 모든 문화권에는 무엇이 옳은지 그른지에 대한 규칙이 있다고 생각합니다. 모든 문화에는 고유한 규칙이 있습니다."라고 조나단은 대답했다. 그 답을 칠판에 옮겨 적으려는데 제프리가 "사람들 역시 옳고 그름에 대한 자신만의 생각이 있습니다. 우리 반에서는 무엇이 허용될 수 있는지, 각자의 생각을 알아보는 시간을 가져보면 어떨까요?"라고 말했다.

제프리의 말에 나는 잠시 멈칫했다(이때가 바로 '교사가 잠시 멈추는 시간'이다.). 지금 그 이야기를 해도 좋을지 생각해볼 시간이 필요했다. '지금 제프리가 내놓은 이 아이디어를 받아서 토론을 시작해도 괜찮을까? 과연 우리 반 아이들이 이 문제에 대해 터놓고 이야기할 만큼 서로를, 그리고 교사인 나를 편안하게 느끼고 있을까? 그런데 아이들은 이미 흥미를 보이고 있어.'

결국 나는 "좋아요." 하고 제프리의 말을 이어받았다. "용납할 수 없는 행동이라고 생각되는 것들을 뽑아 목록으로 만들어봅시다."

재촉은 하되 기다려주기

처음에는 이런 '기다려주는 시간'이 교사와 학생 모두에게 낯설게 느껴질 수 있다. 대답하기 어렵지 않은 낮은 수준의 질문을 할 때는 잠깐만 기다리면 되지만, 대답하기 어려운 높은 수준의 질문을 할 때는 5~10분 정도의 시간이 필요할 수 있다. 높은 수준의 질문을 할 경우 모든 학생이 그 질문에 대해 깊이 생각해볼 수 있게 해야 한다. 정답이 이미 준비된 학생들이 있다는 것을 인지하되 이들 때문에 기다려주는 시간을 중단해서는 안된다. 생각할 시간을 충분히 주는 것이 좋다. 아무 말도 하지 않고 학생의 답변을 기다리는 시간이 불편하게 느껴진다면 시계를 보면서 시간이 얼마나 지나고 있는지 재보거나 확인하면서 기다리는 것도 좋다. 더 좋은 방법은 '알겠다!' 하는 표정을 짓는 학생이 얼마나 되는지를 세어보는 것이다. 학생이 대답하더라도 각각의 답에 대해 코멘트하지 않도록 해야 한다. "고마워요." 정도로 간단히 표현하고 굳이 길게 답해줄 필요는 없다.

어떤 사람의 이름, 책 제목, 또는 전화번호를 기억해내기 위해 장기기억을 뒤지고 있다고 상상해보자. 뇌 깊숙한 곳에 깔끔하게 저장된 모든 종류의 정보를 뒤지고 훑어보느라 바쁘다. 그런데 이때 누군가가 말을 걸어 이 작업을 방해한다고 생각해보자. 하물며 내가 찾고 있는 그 정보를 누군가 대신 찾아내서 대답한다면 어떨까? 짜증이 날 수밖에 없다. '기다려주는 시간'이 중요한 이유가 여기에 있다. 장기기억에 저장된 정보에 접근하는 데 걸리는 시간은 사람마다 다르기에 더욱 그렇다.

핵심 노트 잠시 기다려주면 학생들은 새로운 정보를 작업기억에 유지하면서 장기기억 속에서 관련 정보를 찾아낼 수 있다.

성찰의 시간

성찰이 일어날 때 뇌가 어떻게 작동하는지 자기공명영상(MRI)과 양전자방출단층촬영(PET)을 이용해 확인한 결과, 성찰과정은 뇌에서 집행영역(executive area)이라고 불리는 전두엽에서 일어난다는 것이 밝혀졌다 (Johnson et al., 2002). 작업기억 또한 전두엽에서 처리된다. 성찰의 시간을 '저조한 시간(down time, 주의력이 떨어져 정보의 입력 효율이 낮은 수업시간대-옮긴이)'처럼 여겨서는 안 된다(Erlauer, 2003). 성찰은 오히려 매 수업, 매 단원에 반드시 있어야 하는 수업의 과정이다.

앳킨스와 머피(Atkins & Murphy, 1993)는 성찰이 3단계로 진행된다는 것을 확인했다. 이 과정에 따르면 먼저 불편한 감정을 인식하고, 두 번째로 그 상황을 비판적으로 분석하며, 마지막으로 새로운 관점을 발전시킨다. 버로우(Burrow, 1995)는 성찰을 "새로운 정보에 의미를 부여하기 위한 탐색과 발견의 과정"으로 정의하면서, 구체적으로는 "비판적으로 살펴보고, 문제를 다시 구성하며, 그로 인해 예상되는 결과를 확인하는 과정"이라고 설명한다(p.346).

케미스(Kemmis, 1985)는 성찰을 조금 다르게 정의했다. 그에 따르면 성찰은 안으로는 자기 생각과 사고과정에 집중하고, 밖으로는 당면과제에 집중하는 분석적 과정이다. 학습자의 관점에서 볼 때, 성찰하기는 학습자가 자신의 경험을 탐색함으로써 새로운 이해에 도달하는 지적 활동과 정서적 활동의 조합이라고 설명한 논문도 있다(Boud, Keough, & Walker, 1985).

듀이(Dewey, 1910/1997)는 "성찰이란 하나의 주제를 다양한 측면과 각도에서 바라봄으로써 중요한 것은 단 하나도 놓치지 않으려는 것을 뜻한다. 마치 돌을 뒤집어 가려져 있던 면은 어떤 모양이고 숨겨져 있던 것은 무엇인지 알아가는 것과 같다."라고 정의했다(p.57).

나는 학생들에게 성찰을 설명할 때, 새로운 지식을 이미 알던 지식과 연결할 수 있을 뿐 아니라 정보의 출처(그 출처가 나 자신이든, 저자든, 그 외다른 것이든)를 의심해볼 기회로 설명한다. 탐정이 되어 문제의 핵심을 간파해보라고 요구하면서 이때 자신의 감정과 견해가 중요하다고 강조한다.

퍼킨스(Perkins, 1995)는 지능을 신경지능, 경험지능, 성찰지능으로 나눈다. 신경지능(neural intelligence)은 뇌가 얼마나 연결을 잘하고 유지하는지와 관련된다. 경험지능(experiential intelligence)은 개인적인 경험을 아우르며, 이것이 지적인 행동을 이끈다. 성찰지능(reflective intelligence)은 성찰에 대한 지식, 이해, 태도로 구성된다. 퍼킨스에 따르면 경험지능과 성찰지능은 학습할 수 있는 지능이며, 성찰지능은 신경지능과 경험지능을 조절하는 역할을 한다.

성찰하기를 학생들에게 가르쳐야 하고, 가르칠 수 있다는 것이 중론이다. 그렇다면 모범적인 성찰이란 과연 어떤 모습이어야 할까? 딕만과 블레어(Dickman & Blair, 2002)는 "성찰한다는 것은 어떤 정보 패턴의 이면을 의식적으로 비틀어보면서 그것이 위해요소인지 긍정적인 요소인지를 파악하는 것과 같다."라고 말한다(p.96). 이들에 따르면 하나의 성찰과제는 다음과 같이 5가지 영역을 필요로 한다.

1. **생리학적 영역** 성찰을 하면 뇌는 말 그대로 불이 반짝 켜지게 된다. 성찰이 필요한 부문이 새로울수록 뇌 활동이 더욱 활발해진다.
2. **사회적 영역** 성찰을 하면 뇌가 다른 뇌를 찾게 되기 때문에 사회적 활동이 증가하고, 협력할 사람이나 내 생각을 지지해줄 사람을 찾게 된다.
3. **감정적 영역** 평가는 성찰과정의 일부분이다. 성찰이 필요한지를 판단하려면 감정이 개입되어야 한다.
4. **구성적 영역** 성찰활동을 하면 지식이 구성된다. 새로운 사고패턴이 형

성되기도 하고, 오래된 사고패턴이 되살아나기도 한다.

5. 습관의 영역 새롭게 형성된 사고패턴을 통해 습관이 만들어진다.

핵심 노트 성찰은 반복적 실행을 통해 나타나는 습관이다.

성장관점

'열심히 공부하면 누구나 배우고 성장할 수 있다.'는 긍정적인 사고방식을 가진 학생이라면 성찰 시간을 갖는 것이 별로 어렵지 않고, 도움도 될 것이다. 지능이나 과거의 실패 경험이 학습에 방해가 될 것이라는 부정적인 사고방식을 가져서는 안 된다. 작년에 잘하지 못했어도 괜찮다. 노력하면, 그리고 시행착오를 통해 배우면 지금까지 해오던 방식을 바꿀 수 있다.

캐롤 드웩(Carol Dweck, 2006)은 현재의 삶을 미래의 삶과 연계해 발전적인 방향으로 고민하는 사고관점을 성장관점(growth mindset)이라고 일컫는다. 성장관점을 지닌 학생들은 자신의 학습을 되돌아보며, 새로운 지식과 이미 알던 지식 사이의 연관성을 찾으려고 한다. 반면, 미래보다 과거에 집중해 앞으로 성취도가 높아질 가능성이 희박하다고 생각하는 학생들은 고정관점(fixed mindset)을 가지고 있다. 우리 모두 성장관점을 가져야 하며, 이는 학습을 통해 습득할 수 있다. 드웩은 고정관점을 성장관점으로 바꾸기 위한 4가지 단계를 다음과 같이 제시했다.

1. 고정관점의 목소리를 듣는 방법부터 익혀라. 그 목소리는 당신이 어떤

일을 해낼 수 없다고 말할 것이다.

2. 선택의 여지가 있다는 것을 인식하라. 고정관점이 내는 목소리를 계속해서 들으면서 더 나아지기를 포기할지, 그 목소리를 무시하고 더 나아질 방법을 찾을지를 선택하는 건 당신 몫이다.

3. 고정관점에 성장관점으로 응답하라. 고정관점이 '넌 이 일을 해낼 수 없어.'라고 말한다면, '처음부터 잘하는 사람은 없다.'라고, '많은 사람이 실패해도 다시 도전한다.'라고 응답하라. 당신 역시 그 사람들 가운데 하나가 될 수 있다.

4. 내면의 목소리를 듣고 관리하라. 그리고 행동하라. 도전하려면 엄청난 노력이 필요하고, 때로는 변화도 필요할 테지만 당신은 결국 해낼 것이다.

학생들에게 이 4가지 단계를 시범 보이면 큰 영향을 미칠 수 있다.

수업 도중에 어떤 문제상황이 발생하면 큰소리로 말하면서 문제를 해결하는 과정을 몸소 보여줘라. "화이트보드에 문제가 생겼어요. 전원 공급 장치가 작동하지 않는 것 같네요. 어떻게 고칠 수 있을지 고민해봅시다. 기계 만지는 법을 잘 알진 못하지만, 화이트보드 사용설명서에 들어 있는 문제해결법을 읽으면서 따라해보면 해결할 수도 있지 않을까요? 지금 전원 공급장치가 깜박이고 있는데 사용설명서에서 이 부분을 찾아보고 조처하면 문제가 해결될 것 같아요. 선생님이 이걸 고치는 동안 여러분은 친구들과 함께 게시판에 있는 수학문제를 토론해보세요. 재미있을 거예요!"

이렇게 하면 문제상황이 발생했을 때 처음에는 어떻게 해야 할지 모르더라도 결국 해결하게 될 것이다. 그러면 학생들도 사고관점을 바꾸어 되돌아보기를 통해 학습내용을 다질 수 있고, 자신의 문제를 해결할 수 있다는 믿음을 좀 더 갖게 된다.

되돌아보기를 활발하게 하는 교실의 7가지 습관

눈치챘겠지만, 위 제목은 스티븐 코비(Stephen Covey)의 책 『성공하는 사람들의 7가지 습관(The Seven Habits of Highly Effective People)』(1989)에서 따왔다. 다음 7가지 되돌아보기 전략을 뚜렷한 목적을 갖고 자주 사용하면, 여러분과 학생들 모두 되돌아보는 습관을 들이게 될 것이다. 코스타와 칼릭(Costa & Kallick, 2000)에 따르면, 생각에 관해 생각하는 것 자체가 16가지 마음습관(habits of mind) 중 하나이다. "지적인 사람"이라면 "자기 자신의 사고 스킬 및 전략을 계획하고, 반성하고, 평가한다"(p.5).

핵심 노트 깊이 되돌아보는 과정을 통해 우리는 새로운 것을 발견하고 새로운 연결을 만들어내는 성향을 강화할 수 있다.
— 제니퍼 플레처(Jennifer Fletcher)

학생들은 자신의 스킬과 전략, 경험에 대해 잘 알고 있어야 한다. 『Educating Minds and Heart(마음 교육하기)』에서 코헨(Cohen, 1999)은 이렇게 말했다. "한편으로는 자기반성을 하고 다른 한편으로는 타인의 생각과 감정을 인지하는 능력은 아이들이 삶의 사회적이고 정서적인 측면을 이해하고, 관리하고, 표현하는 토대를 마련해준다"(p.11).

핵심 노트 되돌아보기를 장려하는 교사는 학생들이 학습내용에 대해 자신만의 의미를 만드는 과정에 충분히 참여할 기회를 보장해준다.

습관 1: 질문하기

질문은 되돌아보기의 핵심이다. 로버트 마자노(Robert Marzano)에 따르면, 질문은 세부사항에 관한 질문, 범주에 관한 질문, 더 상세한 설명을 요구하는 질문, 증거에 관한 질문 등 4가지 유형으로 나눌 수 있다(2015).

존슨(Johnson, 1995)은 수량, 비교/대조, 감정/의견/관점과 관련된 질문, 그리고 '만약'과 '어떻게?'로 시작하는 질문으로 분류했고, 더 나아가 학생이 질문하는 '능동적인 질문'과 학생이 답하는 '수동적인 질문'으로 분류했다. 학습내용에 대해 자신에게 질문하고 답을 찾는 과정에서는 능동적인 질문과 수동적인 질문 모두를 사용하는 것이 좋다. 학생들이 두 유형의 질문을 모두 사용하는 습관을 기르도록 교사도 이러한 질문을 자주 사용해야 한다.

포가티(Fogarty, 2003)는 '복잡하고 깊은 생각을 요하는 열린 질문'과 '간단한 답을 요하는 닫힌 질문'이라는 개념을 소개했다. 전자는 예시를 들어 토론하거나 설명하도록 요구하는 풍성한 질문(fat question)인 반면, 후자는 '예/아니요'와 같은 단답형 응답을 요구하는 간단한 질문(skinny question)이다.

맥타이와 위긴스(McTighe & Wiggins, 2013)는 핵심질문(essential question)이 무엇인지 논의한 바 있다. 두 사람은 핵심질문에 대한 답을 찾는 과정에서 교실 내 수업의 커리큘럼을 정교화하고 조직화할 수 있다고 말한다.

학습을 되돌아보게 하는 질문은 종종 '왜' 또는 '어떻게'로 시작한다. 학생들은 '왜' 또는 '어떻게'로 시작하는 질문을 받으면 "내가 무엇을 알고 있는지 어떻게 알지?"라고 자문하게 된다. 사고를 자극하는 고차원적 질문과 달리 '누가', '언제', '어디서'와 같이 사실을 묻는 질문은 개념 간의 연결을 찾도록 이끌어주지 못한다. 반면에 사고를 자극하는 고차원적인 질문은 개념 간의 연계성을 찾아 진정한 이해에 도달하도록 도와준다.

교사는 적절한 질문기법을 선택해서 사용하는 습관을 길러야 한다. 수업목표가 무엇인지 분명히 알고 있다면, 해당 단원에 관한 몇 가지 핵심질문을 생각해둬야 한다. 수업자료를 소개할 때 이 질문 중 하나를 제시하고, 학생들이 학습을 되돌아보는 시간이 되면 그때 다시 같은 질문을 반복해서 제시한다. 이러한 과정을 충분히 반복하면 학생들은 스스로 확장된 질문을 하기 시작할 것이다. 그러면 질문하는 습관이 자리잡게 된다.

다음은 블룸의 교육목표분류(Bloom's Taxonomy)를 바탕으로 만든 '성찰목표분류(reflection taxonomy)'이다(papas, 2010).

- **기억** 나는 무엇을 했지?
- **이해** 거기서 중요한 게 뭐였지?
- **적용** 그걸 어디서 다시 쓸 수 있을까?
- **분석** 내가 한 일에서 어떤 패턴을 볼 수 있을까?
- **평가** 나는 얼마나 잘했을까?
- **창안** 다음에는 무엇을 해야 할까?

여기서 '이해'와 '분석'에 해당하는 질문은 학습자와의 연관성이 더욱 두드러지도록 고쳐봐도 좋겠다. "거기서 나한테 특히 중요한 게 뭐였지?", "내가 알고 있는 다른 것들과 어떤 부분이 유사하지?"

다음은 학생들의 질문을 유도할 수 있는 방법을 6단계로 나타낸 것이다 (Rotstein & Santana, 2011).

1. 질문의 초점을 어디에 둘지 결정한다.
2. 질문을 작성한다.
3. 닫힌 질문과 열린 질문으로 만들어본다.
4. 질문의 우선순위를 정한다.
5. 다음 단계를 계획한다.
6. 성찰한다.

샬럿 대니얼슨(Charlotte Danielson)은 수업을 계획할 때 질문의 중요성을 강조했다(2011). 질문과 토론은 『The Framework for Teaching(수업 틀 짜기)』에서 구체적으로 언급한 유일한 지도전략이다. 그만큼 질문과 토론은 교사에게 중요한 수업전략이어야 한다. 다른 평가 관련 틀 짜기 중에도 질문을 탁월한 수업의 지표로 간주하는 경우가 여럿이다.

핵심 노트   중요한 것은 질문을 멈추지 않는 것이다.
– 알베르트 아인슈타인(Albert Einstein)

습관 2: 시각화하기

"한 장의 그림이 천 마디 말보다 낫다."는 말이 있다. 시각화가 가능하면 작업기억이라는 비교적 작은 기억 저장 공간에 일시적으로나마 많은 정보를 저장할 수 있다. 하워드 가드너(Howard Gardner)의 다중지능이론(theory of multiple intelligences)에 따르면, 사람들은 대개 시각적/공간적 지능이 있다(1983). 다양한 형태의 정보를 받아들이면서 시공간적 지능을 동시에 사용하는 능력이 있다면, 다중적인 정보처리가 가능해진다. 따라서 학생들은 이 기능을 강화할 필요가 있다. 양전자방출단층촬영(PET)을 해보면 시각정보는 우뇌를 활성화한다는 것을 알 수 있다(Burmark, 2002).

선호하는 학습양식에 상관없이 모든 사람이 정보를 시각화할 수 있으리라 기대하는 것은 지나친 생각일지 모르지만, 실제로 많은 학습자가 정보인출을 위해 시각화의 한 예인 마인드맵(mind map)을 유용하게 사용한다. 특히 어린 학생들에게는 아는 것을 그림으로 그려보게 하는 시각화가 도움이 된다.

누구나 자기가 자주 사용하는 시각적 스키마(visual schema)나 인식도(mental map)가 있다(Armstrong, 1993). 이러한 기억지도(memory map)는 우리가 어디로 가고 있는지를 알려준다. 학생들이 롤모델로 삼는 유명한 사람 중에 이와 유사한 전략을 사용하는 사람들이 있다는 사실을 넌지시 알려주면, 학생들도 그 전략을 따라 하고 싶을 것이다. 예를 들어, 우리 반 학생 중에 스포츠를 좋아하는 학생들은 선수들이 시각화 기술을 사용한다는 사실을 안다. 역사상 가장 훌륭한 여성 비치발리볼 선수인 케리 월시(Kerri Walsh)와 미스티 메이 트레너(Misty May Treanor)에게 시각화는 반드시 포함되는 훈련 요소였다(Williams, 2015).

알베르트 아인슈타인(Albert Einstein), 찰스 다윈(Charles Darwin), 지그문트 프로이트(Sigmund Freud)도 시각적 사고(visual thinking) 스킬을 사용해 이론을 정립한 사람들이다. 예를 들어, 아인슈타인은 상대성이론을 시각화하기 위해 빛줄기 위에 올라타는 상상을 했다.

시각화 훈련의 첫걸음은 학생들의 기억에 이미 저장되었을 가능성이 큰 다음과 같은 예시를 종이에 그려보도록 하는 것이다.

- 집에서 학교까지 오는 길을 지도로 그리기
- 나라 지도 그리기
- 자유와 같은 추상적 개념을 그림으로 그리기
- 학교 또는 교실의 청사진 그리기

일단 학생들이 자신들의 머릿속에 이런 영상 이미지들을 가지고 있다는 것을 깨닫게 되면, 이러한 시각화의 힘을 습관적으로 활용하도록 장려해 새로운 정보가 들어올 때마다 스스로 학습을 되돌아보도록 해야 한다.

습관 3: 성찰일기 쓰기

레오나르도 다빈치(Leonardo da Vinci)가 쓴 7천 장의 메모가 지금까지 보존되어 있다. 그는 항상 공책을 가지고 다니면서 일상에서 관찰한 것, 농담, 새로운 발명에 대한 계획 등을 공책에 써서 남겼다(Gelb, 1998). 학생들에게도 이와 같은 일기를 쓰게 하라. 학습내용을 생각하면서 질문을 작성하거나, 학습내용을 자세히 들여다보거나, 사전지식과 연결하면 통찰력을 얻을 수 있다. 교사가 학생들의 주의를 끄는 수업을 진행했다면, 학생들은 그 수업내용을 일기에 적게 될 것이다. 경험을 기록하는 작업은 학생들이 자신의 학습에 대해 스스로 통제할 수 있다는 느낌을 갖게 해준다(Restak, 2000). 처음에는 성찰의 물꼬를 트는 다음과 같은 문장의 틀을 제공하는 것이 도움이 된다.

- 나는 …을/를 배웠다.
- 나는 …을/를 더 배우고 싶다.
- 나는 …이/가 좋았다.
- 나는 …이/가 별로였다.
- 나는 …을/를 이해하지 못했다.
- 만약 …했다면, 나는 …을/를 더 잘 이해했을 것이다.

습관 4: 생각을 끌어낼 지시문 사용하기

학생들이 학습정보에 대해 생각하도록 지시문을 주고, 이 지시문에 대해 생각해볼 시간을 준다. 다음은 학생들의 생각을 끌어내는 데 도움이 되는 몇 가지 지시문의 예이다. 이것들을 그대로 쓰기보다는 각자 창의적으로 만들어 쓰기를 권한다.

- …에 대해 생각해보세요.
- …했던 때를 생각해보세요.

- …할 미래를 상상해보세요.

- 다른 사람의 입장이 되어보기: 그들이 …에 대해 어떻게 생각할까요?

- 다시 생각해보기: 어떻게 이런 일이 발생했을까요?

- 생산적으로 생각해보기: 얼마나 많은 방법으로 그 문제에 접근할 수 있을까요?

- 비교점, 유사점을 생각해보거나 은유적으로 생각해보기

습관 5: PMI차트처럼 생각하기

그래픽 오거나이저(graphic organizer) 중 하나인 PMI차트를 사용하면, 학습내용에 대해 시간을 갖고 좀 더 체계적으로 생각해볼 수 있다. P(plus)는 플러스(+)를 의미하며, '방금 배운 학습내용 중 어떤 부분이 좋은가'를 묻는다. M(minus)은 마이너스(−)를 의미하며, '마음에 들지 않거나 이해가 되지 않는 주제나 개념이 있는가'를 묻는다. I(interesting)는 흥미롭다고 생각하는 것을 의미하며, '이 수업에서 어떤 부분이 흥미롭다고 느끼는가'를 묻는다.

PMI차트는 수평 또는 수직으로 그릴 수 있다. 학생들이 이 차트를 여러 번 사용해 익숙해진다면, 공통된 내용을 가지고 범주화를 해보는 것도 좋다. 고학년에게는 '흥미로운 지점(interesting)' 대신에 '함의하는 바(implications)'를 물어볼 수 있다. (이에 대한 예시와 다양한 형태의 그래픽 오거나이저는 〈부록 B〉 참조)

습관 6: 협업하기

협업하는 습관을 들이려면 먼저 협업 스킬을 함양해야 한다. 1단계 주의끌기(Reach and Teach)에서처럼 학생들의 주의를 끌기 위해 교사가 학생들에게 감성지능 스킬을 가르치면, 다른 사람과 협력해서 학습을 되돌아보는 능력이 향상된다.

2004년 ASCD 연례회의에서 마가렛 휘틀리(Margaret Wheatley)는 자신의 저서 『Turning to One Another: Simple Conversation to Restore Hope to the Future(서로에게 의지하기: 희망적인 미래를 되찾기 위한 짧은 대화)』를 주제로 강연하면서 인간이 기계와 같은 속도로 일하게 만드는 현대사회에 관해 이야기했다. "우리는 생각할 시간을 잃어버리고 있습니다. 함께할 시간도 없어지고 있습니다." 그녀는 우리가 성찰하고, 듣고, 다른 사람을 이해할 시간을 되찾아야 한다고 했다. 되돌아보기 과정에서 다른 사람과 협업함으로써 학생들은 바로 그런 기회를 얻게 된다.

다음은 효과적인 협업을 위해 학생들에게 필요한 5가지 요소이다(Johnson, Johnson, & Holubec, 2007).

1. '이 일을 함에 있어서 모두가 동료이다.'라는 데 동의해야 한다.
2. 함께 배우고 서로의 성장을 축하해야 한다.
3. 모두가 책임지고 기여해야 한다.
4. 갈등해결법과 같이 모둠활동을 하는 데 필요한 스킬을 길러야 한다.
5. 모둠으로서도, 개인으로서도 협업과정을 성찰할 수 있어야 한다.

협업의 절차

1. 이런 유형의 협업에는 어떤 것이 수반되어야 하는지 시범을 보여라.

2. 협업에 필요한 사회적 스킬에 대해 이야기하고, 연습하라.

3. 짝 활동으로 시작하라. '생각하기-짝짓기-공유하기(think-pair-share)' 전략을 쓰는 것도 좋다. 짝 활동을 하기 전에 몇 분 정도 혼자 생각할 시간을 줘라.

4. 짝을 어떻게 선정할지 결정하라. 학생들이 짝을 선택하기보다는 교사가 짝을 지어주는 편이 좋다. 무작위로 짝지어주기, 성별이 같은 학생끼리 짝지어주기, 성별이 다른 학생끼리 짝지어주기 등이 있다.

5. 시간을 확인하라. 일부 학생이 다른 학생들보다 더 오랜 시간 동안 이야기하는 경우가 없게 하라.

6. 학생들이 협업에 책임을 지되, 과도한 부담이 되지 않도록 하라. 이 활동은 개인별 성찰에 초점이 있기 때문이다.

교사는 학생들의 협업과정을 관찰해야 하며(Johnson et al., 2007), 효과적인 방법으로는 '크루즈 컨트롤(cruise control)'이 있다(Tileson, 2000). 여기서 크루즈 컨트롤이란 학생들이 과제에 집중하도록 모둠 사이사이를 돌아다니면서 관찰하는 것을 뜻한다.

이는 학생들의 이해도를 확인할 첫 번째 기회이기도 하다. 학생들이 학습내용을 성찰하며 서로 이야기를 나눌 때, 교사가 그 과정을 지켜보며 학생이 잘못 이해한 부분을 찾아낼 수 있기 때문이다. 잘못 이해한 부분이

도표 2.3
협업을 평가하기 위한 간단한 루브릭

협업		1점 (기초)	2점 (발전)	3점 (달성)	4점 (탁월)	점수
팀 기여도	정보 공유	팀원들에게 어떤 정보도 전달하지 않는다.	정보를 거의 전달하지 않으며, 전달하더라도 주제와 관련된 정보는 일부에 불과하다.	몇몇 기본 정보를 전달한다. 전달하는 정보 대부분이 주제와 관련 있다.	많은 정보를 전달한다. 전달하는 정보 모두 주제와 관련 있다.	
타인의 관점을 존중 하는 정도	경청	항상 혼자 말하며, 팀원들이 말할 기회를 주지 않는다.	혼자 말하는 시간이 많고, 팀원들이 말할 기회를 잘 주지 않는다.	가끔 듣기도 하지만, 주로 말하는 편이다.	팀원들과 동등하게 듣고 말한다.	
	협력	팀원들과 자주 말싸움을 벌인다.	팀원들과 가끔 말싸움을 벌인다.	팀원들과 좀처럼 말싸움을 벌이지 않는다.	팀원들과 절대 말싸움을 벌이지 않는다.	

발견될 경우 학생들의 협업을 잠시 중단시키고 오류를 잡아줄 수도 있고, 협업이 끝난 뒤 시간을 내어 바로잡을 수도 있다.

〈도표 2.2〉는 협업의 절차를 나타낸 것이고, 〈도표 2.3〉은 협업을 평가하기 위한 루브릭(rubric, 채점기준표-옮긴이)이다.

습관 7: 교실 모퉁이 활동을 통한 성찰하기

교실 모퉁이 활동을 통한 성찰하기(four-corner reflecltion)는 이동, 음악,

토론, 시각적 도구를 사용해 다양한 방식으로 되돌아보기를 하는 활동이다. 구체적인 방법은 다음과 같다.

1. 교실 모퉁이 네 군데에 핵심 아이디어를 나열한 차트를 설치한다.
2. 각 모퉁이에 모둠별로 모인 학생들이 아이디어를 토론하고, 새로운 아이디어를 차트에 추가한다.
3. 5분 후, 음악을 틀거나 호루라기를 불어 신호를 주면 학생들이 다음 모퉁이로 이동한다.
4. 학생들이 각 모퉁이를 돌면서 이 과정을 반복한다.
5. 네 모퉁이를 모두 돌고 나면, 각 모퉁이의 마지막 주자에 해당하는 모둠이 차트에 적힌 정보를 요약한다.
6. 전체 토론을 한다.

되돌아보기 활동에 익숙해지면 이 활동을 좀 더 선택적으로 진행할 필요가 있다. 즉, 수업내용에 따라 이 활동을 수업시간 내에 할지 말지를 결정해야 한다. 예를 들어, 홀로코스트(Holocaust)처럼 민감한 주제를 다룰 때는 공개 토론보다 개별적인 글쓰기 활동이 더 도움이 된다. 반대로, 날씨에 대해 알아보는 과학수업이라면 교실 모퉁이마다 다른 날씨 조건을 전시해놓고 학생들이 서로 이야기하도록 하면 좋다.

○ **핵심 노트** 성인들은 배우는 과정에서 스스로 되돌아보기를 할 수 있다. 앞서 소개한 7가지 되돌아보기 습관을 통해 적절한 성찰방법을 찾게 해주면, 학생들 역시 이전에 알던 지식들이 서로 어떻게 연결되는지를 파악하게 된다.

되돌아보기는 교사에게도 필요하다

교사도 스스로 되돌아보는 시간을 갖는 것이 중요하며, 다음은 되돌아보기의 3가지 요소이다(Senge, 2000).

1. **재숙고(reconsidering)** 자신에게 질문하라. 요점을 이해하기 쉽게 명확하게 전달하고 있는지, 기대수준이 적절한지, 수업 전에 가정한 것과 수업 후 내린 결론이 정말로 옳은지 따져보라.

2. **재연결(reconnecting)** 이 문제를 다른 방법으로 해결하려고 시도한 사람이 있는지 알아보고 트렌드, 데이터, 다양한 실행방법 등을 살펴보라.

3. **재구성(reframing)** 다양한 가능성을 고려해 수업 시나리오를 짜보라. 시나리오상 구체적인 장면에서 교사와 학생들이 어떻게 행동할지 상상해보라.

되돌아보기는 전문성 신장에 필수적인 요소이다(Stronge, 2007). 연구에 따르면 유능한 교사들은 공식적으로든 비공식적으로든 항상 성찰하며, 높은 성취도를 보이는 학생들 뒤에는 되돌아보기 과정을 성취도 향상의 주요 요소로 활용하는 교사가 있다. 이런 교사는 학생들에게 높은 기대치를 갖는 것으로 알려져 있다.

○ 핵심 노트 수업 중에 되돌아보기를 전략적으로 사용하고 성찰적 사고를 몸소 보여주는 과정을 통해. 교사는 학생들의 성찰능력을 더욱 잘 이해하고 더 높은 기대치를 가지게 된다.

되돌아보기를 평가로 활용하기

되돌아보기는 비공식적 평가로 사용될 수 있다. 학생들 사이사이를 돌아다니며 관찰할 때, 가능한 많은 정보를 수집해서 학생들이 학습내용에 대해 생각해보는 과정을 눈여겨봐라. 학생들이 다음 단계, 즉 '자신만의 방식으로 재구성하기(recoding)'를 할 준비가 되었는지 확인하는 데 필요한 정보를 얻을 수 있을 것이다. 또한 성찰을 위한 7가지 습관의 평가 루브릭(〈도표 2.4〉 참조)을 이용해 학생들이 다음 단계로 나아갈 수 있는지 알아볼 수도 있다.

실제 수업에 사용된 되돌아보기 활동의 예

어느 날, 나는 미니 마우스 의상을 입고 학생들을 맞이했다. 아이들은 그런 나를 보면서 키득키득 웃었다. 교탁 위에는 미니 마우스와 도널드 덕 인형을 올려뒀다. 모둠별 성찰일기를 쓰는 과정에 관해 설명할 때는 미키와 도널드를 비교하고 대조해가며 설명했다. 우리 반 학생들에게는 비교적 간단한 과제였고, 바로 그게 내가 원하는 바이기도 했다. 나는 학생들이 작업기억을 활용해 모둠별 성찰일기라는 글쓰기에 집중하기를 원했다. 미키/미니 마우스와 도널드 덕을 활용함으로써 정서적 요소와 새로움이 더해져 학생들의 주의를 끄는 데 성공했다. 설명할 내용이 길지 않았기 때문에 처음부터 끝까지 학생들은 주의집중을 유지할 수 있었다. 화이트보드에 빨간색 마커로 유사점을 쓰고, 초록색 마커로 차이점을 썼다. 원색의 마커는 학생들의 흥미를 돋우기에 충분했다.

도표 2.4
성찰을 위한 7가지 습관의 평가 루브릭
(3점 또는 4점을 받으면 다음 단계인 '자신만의 방식으로 재구성하기' 단계로 갈 준비가 되었다고 본다.)

성찰 습관	1점	2점	3점	4점	점수
습관 1: 질문하기	질문에 답하지 못하거나 질문을 만들어내지 못한다.	관계없는 질문을 하거나, 주어진 질문에 관계없는 답변을 한다.	관계있는 질문을 한 개 만들어낸다.	관계있는 질문을 여러 개 만들어낸다.	
습관 2: 시각화하기	시각화하지 못한다.	관계없는 내용으로 시각화한다.	관계있는 내용으로 시각화한다.	머릿속으로 그린 것, 즉 심상을 묘사할 수 있다.	
습관 3: 성찰일기 쓰기	글을 거의 또는 아예 쓰지 못한다.	관계없는 내용으로 글을 쓴다.	들은 것을 그대로 반복해서 쓴다.	사전지식과 새로운 정보를 연결해서 글로 쓴다.	
습관 4: 생각을 끌어낼 지시문 사용하기	지시문을 사용하지 못한다.	지시문과 관계없는 생각을 풀어낸다.	지시문을 활용해 생각을 풀어낼 줄 안다.	지시문을 활용할 줄 알고, 지시문에서 제시한 것 이상으로 자기 생각을 풀어낸다.	
습관 5: PMI차트처럼 생각하기	PMI차트를 사용하지 못한다.	PMI차트를 사용하지만 완성하지 못한다.	PMI차트를 완성할 줄 안다.	머릿속으로 PMI 차트를 완성할 줄 안다.	
습관 6: 협업하기	토론에 참여하지 않는다.	토론에 거의 참여하지 않는다.	짧은 토론을 할 줄 안다.	토론을 통해 명확한 이해에 도달한다.	
습관 7: 교실 모퉁이 활동을 통해 성찰하기	상호작용과 메모가 전혀 없다.	상호작용과 메모가 거의 없다.	상호작용을 조금 하고, 메모도 몇 개 쓴다.	상호작용 및 메모를 통해 명확한 이해에 도달한다.	

이제 학습내용에 대해 되돌아볼 시간이었다. 학생들에게 시각화해보도록 주문했다.

"오직 외적인 특징만으로 비교하고 대조할 수 있는 두 개의 캐릭터를 떠올려보세요. 마음속에 그려보고, 머릿속에 그 유사점과 차이점을 목록으로 만들어보세요."

나는 학생들에게 5분 동안 생각해볼 시간을 줬다. 대부분은 이해했다는 표정이었다. 일부는 고개를 끄덕였고, 일부는 웃음을 지었다. 몇몇은 매우 진지해 보였고, 몇몇은 혼란스러워하는 것처럼 보였다.

"조금 더 시간을 갖고 이 부분을 구체적으로 살펴봅시다. 조금 전에 비교했던 캐릭터를 종이에 그려보세요. 캐릭터에서 비교했던 부분을 화살표로 각각 연결해보세요."라고 나는 말했다.

학생들은 지시사항을 즉시 따르기 시작했다. 시각화하는 데 어려움이 있거나 수업내용을 이해하지 못하는 것처럼 보였던 학생들도 배운 내용을 적용해 과제를 해결하기 시작했다. 나는 교실을 돌아다니면서 모둠별 성찰일기 쓰기를 한 번 더 해야 할지, 아니면 이제 개별적으로 쓰기 활동을 진행해도 될지 살펴봤다.

핵심 노트 되돌아보기는 학습선호도, 감정상태, 수업내용에 따라 영향을 받을 수 있다. 새로운 것을 습관으로 만들기 위해서는 기존의 습관을 버릴 준비가 되어 있어야 한다.

되돌아보기는 메타인지 능력을 기른다

발달장애 학습자에 관한 교수전략 연구를 검토한 연구자들은 발달장애 학생들이 기억전략과 함께 자기 모니터링 전략을 배운다면, 새로운 학습상황에서도 이러한 기억전략을 사용할 수 있을 것이라는 결론을 내렸다(Perkins에서 인용, 1995). 여기서 자기 모니터링 전략이란 질문하기를 뜻한다.

자신의 사고에 대해 생각하는 것은 평생학습에 필요한 스킬이다. 자신의 사고에 대해 생각해보는 습관을 기르면 뇌가 어떻게 작동하는지를 더 잘 이해하게 된다. 그러므로 학생들은 자기 생각을 계획하고, 모니터링하고, 평가할 수 있는 능력과 스킬을 배워야 한다. 이를 통해 학생들은 자신의 사고와 행동을 통제할 수 있게 된다. 우리가 무언가를 생각할 때 어떻게, 왜 그렇게 생각하는지 아는 것을 메타인지(metacognition)라고 하는데, 이는 새로운 상황에서 사고력을 응용할 수 있도록 해준다.

지금까지 우리는 학생들이 감각기억과 즉시기억을 통해 유입되는 정보에 관심을 두고, 사실정보와 개념을 작업기억에서 처리하는 과정에 대해 알아봤다. 학생들은 정보 간의 연결점을 찾으려고 애쓰면서 새로운 학습 내용을 시연하고 그것을 사전지식에 연결하는 작업을 하게 된다.

되돌아보기

01 일부 학생들에게는 구체적인 성찰, 즉 '되돌아보기 위해 직접 뭔가를 해보는' 성찰 과제가 주어질 때 더 효과적일 수 있다. 하나의 성찰활동이 모든 학생에게 효과적 이지는 않을 수 있다. 그런 경우라면 방법을 바꿀 필요가 있다.

02 대다수 학교에서는 진도 나가기와 시험을 중시하기 때문에 '되돌아보기'가 시간 낭 비처럼 보일 수 있다. 그러나 이 과정이 학생들의 기억 향상에 큰 도움이 된다는 사실을 명심해야 한다. '되돌아보기'는 정보를 기억하게 하는 첫 단계이다.

03 일부 학생은 특정 자료나 상황에 대해 지나치게 숙고하고 분석적으로 생각할 수 있으므로 되돌아보기 활동에 시간제한을 두는 것이 중요하다. 그런가 하면, 충분 히 생각하는 것은 고사하고 자료를 이해조차 못하는 학생들도 있다. 이런 학생들 에게 너무 많은 시간을 주게 되면 다른 학생들의 학습에 방해가 된다.

04 성찰활동으로 어떤 방법을 쓰든 시간을 충분히 줘서 학생들이 주요 학습내용에 대해 연관지어 볼 수 있도록 한다.

○
Reach and Teach

○
Reflect

○
Recode

3단계
자신만의 방식으로
재구성하기

무언가를 글로 나타낼 수 없다면
그것을 명확히 알고 있지 못하다는 뜻이다.
- S. I. 하야카와(S. I. Hayakawa)

○
Reinforce

○
Rehearse

○
Review

○
Retrieve

새 학기를 일주일 앞두고 나는 영화를 장시간 보았다. 내 교직생활에 영감을 주는 영화인 〈홀랜드 오퍼스(Mr. Holland's Opus)〉, 〈스탠드업(Stand and Deliver)〉, 〈죽은 시인의 사회(Dead Poets Society)〉, 〈위험한 아이들(Dangerous Minds)〉을 봤다. 〈위험한 아이들〉에는 선생님이 학생들에게 시를 소개하며 "이 시는 모두 암호로 이뤄져 있습니다. 여러분이 할 일은 그 암호를 해독하는 일이에요."라고 말하는 부분이 있다. 그 장면을 보며, 내가 학생들을 가르칠 때 이 부분을 제대로 강조하지 못했다는 사실을 깨달았다.

학생들은 교과서, 강의, 비디오, 웹사이트 등에 있는 정보를 끊임없이 자신만의 언어로 해독하려 애쓴다. 그러나 매체마다 쓰이는 언어가 다양하고, 언어에 대한 학생들의 이해도 역시 성장배경에 따라 다르기 때문에 학생들은 정보 해독을 어려워한다. 그 장면을 본 순간 나는 마치 기억 접착제 같은 것을 발견한 기분이었다. 학생들이 암호를 해독해서 자신만의 언어로 재구성할 수 있게 되면, 학습내용을 더 잘 이해할 뿐 아니라 기억도 잘하게 될 것이라는 생각에 다다랐다.

'자신만의 방식으로 재구성하기'란 무엇인가

'자신만의 방식으로 재구성하기(recode)'란 다양한 출처로부터의 정보를 자신만의 언어나 방식으로 다시 표현하는 것을 말한다. 그림을 그리거나 동작으로 표현해보는 것처럼 상징적으로 표현할 수도 있지만, 시험을 볼 때는 언어로 표현할 수 있어야 한다. 따라서 기억을 돕는 7단계 수업전략 중 어딘가에는 학생들이 입력된 학습정보를 연필과 종이를 이용해 표현하는 과정이 포함되어야 한다.

레빈(Levine, 2002)에 따르면, 입력된 정보를 자신만의 언어로 재구성하기를 어려워하는 학생들은 단기기억에도 문제가 있다. 그는 '재구성하기'를 '입력된 정보를 요약해서 다른 말로 바꿔 표현하는 능력'으로 정의 내린다. 학생들의 이런 능력을 향상시키려면, 각자에게 가장 강력하게 작용하는 감각경로를 사용하도록 독려해야 한다.

나는 이 장의 도입부에서 인용한 말(무언가를 글로 나타낼 수 없다면 그 것을 명확히 알고 있지 못하다는 뜻이다.-S. I. 하야카와)에 깊이 공감한다. 학생들이 알고 있는 내용을 글로 써낼 수 있다면 그 내용을 잘 안다는 뜻이다. 글을 쓰기 위해 학생들은 정보를 불러내는 능력을 사용한다. 따라서 에세이 쓰기나 이와 유사한 방식의 평가는 선다형 평가보다 학생의 이해 수준을 파악하는 데 훨씬 더 유용하다. 이 과정에서 학생들은 배운 내용에 대해 이해한 바를 글로 표현해야 한다. 어떤 학생들은 처음부터 글로 써내기가 어려울 수 있고, 그래서 다른 표현 방식을 사용해야 할 수도 있다. 그런 경우라면 개별화(differentiation)가 필요하다. 학습자의 현재 수준을 알고, 적절하면서도 도전적인 안을 몇 가지 제시해 학생들이 종국에는 성공할 수 있도록 하기 위해서다(Tomlinson, 2014). 진정한 의미의 개별화를 위해서는 '재구성하기' 과정에도 몇 가지 선택지를 허용해야 한다. 학생들이 각자에게 맞는 방식으로 자신의 이해도를 보여주고 나면, 한 단계 나아가 다른 방식을 사용할 수 있도록 독려해야 한다(Sprenger, 2003). 성취기준을 중심으로 이뤄지는 학교 현장의 상황상 학생의 성취도는 표준화된 지필시험으로 평가하게 된다. 따라서 학생들이 의미경로(semantic pathway)의 적극적 사용, 즉 글을 듣고 읽고 씀으로써 지식에 대한 기억을 적극 사용하도록 독려하는 것이 특히 중요하다.

핵심 노트 스스로 만들어낸 자료가 기억하기 더 쉽다.

'자신만의 방식으로 재구성하기'가 중요한 이유

1,400여 명의 청중을 대상으로 기억에 대해 강연을 하고 있을 때였다.

"'난 내 기억력에 대해서 할 말이 있다' 하는 분 계시면 자리에서 일어나 보세요."라고 했더니 12명가량이 일어섰다.

이번엔 "열쇠를 잃어버린 적이 있다면 손을 들어보세요."라고 말했다.

모두가 손을 들었다.

"여러분 중 항상 집이나 사무실의 특정한 장소에 열쇠를 놓는 분은 손을 들어보세요."라고 말했더니 이번에도 모두가 손을 들었다.

"그렇죠? 거기 놓지 않는 날을 빼곤 항상 거기 놓죠!"라고 했더니 모두 박장대소하며 고개를 끄덕였다.

나는 말을 이어갔다.

"믿거나 말거나지만, 저도 도대체 열쇠를 어디에 뒀는지 기억이 안 나서 24시정신상담센터에 전화할 뻔한 적이 있습니다. 그런데 기억에 관해 연구해보면 이런 현상은 꽤 자연스러운 일임을 알게 됩니다. 애초에 저장되지 않은 정보는 불러올 수 없는 게 당연합니다. 열쇠가 원래 있어야 할 곳에 없다면, 그건 열쇠를 놓던 순간에 신경 써야 할 게 너무 많아서 열쇠를 어디에 두는지에 신경 쓸 여력이 없었다는 뜻이겠죠. 평소 챙기던 방식대로 열쇠를 두지 않았다는 뜻입니다. 이런 경우에는 역순으로 자신의 행동을 되짚어보면 열쇠를 찾게 됩니다."

대다수의 기억 전문가는 기억력 향상에 조직화(organization)가 중요한 역할을 한다고 말한다(small, 2003). 정보를 성공적으로 저장하고 회상해낼지는 서로 관련 있는 그룹으로 분류하고 패턴과 구조에 따라 정보를 체계적으로 조직하는지에 달려 있다.

세미나에서 나는 종종 참가자들에게 단어 10개 정도를 읽어주고 몇 초 기다렸다가 회상해서 쓰게 한다. 대개 처음에는 모든 단어를 다 쓰지 못하지만, 그 단어들이 속할 만한 범주를 알려주면 단어를 쉽게 기억해낸다(〈도표 3.1〉 참조). 그리고 나서 이런 식으로 정보를 조직하는 방법을 학생들에게 알려주는 것이 얼마나 중요한지를 다시 한번 짚어준다.

작업기억이 좋은 사람들은 표준화시험, 지능테스트, 독해력 시험 등에서 다른 사람들보다 더 좋은 결과를 낸다고 한다(Engle, Kane, & Tuholski, 1999). 노스캐롤라이나주립대학교의 사회인지연구소에 따르면, 글쓰기 활동은 작업기억 향상에 영향을 줄 수 있다. 피험자를 세 개의 집단으로 나눠 각각 긍정적인 경험, 부정적인 경험, 일상적 경험에 관해 글을 쓰도록 했더니 세 집단 모두의 작업기억이 향상되었다는 연구결과도 있다(Klein & Boals, 2001).

스스로 만든 자료로 학습하면 더 잘 기억한다는 것을 보여주는 연구

도표 3.1
20개의 단어를 기억하기 위해 범주화하기

사과	자동차	망치	배	기차	장미	오렌지	송곳	백합	다람쥐
데이지	비행기	얼룩말	사자	튤립	펜치	톱	낙타	체리	보트

 (범주화)

과일	동물	꽃	교통수단	도구·연장
사과	다람쥐	장미	자동차	망치
배	낙타	백합	기차	송곳
오렌지	얼룩말	튤립	비행기	펜치
체리	사자	데이지	보트	톱

도 있다(Bruning, Schraw, & Ronning, 1999). 이 연구에서는 학생들이 각자 자기만의 의미맥락을 만들어낼 때 기억이 향상된다는 사실을 입증했다.

어휘학습에 관한 최근의 교육과정 설계를 보면, 스스로 만든 자료로 학습할 때 기억 향상에 도움이 된다는 연구를 적용한 예를 볼 수 있다. 학생들이 각 단어에 대해 자신만의 정의를 내리거나 묘사하는 과정을 거치면, 단어와 그 단어의 뜻을 개인적으로 의미 있게 만들어 저장하기 때문에 나중에 그 단어를 기억해내는 데 도움이 된다(Tileston, 2011). 의미생성 효과에 관한 연구결과를 보면, 학생들이 자신만의 의미를 생성할 때 더 나은 결과로 이어진다는 것을 알 수 있다(Rabinowitz & Craik, 1986).

학생 스스로 자료를 생성하도록 하는 것은 좋은 방법이다. 명시적이고 의미 있는 지식을 자기만의 방식으로 조직함으로써 학습내용을 이해할 수 있기 때문이다. 이 과정을 거치면 기억만들기 과정에 암묵적 기억(implicit memory)이 더해진다. 진정한 이해에 도달할 때는 감정적 요소가 개입된다. 어떤 경우에는 자신만의 방식으로 의미를 재구성하는 과정에 몸의 움직임이나 절차적 요소가 포함되기도 하는데, 둘 다 장기기억에 도움이 된다.

사실적 정보(factual information)를 자신만의 방식으로 재구성하는 과정에서는 조직화가 중요하다. 정보를 제대로 조직하지 못하면 관련 기억에 접근하는 데 어려움을 겪을 수 있다. 학생들은 정보를 자신만의 방식으로 재구성하는 과정에서 생각과 사실, 개념을 평소 뇌가 작동하는 방식에 맞게, 또 특정 유형의 자료에 걸맞게 조직화한다.

정보에 접근하는 방식이 항상 똑같아 관련 개념을 학습할 필요성이 없을 경우에는 조직화 과정이 상당히 달라진다. 예를 들어, 우리는 구구단을 배우면 매번 동일한 방식으로 구구단을 자동으로 회상하게 된다. 구구단을 배우는 방식은 기계적이지만, 구구단에 내재된 개념을 이해하는 것은 매우 중요하다.

필요한 정보를 찾아내 처리하고, 복잡한 업무를 수행하고, 우선순위를 매기고, 생각을 체계적으로 정리하는 과정이 어려운 학생에게는 조직화 과정이 힘들 수 있다(Levine, 2003). 그러나 정보를 다양한 수준으로 조직하는 경험을 하면, 이는 정신모형(mental model) 또는 스키마(schema, 정보를 통합하고 조직화하는 인지적 개념 또는 틀-옮긴이)라고 불리는 전략을 제공하며 여러 상황에 유용하게 쓰일 수 있다.

기계적 필기 vs. 재구성하는 필기

학생들이 수업내용을 필기할 때 실제로 자신의 언어로 재정리하는 과정을 거치고 있는지 궁금할 때가 있다. 뇌친화적 수업환경을 구축하려는 교사들은 학생들이 수업을 듣는 동안에는 필기를 안 하기를 바란다(Jensen & Nickelson, 2008). 인간의 뇌가 한 번에 다양한 일을 하지 못한다는 것을 알기 때문이다. 정보를 들으면서 동시에 필기하면 뇌는 억지로 과제전환을 해야 하기 때문에 어느 한 가지에도 집중하지 못한다(Medina, 2014). 또한 기억 향상을 위한 7단계 전략에서 3단계 '정보를 자신만의 방식으로 재구성하기(Recode)'는 2단계 '되돌아보기(Reflect)' 다음에 와야 한다. 일반적으로 노트필기를 하는 와중에는 학습내용을 돌이켜 생각해볼 시간적 여유가 없기 때문이다. 이런 상황에서는 노트필기를 하지 않고, 학습내용을 이해할 목적으로 듣기만 하는 편이 훨씬 낫다. 수업 중에 몇 번씩 멈춰서 학생들에게 수업내용을 필기하라고 하면 학생들은 학습내용을 제대로 기억할 수 없다.

본질적으로 '자신만의 방식으로 재구성하기'는 기계적 필기가 아니라 재구성하는 필기과정, 즉 방해받지 않고 정보를 자신의 말로 적는 것이며, 이때 사전지식이나 새로운 연결을 통한 내용이 추가될 수 있다.

핵심 노트 정보를 알려준 직후에 학생들에게 그것을 다시 떠올려볼 기회를 주면 기억을 유지시키는 데 도움이 된다. 예를 들어 "방금 배웠던 것을 옆 친구에게 이야기해보세요!"와 같은 학습활동을 시행할 수 있다.

사실적 지식, 개념적 지식, 절차적 지식

정보를 받아들인 다음 이에 대해 다시 생각해보고 나면 '자신만의 방식으로 재구성하기' 단계로 나아갈 수 있다. 여기에는 사실적 지식, 개념적 지식, 절차적 지식이 포함되며 각각은 다음과 같다(Anderson et al., 2001).

- 사실적 지식(factual knowledge)은 기억 범주에 들어간다. 즉, 자신만의 언어나 방식으로 재구성하는 과정을 통해 교사들은 수업 중 다루었던 내용을 학생들이 얼마나 인지하고 이해하는지를 알게 된다. 학생들 각자가 수업내용 중 어떠한 내용을 중요하게 생각하고 받아들였는지도 알아낼 수 있다.
- 자신만의 언어나 방식으로 재구성하는 과정은 개념적 지식(conceptual knowledge)의 이해라는 인지처리 범주에 해당한다. 학습자는 말이나 글 또는 시각적 수단으로 제시된 수업내용을 가지고 의미를 구성한다.
- 절차적 지식(procedural knowledge)은 적용과 실행 또는 주어진 상황에서 절차를 사용하는 것으로서 과정 범주에 들어간다.

사실적 지식을 재구성하기

사실적 지식에는 전문용어와 세부사항이 포함된다. 이 정보들은 배울 때와 똑같은 방식으로 기억되어야 한다. 사실적 지식은 개념적·절차적 학습을 위한 중요한 근간이 된다. "아는 것이 하나도 없다면, 알고 있는 것을 분석하지도(분석적 사고), 아는 것 이상으로 나아가지도(창의적 사고), 아는 것을 적용하지도(실용적 사고) 못한다."(Sternberg, Grigorenko, & Jarvin, 2001, p.48)

사실적 정보를 각자의 방식으로 다시 표현해보라고 하면 학생들은 저마다 다른 방식을 취할 수 있다. 몇몇 학생은 단어 철자를 공부할 때처럼 주어진 정보를 여러 번 써보는 것이 도움이 될 수 있고, 어떤 학생들은 말로 반복해보는 것이 훨씬 더 효율적일 수 있다. 또 어떤 학생들은 상징물, 노래, 몸짓으로 표현해보는 것을 좋아할 수도 있다.

사실적 지식의 한 형태인 어휘는 직접교수법(direct instruction)으로 가르쳐야 한다고 연구로 입증된 바 있다. 학생들이 문맥 속에서 어휘를 더 잘 이해하도록 하려면 어휘를 미리 소개하고 가르칠 필요가 있다. 단어를 이미지와 연결해 배우는 것이 최고의 어휘학습법이라고 말하는 연구결과도 있다(Marzano, Pickering, & Pollack, 2001). 다음은 어휘를 가르치는 방법을 단계별로 제시한 것이다.

1. 내용 이해에 중요한 단어를 몇 개 선택하라.
2. 그 단어들을 소개할 때 단어의 뜻을 이미지와 함께 제시하라.
3. 학생들이 단어의 뜻과 이미지를 깊이 생각하게 하라.
4. 각 단어와 연관된 이미지를 학생들 스스로 만들게 하라.

핵심 노트　사실적 정보는 개념적 이해의 기반이 된다.

개념적 지식을 재구성하기

연구(Anderson et al., 2001)에 의하면 뇌는 7가지 인지과정(해석하기, 예시하기, 분류하기, 요약하기, 추론하기, 비교하기, 설명하기)을 통해 수업내용으로 부터 의미를 구성한다. 이 과정을 통해 학생들은 정보를 기억(remember) 할 뿐만 아니라 전이(transfer)시키고, 궁극적으로는 그 정보를 새로운 상황 에서 활용(use)할 수 있다.

1. 해석하기(interpreting)

말 그대로 '자신만의 언어나 방식으로 재구성하기(recode)'는 정보를 해석하는 것, 즉 정보를 하나의 형태에서 다른 형태로 전환하는 것을 의미한다. 수업내용을 필기할 때, 학생들은 교사의 말을 똑같이 따라 쓰기보다는 나름대로 해석해서 자신의 말로 옮겨 적는다. 이러한 해석의 하위범주로는 자기 말로 바꿔쓰기(paraphrasing), 명확하게 하기(clarifying), 다른 형식으로 표현하기(translating)가 있다. 그중 가장 빈번하게 쓰이는 것이 자기 말로 바꿔쓰기인데, 수업자료에 제시된 단락 중 하나를 자기만의 표현으로 옮기면서 본래 의미를 최대한 살리는 것을 뜻한다. 따라서 '자신만의 언어나 방식으로 재구성하기'란 교사의 설명을 자기 말로 바꿔 표현하는 것이다.

여기서 소개할 '자기 말로 바꿔쓰기' 전략은 크리스 비플(Chris Biffle, 2013)이 고안한 홀브레인 교수법(Whole Brain Teaching, 뇌의 여러 영역을 활성화함으로써 학생들을 수업에 몰입시키는 교수전략으로, '주의 사로잡기', '뇌 활성화', '직접교수법', '협력학습'을 특징으로 함-옮긴이)의 일부이다. 교사의 강의를 듣고 나서 학생들이 짝을 지어 배운 내용을 자기 말로 바꿔 공유하면서 노트필기까지 하도록 한다. 학생들은 계속해서 수업이 진행되는 동안 가르치는 역할을 맡아보기도 하고, 여러 감각을 사용해 서로에게 학습내용을 전달한다. 학생들은 다른 사람을 직접 가르칠 때 가장 많이 배운다. 이 방식은 다른 전통적인 방식들과 달리 모든 학생이 수업에 참여하는지를 교사가 한눈에 알아볼 수 있다는 점에서도 좋다.

해석하기는 많은 학생이 직접교수법으로 배우는 바가 크다(Olivier & Bowler, 1996). 해석하기에는 여러 가지 유형이 있는데, 유명한 연설문을 자신의 말로 다시 써보기, 체세포 분열과정을 삽화로 그려보기, 이야기로 된 문제에서 수학 방정식을 도출해보기, 미국 초기 청교도 이주민이나 아메리카 원주민의 감정을 춤으로 나타내보기 등이 그 예이다. 다양한 상황에서 자신의 해석을 적용하는 연습이 되어 있으면, 학생들은 일상생활에서나 표준화시험 등과 같은 상황에서도 이와 같은 능력을 발휘할 수 있다. 짧은 글, 표, 차트 등의 내용을 자기 말로 바꿔쓰라는 평가에 대비시키려면 학생들에게 해석하기 훈련을 제공하는 것이 좋다(Stiggins, 2004).

2. 예시하기(exemplifying)

학생들은 학습자료와 관련된 예를 주변에서 찾아보는 것을 좋아한다. 기하학 수업에서 흔히 내주는 과제 중 교정 안을 걸어다니며 여러 종류의 각도를 찾아오게 하는 것이 그 예이다.

예시 활동으로 가장 잘 알려진 그래픽 오거나이저(graphic organizer)는 위스콘신대학교의 도로시 프레이어(Dorothy Frayer)와 동료들이 만들었다. 원래는 어휘학습용으로 만들었지만, 학년이나 교과 영역에 상관없이 두루두루 어떤 개념에도 적용할 수 있다. 이들이 고안해낸 그래픽 오거나이저는 사분면에 각각 '묘사(description)', '특징(characteristics) 또는 사실 (facts)', '예(examples)', '예가 아닌 것(nonexamples)'이라고 적혀 있고, 검토 의 초점이 될 단어나 개념은 중간에 위치한다. 이 그래픽 오거나이저는 고 차원적 사고능력과 배경지식을 촉진하는 데 도움이 되고, 개인별·소모둠· 대모둠 활동 모두에서 유용하다.

칸(Kahn, 2002)은 단순 예시, 전형적인 예시, 흔치 않은 예시를 포함하 면서 몇 가지 '예가 아닌 것'으로 보충설명이 가능해야 가장 좋은 예시가 된다고 하였다(〈부록 B〉의 〈도표 B.11〉 참조). 단순 예시란 그 자체로 설명이 되는 예시를 의미하고, 전형적인 예시란 어떤 개념의 특징을 하나도 빠짐 없이 모두 포함하는 예시를 의미한다. 흔치 않은 예시는 학생들이 '고정관 념에서 벗어나', 즉 기존의 틀에서 벗어나 자료를 실제적으로 이해하도록 해준다. 그리고 '예가 아닌 것'은 개념에 대한 이해를 명확하게 하는 데 도 움을 준다. 어떤 개념에 대해 무엇이 예가 될 수 없는지 안다면, 그 학생은 그 개념을 잘 이해한 것이다.

스토리텔링(storytelling)은 예시하기의 일부로 활용할 수 있다. 학생들 은 이야기하기를 좋아하며, 이야기에는 원리나 개념을 이루는 중요한 구성 요소들을 나타내는 패턴이 포함된다.

다마지오(Damasio, 1999)에 따르면, 이야기하기는 "어쩌면 인간의 뇌에 작용하는 강박의 일종이며, 진화적 측면과 복잡성의 측면 모두에서 비교 적 일찍 시작된 행위이다. 이야기하기는 언어의 선행조건으로서 언어보다 우선하며, 피질뿐 아니라 뇌의 다른 부분, 그리고 좌뇌와 우뇌 모두에 그 기반을 두고 있다"(p.189). 앨런과 스코지(Allen & Scozzi, 2012)는 이야기가 생각을 연결하고 비판적 사고과정을 돕는 구조를 만들어낸다고 했고, 케인 부부(Caine & Caine, 1994)는 "이야기 형태로 정보를 조직하는 것은 뇌의 자연스러운 과정"이라고 했다(p.122).

그렇다면 스토리텔링이라는 자연스러운 학습과정을 거스를 필요가 있을까? 스토리텔링 기법이 수업에 효과적이라면, 학생들이 스토리텔링 기법을 활용해 수업내용을 자신만의 언어로 재구성하게 하는 것도 좋은 방법이다.

삽화를 활용하는 것 역시 예시하기의 하나이다. 번마크(Burnmark, 2002)는 삽화가 있는 글을 읽는 그룹이 글만 읽는 그룹보다 학습내용을 기억하는 데 36퍼센트나 더 나은 결과를 보였다는 연구를 인용했다. 개념을 이해했는지를 보여주기 위해 삽화를 직접 그리거나 관련 삽화를 찾아보게 하면 시각적 학습자와 운동감각적 학습자에게 특히 도움이 된다.

3. 분류하기(classifying)

무언가가 특정 범주에 딱 맞아떨어진다고 판단할 수 있는 능력을 갖추기 위해서는 그것이 다른 것과 구별되는 특징이 무엇인지를 이해해야 한다.

앤더슨과 동료들(Anderson et al., 2001)은 분류하기와 예시하기가 상호 보완적으로 작용한다고 지적했다. 예를 들기 위해서는 일반적인 개념이나 원리에서 시작해 구체적인 예로 좁혀가야 한다. 분류는 이와 정반대로, 구체적인 예에서 시작해 일반적인 개념이나 원리로 범위를 넓혀간다.

분류하기는 교사가 시작할 수도 있지만, 학생이 중심이 되어 시작할 수도 있다(Dean, Hubbell, Pitler, & Stone, 2012). 교사가 중심이 되는 경우에는 교사가 분류 범주뿐만 아니라 분류할 요소를 학생들에게 제공한다. (예: "방금 토론했던 남북전쟁의 영웅들을 표로 만들어봅시다. 여러분이 선택한 영웅들을 묶어주는 공통 범주를 만들되, 이 범주들은 학습목표와 연계되어야 해요. 학습목표 하나를 예로 들어보면 다음과 같습니다. '학생들은 남북전쟁에 관련된 핵심 인물들을 이해할 수 있다.'") 학생들은 이 과정에서 어느 범주에 각각의 요소가 들어갈지를 결정하고, 왜 그런지 이해하는 데 중점을 둔다. 학생이 분류하기를 주도하는 경우 학생들 스스로 분류할 요소를 선택하고 범주를 만든다. (예: "방금 토론했던 남북전쟁의 영웅들을 표로 만들어봅시다. 전쟁에 참여했던 핵심 인물들을 제대로 파악하고 있다는 것을 보여주도록 '소속', '지위', '참여했던 전투' 같은 범주를 사용해보세요.")

분류하기를 주도적으로 수행하면서 학생들은 고차원적으로 사고하며 분류전략을 다양하게 사용할 수 있다. 높은 수준의 사고가 가능한 학생에게는 학생중심의 분류 프로젝트를 제시하고, 아직 그렇지 못한 학생에게는 교사가 이끌어가는 프로젝트를 제시한다. T차트, 마인드맵, 거미줄 모양 맵, 벤다이어그램 같은 그래픽 오거나이저는 모두 정보를 분류하기에 유용하다(〈부록 B〉 참조). 유사점과 차이점을 확인하는 학습활동에 관한 연구에 따르면, 유사점과 차이점에 관한 수업을 받은 학생들은 학업성취도가 31~46퍼센트까지 높아진다(Dean, Hubbell, Pitler, & Stone, 2012).

하나의 분류방식이 다른 분류방식보다 나을 수도 있을까? 물론이다. 컴퓨터 파일에 이름을 붙일 때 흔히 발생할 수 있는 문제를 예로 들어보자. 문서작성을 끝내고 그 파일에 제목을 붙일 때를 생각해보자. 그 순간에는 작업기억 속에 그 주제에 관한 정보가 많이 들어 있기 때문에 나중에 해당 파일을 찾는 데 전혀 문제가 없으리라 생각하고 제목을 대충 붙인다. 하지만 나중에 그 파일에 접근하려고 하면 아무리 뒤져도 원하는 내용과 매칭되는 파일 제목이 찾아지지 않는다. 파일 몇 개를 열어서 일일이 확인한 뒤에야 겨우 원하는 파일을 찾을 수 있다. 우리 뇌는 이런 컴퓨터와 같아서 범주와 분류가 명확하지 않거나 충분히 설명되지 않으면 정보를 저장하고 기억하는 데 어려움을 겪을 수 있다(Baddeley, 1999).

4. 요약하기(summarizing)

요약하기는 정보를 자신만의 방식으로 재구성하는 전략으로 이 전략을 사용하면 학생의 성취도가 47퍼센트까지 높아지는 것으로 나타났다. 요약하기에는 '빠진 부분을 채우는 것'과 '정보를 통합된 형태로 바꾸는 것'이라는 두 가지 기본 요소가 있다(Marzano, Pickering, & Pollack, 2001). 요약하기에는 주제와 주된 아이디어들을 뽑아내는 과정도 포함되는데 이러한 능력은 표준화시험에서 종종 평가된다. 레빈(Levine, 2002)은 "모든 아이는 요약 능력을 강화할 필요가 있다."라고 했다(p.148).

하나의 기사를 읽고 중요한 개념이나 아이디어를 요약할 수 있다면 다양한 상황에서 이 능력을 사용할 수 있다. 요약할 때 학생들은 다음과 같은 작업을 해야 한다.

- 중요하지 않은 정보는 뺀다.
- 반복적인 정보는 지운다.

- 단일 요소는 하나의 범주 안에 넣는다(예를 들어 금, 은, 니켈은 금속에 포함된다.).
- 중심문장을 만든다.

다음은 요약과정을 보여주는 예이다.

원문 아동기에 남자아이와 여자아이는 뇌반구에 차이가 있다. 일반적으로 여성의 뇌는 좌반구가 좀 더 크게 발달한다. 남성은 어릴 때부터 우반구가 더 크다. 이 사실이 암시하는 바는 흥미롭다. 앞서 언급했듯이, 여성은 남성보다 언어적 감각이 훨씬 더 뛰어나며, 실제로 여아는 또래 남아보다 어휘력이 더 좋다. 뇌의 양 반구 기능을 다시 한번 살펴보면 이 말이 완벽히 이해될 것이다. 좌반구는 주로 음성언어를 관장하며 여아에게서 일찍 발달한다. 의사소통 스킬이나 어휘력에 관한 한 여아가 남아를 월등히 앞서나가는 것이 결코 놀라운 일이 아니다. 버팔로대학교에서 뇌반구의 차이를 비교한 결과, 신생아 남아와 여아 간의 뇌반구의 차이점을 비교했다. 놀랍게도 여아는 언어를 듣고 처리할 때 좌뇌를 사용하는 반면, 남아는 9개월이 될 때까지 우뇌를 사용하는 것으로 드러났다. 남아는 9개월이 될 때까지 우뇌를 사용하다가 그 후에야 좌반구를 이용하기 시작하는 것으로 나타났다. 남아가 좌반구를 이용하기 몇 달 전부터 여아의 뇌에서는 언어 방면의 신경연결이 이뤄지는 것이다.

불필요한 단어를 삭제한 글 아동기에 남자아이와 여자아이는 뇌반구에 차이가 있다. 일반적으로 여성의 뇌는 좌반구가 좀 더 크게 발달한다. 남성은 어릴 때부터 우반구가 더 크다. 이 사실이 암시하는 바는 흥미롭다. 앞서 언급했듯이, 여성은 남성보다 언어적 감각이 훨씬 더 뛰어나며, 실제로 여아는 또래 남아보다 어휘력이 더 좋다. 뇌와 양 반구 기능을 다시 한번 살펴보면 이 말이 완벽히 이해될 것이다. 좌반구는 주로 음성언어를 관장하며 여아에게서 일찍 발달한다. 의사소통 스킬이나 어휘력에 관한 한 여아가 남아를 월등히 앞서나가는 것이 결코 놀라운 일이 아니다. 버팔로대학교에서 뇌반구의 차이를 비교한 결과, 신생아 남아와 여아 간의 뇌반구의 차이점을 비교했다. 놀랍게도 여아는 언어를 듣고 처리할 때 좌뇌를 사용하는 반면, 남아는 9개월이 될 때까지 우뇌를 사용하는 것으로 드러났다. 남아는 9개월이 될 때까지 우뇌를 사용하다가, 그 후에야 좌반구를 이용하기 시작하는 것으로 나타났다. 남아가 좌반구를 이용하기 몇 달 전부터 여아의 뇌에서는 언어 방면의 신경연결이 이뤄지는 것이다.

요약 뇌의 발달은 남녀 사이에 차이가 있다. [새로운 주제문에 주목하라.] 여성의 뇌는 음성언어를 관장하는 좌반구가 좀 더 크게 발달한다. 남성은 어릴 때부터 우반구가 더 크다. 여성은 남성보다 언어적 감각이 훨씬 더 뛰어나며, 실제로 여아는 또래 남아보다 어휘력이 더 좋다. 버팔로대학교에서 뇌반구의 차이를 비교한 결과, 여아는 언어를 듣고 처리할 때 좌뇌를 사용하는 반면, 남아는 9개월이 될 때까지 우뇌를 사용하는 것으로 드러났다.

마틴 루터 킹(Martin Luther King Jr.)의 "나는 꿈이 있습니다(I Have a Dream)."와 같은 유명한 연설문을 짝이나 모둠별로 요약하게 하면 학생들이 요약과정을 이해하는 데 도움이 된다. 교과서에서 비문학 글감을 읽고 적절한 제목을 붙여보게 하는 것도 요약하기 범주에 들어간다.

대다수 학생에게 요약하기는 단순한 과제가 아니다. 내용을 더 잘 알고 이해할수록 요약하기는 쉬워진다. 마자노 등(Marzano et al., 2001)이 고안해낸 요약 틀은 질문 형태로 요약하는 방법에 관한 일반적인 유형을 제시한다. 이 질문들은 서사에 관한 질문, 주제·한계·예시에 관한 질문, 정의에 관한 질문, 주장에 관한 질문, 문제 및 해결책에 관한 질문, 대화에 관한 질문까지 두루 아우른다.

5. 추론하기(inferring)

추론은 증거를 기반으로 결론을 도출해내는 능력이다. 언어 과목 교사로서 나는 추론과정이 가장 가르치기 어렵다는 사실을 안다. 그런데 추론하기는 표준화시험에서 중요하게 평가되는 항목이다. 언어 과목에서 주제(theme)란 작가가 독자들과 함께 나누고 싶어 하는 보편적인 생각이다. 주제는 글에 잘 드러나지 않고, 독자가 추론해서 알아내야 하는 그 무엇이다. 이때 사실과 추론을 구분할 수 있으면 도움이 된다. 사실은 관찰을 통해 알아내지만, 추론은 해결되지 않은 채 남아있는 것으로 독자가 해석해내야 하는 무엇이다.

추론하기 위해서는 '행간 읽기'를 배워야 한다. 추론을 위한 그래픽 오거나이저로 세 칸 차트를 사용할 수 있다. 첫 번째 칸에는 '사실' 또는 '확실히 알게 된 것', 두 번째 칸에는 '질문' 또는 '궁금한 것', 세 번째 칸에는 '추론'이라고 각각 적는다. 추론 칸에는 '어쩌면', '아마도'와 같은 단어로 시작되는 문장을 적는다. '사실(또는 내가 관찰했거나 아는 것)'과 '추론(또는 나의 해석)'이라고 적힌 두 칸짜리 차트 또한 유용하다. 학생들은 추론 활동을 좋아하므로 문맥을 추론해봄으로써 주제에 접근하는 것은 좋은 방법이다. 증거를 기반으로 결론을 도출하는 빈칸 채우기 활동을 위해 다음과 같은 추론 질문을 사용하는 것도 좋다(Marzano et al., 2011). "이 인물의 정서적 상태는 어떠한가?", "이러한 사건은 대개 어디에서 발생하는가?", "이것은 보통 어떻게 사용되는가?"와 같은 질문이 그 예이다.

추론 활동을 진행하기에 앞서 학생들에게 의견과 추론의 차이를 가르쳐야 한다(Tovani, 2000). 의견은 사실을 바탕으로 하지만, 모든 경우가 다 그럴 것이라고 가정할 수 없으며, 의견만으로는 텍스트를 해석할 수 없다. 어떤 단어들이 결론을 이끌어내는 데 도움이 되는지 학생들에게 물어보라. 그리고 다음과 같은 용어들을 정의해보자.

- **예측**(prediction) 텍스트에서 확인 또는 부인되는 사실에 기초한 논리적 추측
- **추론**(inference) 텍스트에서 찾은 단서와 사전지식에 근거한 논리적 결과
- **가설**(assumption) 일견 당연한 것 같지만, 맞을 수도 있고 틀릴 수도 있는 사실 또는 진술
- **의견**(opinion) 사실에 근거하지 않는 믿음이나 결론. 한 사람의 생각일 뿐 검증되지 않았기 때문에, 유용할 수도 있지만 말이 안 될 수도 있음

학생들에게 추론이라는 개념을 이해시키기 위해 제스처게임을 하는 것
도 효과적이다(Harvey & Goudvis, 2007). 몸짓과 표정의 의미를 읽어내고,
이에 관해 토론하는 것은 학생들에게 도움이 된다.

6. 비교하기(comparing)

마자노(Marzano, 1998)의 메타분석 결과에 따르면, 학생들의 성취수준
을 높이는 첫 번째 방법은 유사점과 차이점을 구별해보도록 하는 것이다.
연구에 따르면, 학생이 유사점과 차이점을 구별하는 과제를 수행할 때 교
사가 명시적으로 도움을 주면서 학생 스스로 유사점과 차이점을 파악하도
록 하고, 유사점과 차이점을 그림이나 상징적 형태로 표현하게 하면 학생
들이 지식을 이해하고 활용하는 능력을 키울 수 있다.

효율적으로 비교하려면 학생들은 유사점과 차이점을 찾을 때, 비교의
근거가 되는 특징이 무엇인지 파악해야 한다. 이때 흔히 사용되는 것이
벤다이어그램(〈부록 B〉 참조)이다. 나 또한 학생들에게 벤다이어그램을 사
용해 비교대상을 시각화해보라고 요구하곤 했다. 두 원이 겹치는 곳에 유
사점을 쓰고, 겹치지 않는 부분에는 각각의 고유한 특징이나 차이점을 쓰
도록 하면 된다.

비교할 때는 은유(metaphor)와 유추(analogy) 또한 도움이 된다. 이 두
가지 방법은 모두 익숙하지 않은 개념을 익숙한 개념으로 바꿔준다. 나는
셰익스피어 작품에 나오는 은유인 "모든 세상은 하나의 무대이다."라는 말
로 수업을 시작하곤 했다. 서로 다른 대상인 '세상'과 '무대'를 비교하는 것
이다. 학생들은 벤다이어그램을 이용해 이 두 항목의 유사점과 차이점을

알아냈다.

가장 강력한 은유는 학생들 스스로 궁리해낸 것이다. 학생들에게 다음과 같은 단계를 따르게 하면 효과가 있다.

1. 아주 잘 아는 주제를 선택하라.
2. 수업에서 배우고 있는 주제와 평소 잘 아는 주제에 대해 각각 정의를 내려보라.
3. 그 두 가지 주제를 문자 그대로 놓고 생각하면 어떤 점이 비슷한가? (예: 날씨와 컴퓨터는 둘 다 변화무쌍하다는 점에서 비슷하다.)
4. 그 두 가지 주제를 보다 이론적인 관점에서 생각하면 어떤 관계가 있는가? (예: 날씨는 컴퓨터 사용에 영향을 줄 수 있다.)

은유는 학생들이 미처 이해하지 못했던 것을 알아내도록 도와준다. 은유와 유추는 비교대상 간의 관계를 강조해 학생들이 패턴을 인지하고 이해할 수 있게 한다. 관용구(idiom)와 직유(simile) 또한 학생들이 정보를 조직하고 연결하도록 도와준다(Richards, 2003).

유추는 보통 "A와 B의 관계는 C와 D의 관계와 같다." 즉 "A : B = C : D"로 공식화된다. 밀러 유추검사(Miller Analogies Test, 미국 대학원 입학전형의 하나로, 분석적 사고력을 평가하는 표준화검사-옮긴이)를 받아본 적이 있다면, 이 공식에 대해 잘 알고 있을 것이다. 이 공식은 두 가지가 서로 연관된 것과 같은 방식으로 또 다른 두 가지가 서로 연관되었다는 것을 보여준다(예: 물고기 : 헤엄치다 = 새 : 날다). 다음은 모든 내용 영역을 아우르는 여러 가지 종류의 유추를 보여준다.

- 동의어(어머니 : 엄마 = 아버지 : 아빠)

- 반의어(들이쉬다 : 내쉬다 = 멈추다 : 가다)

- 정의(상자 : 4면이 있는 그릇 = 공 : 구 모양의 물체)

- 사물과 기능(펜 : 쓰다 = 자동차 : 운전하다)

- 부분과 전체(혀 : 입 = 머리 : 몸)

- 유형 또는 예시(독감 : 질병 = 볼보 : 자동차)

- 위치(파리 : 프랑스 = 책 : 서점)

- 요소(케이크 : 반죽 = 컴퓨터 : 칩)

연구에 따르면, 학생들의 유추 능력은 작업기억 능력과 관계가 있다. 여기서 흥미로운 점은 아주 어린아이들도 유추를 이용해서 정보를 습득한다는 사실이다(Singer-Freeman, 2003).

7. 설명하기(explaining)

원인(cause)과 결과(effect)는 설명에 필수적인 요소들이다. 하나의 시스템에 대한 묘사를 제공하면, 학생들은 그 시스템의 구성요소와 각 요소 간의 관계를 평가하기 위해 원인-결과 모형(cause-and-effect model)을 만들어 사용한다. 원인과 결과의 관계는 '만약-그러면(if-then)'의 진술로 표현이 가능하다("만약 독감 바이러스에 노출되면, 독감에 걸릴 수 있다.", "만약 운전 중에 통화하면, 사고를 당할 수 있다."). 자주 쓰는 연결어로는 영향, 변화, 이유, 원인, 결과, 그 결과, ~때문에, ~하는 이유는, (부정적인) 결과, 감소 등의 단어가 있다.

학생들은 어떤 일이 왜 일어나는지 자연스레 호기심을 갖게 되며, 그에 대해 알고 싶어 한다. 결과에서 시작해 원인을 탐구할 수도 있고("피터가 화났다. 마이클이 거짓말을 했기 때문이다."), 원인에서 시작해 자기 생각을 구성할 수도 있다("마이클이 피터에게 거짓말해서, 피터가 화났다.").

교사가 가르치는 많은 내용은 원인과 결과라는 연결고리로 묶여 있다. 이유 없이 일어나는 일은 없다. "무슨 일이 일어날까?"와 같은 표현을 이용해 원인과 결과 관계를 언급하는 질문을 한다. (예: "우유가 들어 있는 컵에 시큼한 레몬주스를 부으면 무슨 일이 일어날까?", "도서관에서 떠들면 무슨 일이 일어날까?", "너무 많이 먹으면 무슨 일이 일어날까?") T차트는 원인과 결과의 관계를 설명해주는 데 유용하다.

핵심 노트 학생들은 새로운 자료를 자신만의 방식으로 재구성해보는 과정을 거칠 때 자기만의 기억을 만들어낼 수 있다.

절차적 지식을 재구성하기

'자신만의 방식으로 재구성하기'의 목적은 학생들이 배워야 할 것을 이해했는지 확인하는 것이다. 하나의 절차에 관해 설명한 다음 학생들이 이에 대해 되돌아볼 수 있도록 시간을 준다고 가정해보자. 해당 절차의 근저에 있는 개념을 이해하는지 확인하기 위해 학생 자신의 언어나 방식으로 그 절차를 다시 표현하게 할 수 있다. 예를 들어 이야기 형식의 수학문제를 풀기 위해 다음과 같은 절차를 사용한다고 생각해보자.

1. 질문은 무엇인가?

2. 중요한 사실은 무엇인가?

3. 문제를 푸는 데 필요한 정보를 충분히 가지고 있는가?

4. 너무 많은 정보를 가지고 있지는 않은가?

5. 어떤 전략을 사용할 것인가?

6. 답을 적어보라.

7. 당신의 답은 타당한가?

학생들은 문제를 위의 절차에 적용해보면서 각 단계가 어떻게 작동하는지 알게 될 것이다. 이러한 단계를 거쳐도 문제가 풀리지 않는다면 방법을 조금 바꿔보고 싶을 것이다. 이런 접근법은 과학이나 다른 분야의 절차적 지식을 배우는 데도 효과가 있다.

의사결정 역시 학생들이 숙달해야 하는 절차 중 하나이다. 학생들은 다음과 같은 단계를 거쳐 의사결정 방법을 익힐 수 있다.

1. 문제를 정의하라.

2. 목적과 목표를 수립하라.

3. 선택을 위한 기준을 확립하라.

4. 관련 있는 정보를 수집하라.

5. 실현 가능한 대안을 찾아보라.

6. 앞으로 일어날 수 있는 결과를 예측해보라.

7. 대안을 비교해보라.

8. 최선의 대안을 선택하라.

"수학자들은 대부분의 시간을 글을 쓰며 보낸다. 동료들과 소통하고, 연구보조금을 신청하고, 논문을 발표하고, 메모하고, 교수요목을 작성하는 일 모두가 글쓰기로 이뤄진다. 그래서 수학자들에게 글을 잘 쓴다는 것은 매우 중요한 일이다. 글을 잘 쓰지 못하면 책을 출간하거나, 학장으로부터 관심을 받거나, 지원금을 받는 게 어려워지기 때문이다. 수학자 대다수가 수학을 위해 보내는 시간보다 글을 쓰는 데 보내는 시간이 훨씬 더 많다는 점은 아이러니하지만 사실이다"(Crannell, 1994). 수학적인 글을 쓸 때는 다음과 같은 단계를 적용하는 게 좋다.

1. 풀어야 할 문제를 명확하게 고쳐 진술하라.

2. 답을 쓸 때는 독립적이고 완전한 문장으로 써라.

3. 공식의 밑바탕이 되는 가정을 명확하게 진술하라.

4. 문제에 어떻게 접근할지를 설명하는 단락을 제공하라.

5. 다이어그램, 표, 그래프, 혹은 수학과 관련된 시각적 표현이 사용되는 경우라면 각각에 대해 명확하게 이름을 붙여라.

6. 사용되는 모든 변수를 정의하라.

7. 각각의 공식이 어떻게 도출되었는지, 혹은 어디에서 찾을 수 있는지 설명하라.

8. 감사의 글을 써야 할 필요가 있다면 그렇게 하라.

9. 철자, 문법, 구두점이 모두 정확하게 쓰였는지 확인하라.

10. 수학적으로 정확한지 확인하라.

11. 원래 해결하고자 했던 문제가 해결되었는지 확인하라.

글쓰기를 수자(Sousa, 2016)는 운동감각을 사용하는 활동으로 생각하라고 조언한다. 수학 개념에 대해 소통하는 일은 신경세포들의 활발한 참여를 수반하기 때문이다. 글쓰기는 또한 학생들이 자기 생각을 정리하는 데도 도움이 된다.

범교과적 글쓰기는 학생들의 글쓰기 능력을 향상시키는 중요한 요소이다. 학생들이 개념(concept), 사실(fact), 절차(procedure)에 대해 글을 쓸 때 배운 내용이 더욱 강화된다는 사실을 강력하게 뒷받침해주는 연구도 있다. "학생들에게 글을 쓰게 하는 행위는…… 패턴을 파악하고, 생각을 연결하고, 의미를 부여하는 등 교과내용을 능동적으로 심층 이해하고 비평하게 함으로써 깊은 학습에 이르게 하는 것과 같다."(Cooke, 1991. p.5)

연구결과가 함의하는 바는 명확하다. 각 과목에 기초한 읽기 및 쓰기 지도는 모든 과목에 있어서 학생들의 성취도를 높여준다. 하지만 범교과적 영역에서의 읽기와 쓰기는 배움에 필수적이다. 수업자료를 읽기 위한 전략이 부재하거나, 수업내용에 대해 깊이 생각하면서 글을 쓸 기회가 없으면 학생들은 개념을 완전히 익히는 데 어려움을 겪을 것이다.

핵심 노트 학생들이 지식을 전이할 수 있으려면 절차적 지식의 밑바탕에 깔린 개념들을 이해해야 한다.

비언어적 표현을 이용해 재구성하기

비언어적 표현이란 단어에 의존하지 않는 표현방식, 즉 몸짓·그림·시각적 자료 등을 가리킨다. 기본적으로 학생들은 언어로 된 의미정보를 받아들이더라도 이미지 같은 비언어적 정보로 전환할 때가 많다. 많은 연구자(Dean, Hubbell, Pitler, & Stone, 2012)는 인간이 정보를 저장할 때 언어와 이미지 모두를 이용한다고 믿는다. 그들은 비언어적 그래픽 오거나이저를 사용하면, 학생들의 학업성취도가 40퍼센트까지 향상될 수 있다는 사실을 알아냈다.

학생들은 학습내용을 자신만의 방식으로 재구성할 때 그림을 그리거나, 모형을 만들거나, 몸을 움직이는 방법을 택할 수 있다. 이때 T차트를 사용하는 것도 유용한데, 왼쪽에는 학생들이 알거나 이해한 것을 의미적으로 보여주고, 오른쪽에는 대표적인 사진이나 상징물을 그려넣도록 하면 된다. 연구에 따르면, 난독증이 있는 학생에게는 마인드맵이 특히 효과적이다(Kenyon, 2002).

학습내용을 비언어적으로 표현할 수 있다면 언어적으로도 다시 표현할 수 있어야 한다. 이러한 과정은 학생들이 개념을 이해하는 데 도움이 된다. 개념이 습득되면, 다양하고 구체적인 실제 상황에 적용하는 연습을 통해 전이가 가능해진다. 이는 정보를 장기기억에 저장하고 회상하는 데도 효과적이기 때문에 이후 평가에도 도움이 된다.

작업기억에서 정보를 조작하기

배운 내용을 자신만의 방식으로 재구성하는 과정에서 학생들의 뇌는 학습정보와 사전정보를 연결할 시간과 기회를 얻는다. 자신만의 언어로 사실, 개념, 절차 등을 설명할 수 있을 때 비로소 그 학습정보를 습득했다고 할 수 있다.

물론, 학생들 중에는 내용 이해에 필요한 배경지식이 부족할 수도 있고, 단순히 수업내용을 '이해하지' 못할 수도 있다. 이는 교사와 학생 모두에게 좌절감을 주며 내용에 대한 오해에서 발생한다. 이러한 오류는 오래 지속될수록 떨쳐내기 어려우므로(Bailey & Pransky, 2014) 발견되는 즉시 바로잡는 게 중요하다.

자신만의 방식으로 재구성하는 과정은 반드시 수업 중에 이뤄져야 한다. 이를 숙제로 내주면 오히려 스트레스가 될 수 있다. 자신만의 방식으로 재구성하는 과정은 숙제나 연습이 필요한 훈련이라기보다 자신에게 질문하고 궁금했던 점을 해결하는 시간이다.

기억 향상을 위한 7단계 전략 중 이번 3단계에서 학생들은 배운 내용을 자신만의 방식으로 재구성한다. 새로운 정보를 작업기억에서 조작할 기회를 얻으면 뇌 속에서 신경연결이 시작되는데, 이 작업이 이뤄지고 나면 시연(rehearsal)과정을 거쳐 장기기억으로 만들 수 있다.

o

되돌아보기

01 최근 수업을 떠올려보라. 학습내용을 자신만의 방식으로 표현해볼 수 있는 기회를 줬는가? 이러한 과정을 수업에 어떻게 잘 융합시킬 수 있을까?

02 지금까지 학생들에게 어떤 방식으로 학습내용을 표현하게 했는지 생각해보라. 익숙한 전략만 반복해서 사용하지는 않았는가? 학생들에게 연구기반의 다양한 전략을 가능한 한 많이 소개하라.

03 학습내용을 자신만의 방식으로 다시 표현해보는 과정을 간단히 실행할 방법들이 있다. 작은 화이트보드를 사용하는 방법도 그중 하나이다. 학생들에게 작은 화이트보드를 나눠주고 주제와 관련해 무엇을 배웠는지 아무거나 적어보라고 한 뒤, 교실을 돌아다니면서 확인하면 단 몇 분 만에 학생들의 이해도를 측정할 수 있다. 이해도를 확인하고 나면 학생들에게 짝을 지어 각자가 쓴 내용을 서로 비교해보라고 해도 좋다. 이런 식으로 상호작용하는 교수법을 쓰면 학생들이 수업내용을 잘못 이해하는 경우를 줄일 수 있다.

04 내가 제일 선호하는 전략 중 하나는 '보여주고 그것에 대해 이야기해주기'이다. 학생들에게 주제에 대해 간단한 그림을 그려보라고 한다. 이는 어휘학습에 잘 사용되는 전략이다. 다음 그림은 2학년 학생이 '새 둥지'라는 단어를 배운 뒤, 자신이 이해한 바를 그림으로 나타낸 것이다.

앨버(Alber, 2014)는 학생들이 학습내용을 다시 구성하는 방법으로 생각나는 대로 빠르게 쓰기, 멈춰서 쓰기, 1분 에세이, 그래피티(graffiti) 대화 등을 제안하는데, 그 내용은 다음과 같다.

- 생각나는 대로 빠르게 쓰기는 제한된 시간(2~10분) 안에 즉각적으로 무언가를 적게 하는 것이다.
- 멈춰서 쓰기는 학생들이 자기 생각을 재빨리 적은 뒤, 짝과 아이디어를 교환하고, 그런 다음 학급 전체와 아이디어를 나누는 방식으로 이뤄진다.
- 1분 에세이는 보통 수업 초반에 생각열기 활동으로 실시한다. 전날 처음 배운 개념을 학생들이 얼마나 기억하고 있는지 알아볼 때 특히 유용하다.
- 그래피티 대화는 수업내용을 상기시키는 특정 길잡이(인용구, 질문, 이미지 등)와 관련해 학생들이 자기 생각을 종이에 아무렇게나 써보는 것이다. 단어, 이미지 또는 단어와 이미지가 결합된 형태 무엇이든 괜찮다. 생각을 시각화해서 나타낼 수만 있으면 된다. 학생들은 우선 혼자서 자기 생각을 정리한 다음, 친구들과 의견을 나누거나 친구들이 쓴 것을 돌려 읽는 활동을 할 수 있다. 학급 게시판, 화이트보드, 종이로 된 식탁보, 심지어 보도블록(야외용 분필을 이용해서)을 활용할 수도 있다.

○
Reach and Teach

○
Reflect

○
Recode

○
Reinforce

4단계
학습강화하기

피드백을 효과적으로 주려면 학습목표를 명확히 하고,
이를 분명하게 전달하는 것부터 시작해야 한다.
- 로버트 마자노(Robert Marzano)

○
Rehearse

○
Review

○
Retrieve

주정부 교육부에서 근무하던 당시 내 담당 업무 중 하나는 어린이집 수업을 참관하는 것이었다. 유치원에서 교직을 시작했지만 그렇게 어린아이들을 상대해본 것은 꽤 오래전이었다. 참관했던 수업의 담당 교사인 키니 선생님은 아이들을 데리고 우리가 어렸을 때부터 하던 놀이인 '핫 앤 콜드(Hot and Cold, 물건찾기 게임의 일종으로, 술래가 숨겨진 물건 가까이 다가가면 '따뜻해(warm)/뜨거워(hot)'로 표현하고, 물건에서 멀어지면 '시원해(cool)/차가워(cold)'로 표현해서 물건이 숨겨진 위치를 가늠하게 해주는 게임-옮긴이)'를 하고 있었다. 술래로 지목된 아이가 교실을 잠시 떠나있는 동안, 남은 아이들은 물건을 하나 골라 숨겨뒀다. 술래가 교실로 돌아오자 아이들은 다 함께 노래를 불렀다. 술래가 숨겨진 물건에 가까이 가면 노랫소리가 점점 더 커졌고, 물건에서 멀어지면 노랫소리가 점점 더 작아졌다.

아이들의 놀이를 지켜보며, 그 놀이의 목적이 무엇일까를 생각해봤다. 이 놀이를 하려면 아이들은 언제 크게 외치고, 언제 낮게 속삭여야 하는지를 결정해야 했다. 술래인 친구에게 숨겨진 물건이 있는 장소를 손으로 가리키거나 단서를 주고 싶은 마음이 들 때, 스스로 억제하는 법도 알아야 했다. 특히 흥미로웠던 것은 아이들 전체가 노래를 부르면서 술래에게 피드백을 준다는 사실이었다. 노래라는 형식의 피드백을 통한 강화하기(reinforce)가 꾸준히 이뤄지고 있었다. 술래가 된 아이들은 물건을 찾으면서 짜증 내지 않았다. 모든 아이가 지속적인 피드백을 받으면서 물건을 찾는 데 성공했다.

두 번째 방문에서는 똑같은 놀이를 하는 동안 뜻밖의 일이 벌어졌다. 전년도에 키니 선생님 반이었던, 지금은 유치원생이 된 한 아이가 키니 선생님에게 쪽지를 전달하는 심부름을 하러 왔다. 아이가 방문했을 때 유아반 교실에서는 물건찾기 게임이 한창이었다.

이 놀이를 기억하고 있던 아이는 유아반 아이들 틈으로 들어와 "나도 같이할래."라고 말하고는 "내가 물건 가까이 가고 있는지 멀어지고 있는지 너희가 말해줘."라고 말했다.

유아반 아이들은 흔쾌히 응했다. 하지만 곧 문제가 발생했다. 술래가 된 유치원생 아이는 숨겨진 물건이 빨간색 레고 블록이라는 사실을 모르는 상태였다. 그래서 숨겨진 물건에 가까이 가도 정작 무엇을 찾아야 하는지를 몰랐다. 아이는 점점 짜증스러워하더니 결국 숨겨진 물건을 찾지 못하고 게임을 포기했다. 아이가 자기 교실로 돌아가자 키니 선생님은 유아반 아이들에게 왜 술래가 숨겨진 물건을 찾지 못했는지를 설명했다.

우리가 무언가를 추구하고 달성하려면 목표를 잘 이해하는 것이 중요하다는 사실을 보여주는 사례였다.

강화, 즉 격려하고 힘을 주는 행위는 분명한 목표가 있을 때 가능하다. 학생들이 수업내용을 자신만의 언어나 방식으로 재구성하면서 개념적 이해와 절차적 이해에 다다르면, 교사는 피드백을 제공해줘야 한다. 가장 간단하게는 아이들의 이해도를 물음으로써 피드백을 줄 수 있지만, 더 나아가자면 아이들이 이해하지 못한 것이 무엇인지, 그것을 이해하게 하려면 어떻게 이끌어줘야 하는지를 알아야 한다.

강화란 무엇인가

강화는 '학업성취나 노력에 대해 언어적 또는 상징적 보상을 제공하는 것'
이다(Northwest Regional Educational Laboratory, NWREL, 2002). 피드백
은 강화의 일종으로, 학생이 이해하고 있는 바를 공고히 할 수 있는 기회
를 주고 격려하는 역할을 한다. 교사는 피드백을 통해 학생들이 바르게 인
식하고 이해하는지를 알려주고, 필요한 경우 수정하거나 다시 가르칠 수
있다. 피드백은 개념적 이해에 오류가 있다면 이를 수정한 후 장기기억을
위한 시연을 할 수 있게 해준다.

교사는 학생이 지금까지 배운 내용을 잘 이해했는지 확인할 수 있기를
바란다. 일단 확인하고 나면 이해를 강화한 다음, 이를 장기기억에 저장하
기 위한 활동을 한다. 이때는 아직 성적을 매기는 단계가 아니다. 오히려
여기서부터 학습이 본격적으로 시작된다. 강화는 작업기억에서 필요한 변
화(예: 정보의 조직화-옮긴이)가 일어날 수 있도록 시간을 주는 것이라 할 수
있다. 정보가 잘 조직되어야 장기기억에 저장할 수 있기 때문이다.

강화는 교수학습 과정에서 학생들의 성취도를 높이는가? 학생들의 학
습과 관련해 정기적으로 피드백과 강화를 제공하는 교사들은 학생의 성취
도를 높인다. 강화 단계는 언제나 학습목표에 달려있다. 강화전략을 활용
하는 교사들은 또래평가 기법을 사용하고, 학업수행에 대해 즉각적인 피
드백을 제공하는 컴퓨터 프로그램을 사용한다. 또한 과제를 내줘 수업시
간에 또래나 수업 후 교사의 수정을 거쳐 학생들에게 바로 되돌려준다. 이
들은 학생들이 서로 피드백과 강화를 제공할 수 있게 훈련하는 또래튜터
링(peer tutoring)전략을 사용하기도 한다(NWREL, 2002).

핵심 노트　강화는 성적을 매기는 단계가 아니다. 여기서부터 학생들의 배움이 본격적으로 시작된다.

피드백은 앞으로 무엇을 할지 알려주는 '피드 포워드(feed forward)'가 이뤄지고(Moss & Brookhart, 2009), 이것이 학습자에 의해 수행 개선을 위해 활용될 때 효과적이다(Wiliam, 2011). 연구에 따르면 정교한 피드백, 즉 학생들이 정답을 맞혔는지만이 아니라 학생들이 답을 생각해낸 근거에도 초점을 맞춘 피드백은 수행 결과를 단순히 확인하는 데 그치지 않고 학습을 향상하도록 이끌어준다(Van der Kleij, Feskens, & Eggen, 2015). 따라서 그저 정답을 맞혔다고 알려주거나 정답이 무엇인지 말해주기보다는 자세히 설명해주는 편이 더 효과적이다. 이와 같은 자세한 피드백은 고차원적 사고능력을 키우는 데 도움이 된다.

핵심 노트　실패하면 수초(myelin, 신경섬유를 감싸는 막-옮긴이)가 더 많이 생기기 때문에 뇌가 성장하게 된다.
－ 대니얼 코일(Daniel Coyle)

"피드백이 효과를 내려면 학습목표가 명확하고, 교사가 주는 피드백을 학생들이 잘 이해하며, 교사가 수업에 대한 학생들의 피드백에 민감해야 한다. 피드백의 목적은 현재 학생의 상태와 도달해야 하는 목표 사이의 격차를 줄이는 데 있다. 따라서 교사는 수업을 시작할 때 학생들이 현재 알고 있는 것을 확인하고, 목표에 도달했을 때 어떤 모습이어야 하는지 말로 명확하게 표현할 수 있어야 한다."(Hattie, 2012)

피드백의 유형

피드백을 제공하는 사람은 다양하며 그 형태도 다양하다. 학생들은 교사와 친구에게서 피드백을 받기도 하고, 스스로 피드백을 하기도 한다. 점수도 일종의 피드백이지만, 기억 향상을 위한 7단계 전략 중 4단계 학습강화하기 단계는 아직 점수를 매길 때가 아니다. 사실, 이 단계에서는 숙제를 내주기에도 너무 이르다. 그러나 학습을 위한 평가는 가능하다. 스티긴스(Stiggins, 2017)는 "형성평가 즉 학습을 위한 평가를 할 때 성적과 시험점수는 아무런 역할을 하지 못한다. 그보다는 학습자가 수행한 과제를 서술하고 다음에는 어떻게 더 잘할 수 있는지를 자세히 설명해주는 피드백을 꾸준히 해주는 것이 중요하다."라고 지적했다(p.79).

총괄평가의 의미인 '학습에 대한' 평가(assessment of learning)와 형성평가를 의미하는 '학습을 위한' 평가(assessment for learning)로 구분하는 연구자들도 있다(Chappuis, Stiggins, & Arter, 2011). 학습을 위한 평가에서는 수업의 모든 부분에서 지속적으로 피드백을 제공한다. 학습한 내용을 장기기억으로 전환하기 위한 7단계의 단계마다 '되돌아보기' 활동이 필요하듯이, 학습강화하기 활동 역시 단계마다 필요하다. 지속해서 피드백을 주면 학생들은 학습과제에 점점 재미를 붙이고, 학습과정에서 스스로 수정해가면서 학습할 것이다. 이는 학습한 것을 오래 기억하는 데 도움이 된다. 연구에 따르면, 초등학교 1학년 학생들에게 수업자료를 기억하는 데 도움이 되는 시연(rehearsal) 전략을 가르쳤을 때, 그 방법을 얼마나 잘 적용했는지에 대한 피드백을 받은 학생들만이 이 전략을 계속 사용하는 것으로 나타났다(Higbee, 1996).

어쩌다 한 번씩 비판적 피드백을 주기보다는 유용한 정보를 담은 피드백을 자주 주어야 한다. 학생들이 평가, 기록, 의사소통 과정에 깊이 관여할수록 학업성취가 높아진다(National Education Association, 2003).

꾸준히 피드백을 제공하고 학습효과를 높이는 교사의 특징은 다음과 같다(Stronge, 2007).

- 효과적으로 가르치기 위해 사전평가(pre-assessment)를 실시한다.
- 학습목표에 대해 직접적으로 묻고, 학생들의 반응을 살펴보는 전략을 효율적으로 시행한다.
- 학생들이 가질 수 있는 오개념(misconception)에 대해 미리 생각해보고, 실제로 이러한 오개념을 가졌는지 모니터링한다.
- 교수학습 과정에서 명확하고 구체적이며 시의적절한 피드백을 준다.
- 학생을 격려하고 지지하는 방식으로 피드백을 준다.
- 성취기준에 도달하지 못한 학생은 다시 가르친다.

피드백은 3가지로 구분된다(Connellan, 2003). 학습동기를 부여해 학습향상을 촉진시키는 피드백, 학습이 진전되고 있음을 알리는 피드백, 학습

진도가 느린 학생을 돕기 위한 피드백이다. 각각의 피드백은 매우 유용하며 학습을 강화하는 데 도움이 된다. 3가지 모두 유효한 피드백이므로 모두 활용할 필요가 있다.

핵심 노트 피드백은 강화를 제공하는 일이며, 이를 통해 학생들에게 지속적으로 동기를 부여할 수 있다.

학습동기와 뇌

학습동기는 도파민(dopamine)이라는 신경전달물질의 분비와 관련된다. 도파민 분비는 학습자가 집중하게 하는 역할을 하며, 보상시스템과도 관련 있다. 무언가를 성취했을 때 도파민이 분비된다는 연구(Hamid et al., 2016)도 있고, 이에 대해 동의하지 않는 연구(Panskepp & Biven, 2012)도 있다. 또 도파민은 무언가를 추구하게 하는 기제라고 제시하는 연구(Gregory & Kaufeldt, 2015)도 있다.

에릭 젠슨(Eric Jensen)은 도파민의 효과를 다음과 같이 설명했다. 크리스마스 선물로 아이에게 디즈니월드행 비행기 티켓을 준다고 가정해보자. 아이가 얼마나 흥분할지는 충분히 알 수 있다. 여행 날짜가 다가올수록 아이의 머릿속에는 온통 디즈니월드 생각뿐이다. 비행기 티켓을 받을 때부터 그곳에 도착할 때까지 뇌에서 도파민이 활발히 분출된다. 비행기에 오르고, 올랜도(Orlando, 디즈니월드가 있는 플로리다의 도시-옮긴이)에 도착해 비행기에서 내린 다음, 매직 킹덤(Magic Kingdom, 디즈니월드의 4개 테마파크 중 하나-옮긴이)까지 차를 몰고 가서 안으로 걸어들어갈 때까지도 도파민은 계속해서 분비된다. 하지만 웬일인지 막상 그곳에 발을 들이는 순간이 되면, 기대만큼 흥분되지 않는다. 목표를 달성했기 때문에 도파민의 마법이 사라져버린 것이다.

도파민은 "뛰어라, 보라, 가라, 해라!"라고 의욕을 고취하는 물질이다. 학습할 때 도파민은 학생들이 학습내용을 자신만의 방식으로 다시 표현해보도록 의욕을 북돋운다. 도파민 덕분에 목표를 향해 달려가지만, 그 목표를 달성하고 나면 도파민은 감소한다. 그렇다면 교사는 학생들이 도파민을 다른 것으로 대체할 수 있게끔 도와줘야 한다. 피드백은 뇌의 자신감 또는 힘의 영역을 자극해서 세로토닌(serotonin)과 엔도르핀(endorphin, 동물의 뇌 등에서 추출되는 모르핀과 같은 진통 효과를 가지는 물질의 총칭-옮긴이)이 분비되도록 한다. 이들 물질이 분비되면 기분이 좋아지고, 기분 좋은 상황이 다시 반복되기를 바라게 된다. "남들에게 인정받고 존경받을수록 소속그룹에서 지위가 더 올라가고, 이는 소속그룹에 계속해서 기여하겠다는 동기를 부여한다."(Sinek, 2014, p.59) 그러면 다음 목표를 이루기 위해 박차를 가하게 되고, 다시 도파민 분비를 자극하는 새로운 순환이 시작된다.

동기부여의 상태

젠슨(Jensen)은 기분(frames of mind)을 동기상태(motivational state)라고 부른다(2013). 사람의 태도, 신념, 감정, 느낌의 조합은 시시각각으로 변한다. 교사들은 이를 인지하고, 필요하다면 학생들이 마음상태를 바꿔 학습을 좀 더 쉽게 받아들일 수 있도록 조처해야 한다.

학생들이 교실 문을 열고 들어오는 풍경은 한결같다. 낙천적인 학생은 보통 유쾌하고, 새로운 것을 받아들이는 데 열려 있다. 반면에 화가 난 학생은 인상을 쓰고, 무관심한 학생은 항상 무표정한 얼굴을 하고 있다. 낙천적인 학생들은 학습에 최적화된 마음상태지만, 화가 나 있거나 무관심한 학생들은 먼저 그 마음상태를 바꿔야 성공적으로 학습할 수 있다. 교사는 학생들에게서 기대감, 호기심, 흥미 넘치는 긴장감(suspense)을 보고 싶어 한다.

학생들의 마음상태를 바꾸는 가장 빠른 방법은 갑자기 생리적인 변화를 일으키는 것이다. 수업에 관심이 없고 졸린 학생이 있다면 몸을 움직이게 하는 것이 그 예이다.

"자말, 이 종이를 옆 반에 얼른 전달해주고 와요! 돌아오면 친구들이 어제 제출했던 출구 티켓을 되돌려주는 걸 도와주면 좋겠어요. 할 일이 많아요!"

일어나서 움직이면, 뇌에서 도파민, 아드레날린(adrenaline), 코티솔(cortisol) 등이 분비된다. 하나의 과제를 마칠 무렵 도파민이 줄어드는 것에 대비해 교사는 다른 일을 미리 준비해 놓아야 한다. 학생이 기여한 사실을 학급 전체에 알리면 세로토닌 분비를 자극할 수 있다.

"여러분, 오늘 자말이 도와줘서 수업을 무사히 마칠 수 있었어요. 도움이 없었다면, 수업을 제대로 마치지 못했을 겁니다. 자말에게 고맙다고 말해주세요."

이렇게 해서 도파민과 세로토닌이 분비되면, 자말은 새로운 학습을 할 준비가 된다. 친구들과 함께 학습활동에 활발히 참여할 뿐 아니라 수업 중에 스스로 나서서 교사를 돕고 싶어 할 수도 있다.

> **○ 핵심 노트** 피드백의 방법과 시기뿐만 아니라 어떤 유형의 피드백을 주는지에 따라 학생들의 마음상태에 변화를 가져올 수 있다.

즉각적인 피드백은 학습내용을 자신만의 언어나 방식으로 재구성하는 과정에 유용하다. 학생이 다음 단계로 나아갈 준비가 되었는지 확인하려면 피드백이 필수적이기 때문에 피드백을 즉각적으로 주지 않고 기다리면 장기기억에 좋지 않은 영향을 미칠 수 있다.

쌍방향 피드백은 학습내용을 보다 전방위적으로 이해하는 데 도움이 된다. 서면 피드백은 총괄평가(summative assessment)보다는 형성평가(formative assessment)에서 더욱 효과가 있다. 총괄평가는 이미 점수가 결정된 상태이므로 학생들이 그에 따라오는 피드백에 크게 신경 쓰지 않기 때문이다. 형성평가로서의 피드백을 제공하면 스스로 틀린 것을 바로잡을 기회뿐만 아니라 학습을 자신이 통제한다는 느낌까지 가질 수 있다.

> **○ 핵심 노트** 피드백은 교사와 학생 모두를 위한 학습경험이 되어야 한다.
> – 수전 브룩하트(Susan Brookhart)

동기부여와 관련된 피드백

동기부여와 관련된 피드백은 긍정적 피드백, 부정적 피드백, 피드백 부재 (Connellan, 2003) 등 3가지 유형으로 구분된다. 긍정적 피드백은 올바른 행위를 강화하는 피드백을 의미하고, 부정적 피드백은 부족하거나 틀린 것을 지적하는 피드백을 뜻하며, 피드백 부재란 피드백이 전혀 없는 상태를 가리킨다. 골먼(Goleman, 1998)은 피드백을 전혀 받지 못하는 학생들은 부정적 피드백을 받는 학생들이 겪는 자신감 상실을 똑같이 겪는다는 연구 결과를 인용한 바 있다.

교사는 학생들에게 긍정적 피드백, 즉 수행을 잘한 것에 대해 격려하는 피드백을 최대한 많이 주고 싶어 한다. 긍정적 피드백을 받으면 아드레날린, 노르에피네프린, 도파민, 세로토닌 같은 기분을 좋게 하는 화학물질들이 뇌에서 연쇄적으로 분비되어 선순환 작용을 일으킨다. 반면, 부정적 피드백을 받거나 피드백이 아예 없을 때는 스트레스 호르몬인 코티솔(cortisol)이나 그 외 신경전달물질이 넘쳐흐르면서 작업기억을 차지해버리고 사고작용을 방해한다(Sandi, 2013).

○ **핵심 노트** 동기부여와 관련된 피드백으로는 긍정적 피드백, 부정적 피드백, 피드백 부재가 있다.

긍정적 피드백

긍정적 피드백은 학습을 지속시키고 강화하는 작용을 한다. 코넬란 (Connellan, 2003)은 긍정적 피드백을 줄 때 5가지 유의할 점을 다음과 같이 제시했다.

1. 즉각적으로 제공하라. 이때 '즉각적'이란 뜻이 바로 그 순간, 즉시를 의미

하는 것은 아니다. 학생들이 학습자료를 자신의 언어로 어떻게 표현했는지를 확인하려면 시간이 조금 걸릴 수 있다. 결국 중요한 것은 그다음 학습을 위한 틀(framework)을 마련하는 일이다. 교실을 돌아다니면서 학생들이 학습내용을 자신만의 언어로 재구성하는 것을 관찰하며 말로 피드백을 줄 수도 있고, 가벼운 신체접촉으로 피드백할 수도 있다. 어떤 학생들에게는 가볍게 등을 두드려주는 작은 제스처가 놀라운 힘을 발휘하기도 한다.

2. **뛰어난 점뿐만 아니라 아주 작은 발전에 대해서도 칭찬하라.** 속도를 강조하는 학습환경에서 이해가 느린 학생들의 작은 진전은 간과되기 쉽다. 교사는 학습의 최종 성과를 기대하기 마련이고 학생의 뛰어난 성과를 찾아 칭찬하도록 훈련도 받았다. 하지만 수업내용을 자신만의 언어나 방식으로 재구성하라고 하면 수박 겉핥기 수준으로 하는 아이들도 있는 게 현실이다. 학생들이 장기기억을 잘 만들어가게 도우려면 조금씩 이해의 깊이를 더해가도록 해야 한다. 그 과정에서 조금이라도 향상되는 점이 보이면 긍정적인 피드백을 줘야 한다.

3. **구체적으로 칭찬하라.** 교사들은 "설명을 잘했어요!", "비교를 잘했네요!"처럼 피드백을 두루뭉술하게 주는 일이 많다. 반면, 단점을 지적할 때는 매우 구체적인 경향이 있다. 두루뭉술한 긍정적 피드백으로 시작해서 부정적인 피드백을 아주 구체적으로 주는 경우가 흔하다. 예컨대, 이런 식이다. "이 개념을 표현하기 위해 그래픽 오거나이저를 선택한건 좋아요. 하지만 벤다이어그램은 이런 식으로 사용할 수 없어요. 가운데 부분에는 상반된 정보를 써넣으면 안 돼요. 바깥 부분에 유사점

을 두 번씩 쓰면 공간을 낭비하는 셈이에요." 더 나은 피드백 방식은 다음과 같이 구체적으로 격려해주는 것이다. "이 개념을 제대로 이해하려고 노력하는 게 눈에 보여요. 여기 한번 봅시다. 마인드맵을 조금 수정해야 할 수도 있겠어요. 첫 번째 요점을 뒷받침할 근거가 조금 더 필요해요. 그리고 두 번째와 세 번째 요점에는 재미있는 상징을 잘 썼는데 여기에 주요 단어나 구절을 몇 개 추가하면 좋을 것 같아요. 마지막 요점은 정말 잘 썼어요. 확실히 이 부분을 잘 이해하고 있는 것으로 보여요."

4. **새로운 행동이 긍정적이면 지속해서 강화하라.** 새로운 형태의 그래픽 오거나이저를 사용할 때, 학습자료를 자신만의 언어로 재구성하는 데 참신한 접근법을 취할 때, 어떤 방식으로든 개선되고 있을 때에는 계속해서 긍정적인 피드백을 주어 강화하라.

5. **좋은 습관이 자리잡히면 한발 물러서라.** 새로운 행동이 습관으로 자리 잡으면 학생들 스스로 그것을 강화하게 된다. 그러므로 교사는 한발 물러서서 가끔 강화해주면 된다.

핵심 노트 수업내용을 자신의 언어로 표현하는 데 어려움을 느끼는 학생들을 위해 교사는 작은 진전이라도 발견하면 긍정적 피드백을 제공해야 한다.

부정적 피드백

다음은 수정이 필요한 부분이 있을 때 어떻게 해결하는지를 6단계로 설명한 것이다(Colbert & Knapp, 2000).

1. 평가의 초점을 분명히 하라.

2. 본래의 학습목표가 무엇이었는지에 주목하라.

3. 어디까지 책임져야 하는지 확인하게 하라.

4. 구체적인 요소에 관해 소통하라.

5. 새로운 행동계획을 세워라.

6. 결과가 올바른지 확인하라.

다음의 예는 위의 각 단계가 어떻게 실행되는지를 보여주고 있다.

학생들이 남북전쟁에 참여한 장군들의 공통점과 차이점을 비교하는 활동을 하고 있다. 링 선생님은 교실을 돌아다니면서 학생들이 만들고 있는 벤다이어그램을 살펴보는 중이다. 선생님은 칼멘의 책상 옆으로 다가가 학습내용을 문단으로 작성하는 모습을 지켜본다.

"칼멘, 이 문단을 가지고 그래픽 오거나이저를 만들 건가요(1단계)?"

"저는 문장으로 쓰고 싶은데요." 칼멘이 대답했다.

"여기 원이 겹치는 부분에 유사점을 쓰고, 바깥쪽에 차이점을 써서 벤다이어그램을 완성하는 게 오늘의 수업목표예요(2단계). 칠판에 그려진 예시를 보세요. 벤다이어그램을 적절하게 사용할 줄 아는지를 보여줘야 해요(3단계). 장군들의 유사점과 차이점을 포함해야 한다는 건 알고 있죠(4단계)? 작성한 문단 아래에 그래픽 오거나이저를 그리면 되겠네요(5단계). 맞아요, 그렇게요. 이제 자료에서 읽은 정보들을 벤다이어그램에 써 넣어 보세요. 잠시 후에 와서 다시 확인해볼게요(6단계)."

도표 4.1
소크라테스식 질문

질문 유형	예시
명확한 이해를 위한 질문	• …라는 건 무엇을 의미하는 거죠? • 말하고자 하는 요점이 무엇인가요? • …와 …가 어떻게 관련이 있죠? • 지금 한 말을 달리 표현한다면 어떻게 말할 수 있을까요? • 지금 말하고 있는 …에 관한 예시를 말해볼까요?
질문에 관한 질문	• 우리가 그것을 어떻게 알 수 있을까요? • 질문이 명확한가요? • 이 질문이 왜 중요할까요? • 이 질문에 대답하려면 무엇부터 생각해봐야 할까요?
가설을 면밀히 살피는 질문	• 어떤 가정을 해볼 수 있을까요? • 그 외에 다른 가정도 가능할까요? • 그런 가정이 가능한 이유는 무엇일까요?
이유나 증거를 탐색하기 위한 질문	• 그것에 대한 예시는 무엇이 될 수 있을까요? • 어떻게 알죠? • 그렇게 생각하는 이유가 무엇인가요? • 어떤 경우에 생각을 달리해볼 수 있을까요? • 그게 이 경우엔 어떻게 적용될까요?
유래나 출처에 관한 질문	• 그런 생각을 어디에서 얻게 되었나요? • 항상 그렇게 느끼나요? • 그것은 어떤 영향을 미칠까요? • 대안은 무엇일까요?
시사점이나 결론에 관한 질문	• 이것이 사실이라면, 또 무엇이 사실일까요? • 결과는 무엇일까요?
관점에 관한 질문	• 다른 사람들은 그것에 대해 어떻게 반응할까요? • 왜 이런 관점을 취하게 되었나요? • 여기에 반대하는 사람들은 뭐라고 말할까요?

(Richard Paul, 1993)에서 응용

또 다른 방법은 소크라테스식 질문(Socratic dialogue)을 사용하는 것이다. 이는 몇몇 범주의 질문을 던지는 것으로 명확한 이해를 위한 질문, 질문에 관한 질문, 가설을 탐색하기 위한 질문, 이유나 증거를 면밀히 살피는 질문, 유래나 출처에 관한 질문, 시사점이나 결론에 관한 질문, 관점에 관한 질문 등이 있다. 〈도표 4.1〉은 소크라테스식 질문의 예를 나타낸 것이다(Paul, 1993).

소크라테스식 질문은 학생들이 학습목표를 성취하기 위한 여정을 따라가도록 안내하는 역할을 한다. 이 질문은 학생들이 수업자료에 나오는 개념을 이해하고 길을 벗어나지 않게 해준다. 질문이 꼬리에 꼬리를 물고 일어나기도 하고, 그 과정에서 교사와 학생이 헤매는 것처럼 보이기도 하지만, 그러다가도 결국엔 긍정적인 결과를 맞이한다. 소크라테스식 질문은 학생들이 이해의 깊이와 폭을 충분히 탐구하도록 돕는다. 1980년대에 이 방법으로 수업을 시작했을 때, 처음에는 학생들이 어려워했지만 얼마 지나지 않아 탐구적인 질문을 통해 학습하게 해준 것에 고마워하게 되었다.

다음 상황은 교실에서 소크라테스식 질문을 효과적으로 사용하는 예시이다.

학생들은 셜리 잭슨(Shirley Jackson)의 『복권(The Lottery)』을 읽고 자신만의 언어로 재구성하는 과정을 막 끝마쳤다. 이 단원은 지금까지 다음과 같은 단계로 진행되었다.

1단계 주의끌기(Reach and Teach) 수업 첫날 학생들이 교실에 들어설 때 브라운 선생님은 흰 종이를 작게 접어 상자에 넣고 있었다. 학생들이 자리에 앉자 수업을 시작했다.

"여러분, 우리가 읽을 셜리 잭슨의 『복권』을 각색한 연극이 상연된다고 해서 공연 티켓을 주문했어요. 우리 학급이 27명이어서 내 것까지 28장을 주문했는데 티켓이 27장만 왔어요. 전화해서 확인해보니까 완전히 매진이라고 해요. 그래서 1명은 공연을 볼 수 없게 되었어요. 공연에 갈 수 없는 사람을 임의로 지목할 수 없어서 이 상자에 27장의 추첨 종이를 넣어뒀어요. 이 중 1장에는 ×라고 표시되어 있어요. 자, 지금부터 돌아가면서 종이를 뽑을 거예요. ×가 표시된 종이를 선택한 사람은 함께 극장에 갈 수가 없고 다른 영어수업에 참석해야 해요."

학생들은 호기심을 갖고 참여했다. 모두 상자에서 1장씩을 뽑고, 뽑기가 다 끝났을 때 동시에 종이를 펼쳐봤다.

존이 ×가 표시된 종이를 뽑았다. 일부 학생은 키득거렸고, 많은 학생은 안도의 숨을 내쉬었다. 누구도 선생님이 뽑기로 진행하는 것에 이의를 제기하지 않았다. 존은 자신이 제외되어야 할 이유가 없다며 불공정하다고 불평했다. 그는 수업에 열심히 참여하는 학생이었다.

"열심히 공부하지 않는 사람이 남아야 하는 거 아닌가요?"

존이 불만을 제기했다.

2단계 되돌아보기(Reflect) 브라운 선생님은 사실 표가 28장이라고 밝히면서 '교실 모퉁이 활동을 통한 성찰하기(four-corner reflection, 교실 모퉁이마다 주어진 질문에 대해 자기 생각 말하기-옮긴이)'를 위해 학생들을 각 모퉁이에 나눠 배치했다. 각각의 모퉁이에는 다음과 같은 질문을 붙였다.

1. 이번 '뽑기'에 대해 어떻게 생각하나요?

2. 좀 더 공정하게 하려면 어떻게 해야 했을까요?

3. 의사결정을 하는 데 친구들은 어떤 영향을 주나요?

4. 한 사람을 제외하는 데 동의한 이유는 무엇인가요?

학생들은 교실 모퉁이를 돌면서 각각의 질문에 대해 토의하고, 종이에 자기 의견을 썼다.

3단계 자신만의 방식으로 재구성하기(Recode) 그리고 나서 학생들은 『복권』을 읽었다. 아무런 비판 없이 전통과 의식을 따르는 사례를 목록으로 작성해보고, 찬성과 반대 의견을 생각해보는 과제를 줬다.

4단계 학습강화하기(Reinforce) 학생들은 비판 없이 전통과 의식에 따르는 사례 목록을 소모둠 토의에서 공유했다. 브라운 선생님은 피드백을 주면서 교실 여기저기를 돌아다녔다. 그런데 제스와 로버트가 있는 모둠에서 논쟁이 벌어지고 있었다.

"바보야, 생일파티는 의식이 아니야."

로버트가 말했다.

브라운 선생님은 로버트와 대화를 시작했다.

"의식이라는 게 무슨 의미죠?"

"같은 걸 반복해서 하는 게 의식이잖아요."

"예시를 말해볼래요?"

"예를 들면, 교회에 가는 건 의식이에요. 교회에 가면 항상 예배라는 의식을 하잖아요. 예배 볼 때 성경책의 같은 부분을 반복해서 읽고, 같은 찬송가를 불러요. 또, 일요일마다 가잖아요. 이런 것들이 의식인 거죠."

"생일파티는 어떻게 다른가요?"

"생일파티는 매번 달라요. 영화를 보러 갈 수도 있고, 파티를 할 수도 있고, 또 아무것도 하지 않을 수도 있으니까요."

"제스가 말한 것 중에 동의되지 않는 부분은 무엇인가요?"

"제스는 생일파티도 의식이라고 생각해요. 매년 같은 날 기념하니까요. 생일케이크나 아이스크림을 먹고, 생일카드를 받잖아요."

"일 년에 한 번 생일을 맞이하는 것과 매주 교회에 가는 것 사이엔 어떤 관계가 있을까요?"

로버트는 잠시 머뭇거렸다. 다른 학생들이 대답하겠다고 손을 들었지만, 교사는 로버트에게 시간을 주고 기다렸다.

"이제 알 것 같아요. 일 년에 한 번이든 일주일에 한 번이든 반복된다는 공통점이 있어요. 이제 의식이라는 게 뭔지 조금 더 이해가 되네요."

로버트가 대답했다.

이 사례에서 소크라테스식 질문기법은 로버트가 스스로 결론에 다다르도록 돕는 역할을 했다. 교사는 로버트가 개념을 올바르게 이해하고, 올바른 정보를 장기기억에 저장할 수 있는 기회를 더 많이 주는 피드백을 제공했다.

핵심 노트 피드백은 단지 칭찬 또는 비난, 찬성 또는 반대를 의미하지 않는다. 그런 식으로 가치를 부여하는 것은 평가(evaluation)이다. 피드백은 가치중립적이며, 학습목표를 중심으로 학생이 한 일과 하지 않은 일을 기술하는 것을 의미한다.

– 그랜트 위긴스(Grant Wiggins)

피드백 부재

아들 조쉬가 학교에서 돌아와 조용히 책을 내려놓았다. 딸 마니는 숙제를 하고, 나는 수업지도안을 작성하고 있었다. 나는 채점하던 시험지에서 눈을 떼고 물었다.

"오늘 하루는 어땠니?"

"엄마, 내가 보여요?"

조쉬가 물었다.

나는 놀라서 펜을 내려놓으며 물었다.

"물론 보이지. 왜 그런 질문을 하는데?"

"내가 안 보이는 줄 알았어요."

조쉬가 대답했다.

'설마 이 애가 마약에 손대고 있는 건 아니겠지?' 하는 생각이 머릿속을 스쳐갔다. 나는 아이에게 물었다.

"무슨 일인지 설명해줄래?"

"오늘, 화학 프로젝트 개요를 제출해야 했어요. 그린 선생님은 모둠활동을 돌아보시면서 개요 내용을 살펴보셨죠. 처음에 지나와 사라의 개요를 보셨는데, 얼굴에 환한 미소를 지으시고는 '지나와 사라는 정확히 알고 있는 것 같네요.'라고 말씀하셨죠. 지나와 사라는 아주 기뻐했어요. 그러고는 저스틴과 제이슨 모둠으로 가서 개요를 살펴보셨죠. 근데 그 애들에게는 '개요 형식에 대해서 알고 있다고 생각하나요?'라고 물으셨어요. 그 아이들은 좀 당황스러워했죠. 그 뒤에 우리 테이블로 오셨는데, 우리가 쓴 개요를 보시고는 아무 말도 하지 않으셨어요. 표정 변화도 전혀 없으셨어요. 마치 나와 댄이 거기 없는 것처럼 말이에요."

"그 후에 다른 아이들의 개요를 보고는 뭐라고 말씀하셨니?"

"모르겠어요. 몇 개를 더 보시긴 했는데, 곧 종이 울려서 빨리 제출해야 했거든요."

이때 딸아이가 끼어들었다.

"적어도 오빠네 모둠에서 작성한 개요에 대해서 나쁜 말씀은 안 하셨잖아."

"장난하냐? 부정적으로라도 뭐라고 얘길 하는 게 아무 말도 하지 않는 것보다 낫지!"

조쉬가 외쳤다.

"음. 나중에라도 피드백을 주시지 않을까?"

내가 말했다.

"엄마도 이해를 못하시네요. 선생님은 피드백을 이미 주신 거예요! 너희 개요 따위엔 관심도 없다, 그 뜻이죠."

아들과의 대화를 마치고, 내가 수업시간에 피드백을 주는 방식에 대해 골똘히 생각해봤다. '내 피드백 때문에 자기 존재감에 대해 의구심을 품는 학생들이 얼마나 많았을까?' 문득 교장 선생님의 말씀이 생각났다.

"내가 하는 일은 사람들의 능력을 최대한 끌어내는 것입니다. 교사인 여러분의 일도 마찬가집니다."

그린 선생님이 조쉬의 능력을 최대한 끌어내지 못한 것은 분명하지만, 그역시 나와 마찬가지로 자신이 무심코 한 말과 행동이 학생들에게 어떻게 해석될지는 전혀 몰랐을 것이다.

내 아이들은 고등학교 때 우연히 같은 영어 선생님에게서 배웠다. 우리는 선생님이 되돌려주지 않은 과제들에 대해 지금까지도 농담을 한다. 지금은 웃어넘기지만 그 당시 아이들에게는 결코 유쾌한 일이 아니었다. 아이들은 최선을 다해 과제를 제출했지만 선생님에게서는 아무런 피드백도 받지 못했다. 선생님은 하루에 100명에서 150명의 학생을 가르쳤으니 채점해야 할 과제 양이 엄청났을 것이다. 하지만 모든 과제를 채점할 필요는 없다. 과제를 반드시 채점할 필요는 없지만, 학생들이 수행한 과제에 대해서는 항상 피드백을 줘야 한다.

학생들이 이해한 것을 스스로 평가하거나, 상대방의 것을 서로 평가해줄 수도 있다. 처음에 각자의 방식으로 재구성한 것을 공유하게 할 때는 모둠활동이 적절하다. 각자가 작업한 내용을 공유했으면, 그다음에는 토의를 진행한다. 학생들은 공유와 토의를 통해 몇 가지 개념을 명확하게 이해할 수 있을 것이다. 이때 교사는 교실을 순회하면서 모둠토의 내용을 듣고, 학생들이 처음 이해한 바를 취합해 다음 시간에 간단히 살펴보면서 수업자료를 덧붙일지, 다시 가르쳐야 할지, 시연활동 단계로 넘어갈지를 판단할 수 있다.

도표 4.2
자신만의 방식으로 재구성한 자료에 대한 피드백용 루브릭

1점	학습정보를 거의 숙지하지 못했으며, 학습주제를 이해했다고 말할 수 없다.
2점	학습정보 일부를 숙지했으며, 모호하게 이해하고 있다.
3점	학습정보를 대부분 숙지했으며, 스스로 도출해낸 정보를 설명할 수 있다.
4점	학습정보를 완벽하게 숙지했으며, 이를 기반으로 스스로 도출해낸 정보를 효과적으로 설명할 수 있다.

피드백을 담는 형식으로는 학습책임의 점진적 이양(gradual release of responsibility, GRR)모델을 사용할 수 있다(Pearson & Gallagher, 1983). 이 모델은 다음과 같이 4단계로 구성된다.

1. 학생들에게 단계별 예시를 보여주면서 교사가 직접 과제를 완수한다.
2. 학생과 교사가 함께 과제를 완수한다.
3. 학생들끼리 협력하여 과제를 완수한다.
4. 모든 학생이 개별적으로 과제를 수행한다.

GRR모델을 사용해 학생들이 자신의 학습을 평가하도록 가르칠 때 〈도표 4.2〉에 제시된 것과 같은 루브릭이 도움이 된다. 먼저 루브릭에 근거하여 피드백을 주면 학생들이 루브릭을 더 잘 이해할 수 있다. 그다음에 학생과 교사가 학습결과에 대해 함께 논의하고 평가한다. 학생들이 피드백을 주는 것에 익숙해지면 학생들끼리 짝을 지어 피드백을 주고받을 수 있

도록 한다. 마지막으로 학생들 스스로 자신의 학습결과물에 대해 평가해
보도록 한다.

○ **핵심 노트**   또래끼리 피드백을 주고받게 하면 학습에 효과적이다.

정보를 제공하는 피드백

동기를 부여하는 피드백이 학업 향상을 가속화하는 장치라면, 정보를 제
공하는 피드백은 학업의 진전 상황을 시각적으로 보여준다. 정보를 제공
하는 피드백은 목표지향적이고, 즉시 제공해야 하며, 시각적이어야 한다
(Connellan, 2003).

1. **목표 지향** 학생들이 학습목표를 잘 모르던 시절은 이제 끝났다. 짜임새
   있는 구성을 강조하는 글쓰기 전략에 대해 가르친다면, 구성이 뛰어난
   글을 예시로 보여줘야 한다.
2. **즉시 제공** 학습강화에 관한 메타분석 연구에 의하면, 피드백을 즉시 주
   는 것이 어린 학생들에게 특히 중요하다(Cotton, 2000). 학생들이 대답
   하면 무엇이 옳고 틀리는지를 말이나 글로 설명해주는 것이 가장 효과
   가 뛰어나다는 연구결과도 있다(Marzano, Pickering, & Pollack,
   2001).
3. **시각적** 차트, 그래프, 다이어그램, 간단한 기호를 사용하면 정보제공을
   위한 피드백의 효과를 높일 수 있다. 학생들에게 서면 피드백을 줄 때

그래프를 이용한 정보제공 피드백의 예시

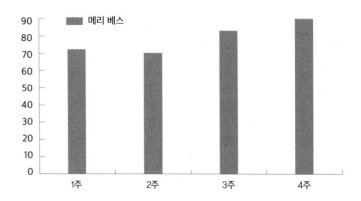

반드시 그래프나 기호를 함께 사용하도록 장려한다(Crossland & Clarke, 2002).(〈도표 4.3〉 참조)

교사들은 학생의 능력보다 노력에 더 집중해야 한다(Dweck, 2006). 개인의 지능에 중점을 두면, 학생에게는 더 큰 부담으로 작용한다. 노력과 전략을 강조하는 피드백은 새롭게 도전할 동기를 부여한다.

한 연구에서 5학년 학생 128명을 몇 개의 모둠으로 나눠 간단한 IQ테스트를 했는데, 첫 번째 모둠에게는 "결과가 아주 잘 나온 걸 보니 똑똑한 게 틀림없다."라고 칭찬하고, 두 번째 모둠에게는 "결과가 아주 잘 나온 걸 보니 열심히 노력한 게 틀림없다."라고 칭찬했다. 즉, 첫 번째 모둠에게는 지능을 칭찬하고, 두 번째 모둠에게는 노력을 칭찬한 것이다. 조금 더 어려운 시험이 있는데 한번 해보겠냐고 묻자 지능을 칭찬받은 모둠은 망설였다. 반면, 노력을 칭찬받은 모둠의 90퍼센트는 조금 더 어려운 과제를 해보는 데 적극적이었다.

마지막 테스트에서, 노력을 칭찬받은 모둠은 지능을 칭찬받은 모둠보다 결과가 훨씬 더 좋았다. 지능을 칭찬받은 모둠의 학생들이 가장 나쁜 결과를 얻었다. "열심히 노력한다"는 칭찬을 받은 학생들은 더 열심히 하면 더 좋은 결과를 얻을 수 있다는 메시지를 받았지만, "똑똑하다"는 칭찬을 받은 학생들은 특별히 노력하지 않고도 좋은 성과를 거둬야 한다고 믿었다(Mueller & Dweck, 1998).

칭찬만으로 학업성취에 도움이 된다는 연구는 많지 않다(Hattie & Yates, 2014). 칭찬하면 학생들은 행복해질 수 있다. 하지만 지식을 쌓는 데는 건설적인 피드백이 필요하다. 칭찬은 새로운 배움을 추구하기보다는 칭찬만을 추구하게 함으로써 오히려 학습을 방해할 수 있다는 의견도 있다(Dweck, 2006).

메타분석 연구에서 정보를 제공하는 피드백에 대해 다음과 같은 사실이 밝혀졌다(Hattie & Yates, 2014).

- 학생들이 피드백을 어떻게 수용하는지 평가해야 한다.
- 피드백을 통해 과제수행을 유도할 수 있어야 한다.
- 피드백을 통해 현재의 학습수준에 맞는 과제 또는 약간 높은 수준의 과제에 몰입할 수 있게 해야 한다.
- 학습환경은 실수에 대해 관용적이어야 한다.
- 서로 존중하는 태도로 주고받는 또래피드백은 가치가 있다.

성적표는 정보를 담고 있는 피드백의 일종이다. 그러나 전달되는 정보의 양이 너무 적고, 너무 늦게 전달된다. 포트폴리오(portfolio)는 커리큘럼, 수업, 평가에 관한 정보를 한꺼번에 전달하는 또 다른 형태의 피드백이다. 점수중심의 성적표와 달리 포트폴리오에는 교사나 친구들이 제공하는 피드백이나 학생 자신이 깨달은 점을 포함할 수 있다. 포트폴리오는 전통적이지 않은 방식의 뇌친화적 피드백으로서 시간의 경과에 따른 성장을 보여준다. 또한, 포트폴리오를 이용하면 전통적인 평가방법에 비해 학생들이 개념을 어떻게 적용하는지를 더 쉽게 관찰할 수 있다(Sprenger, 1999).

핵심 노트 많은 학부모가 정보를 주는 피드백을 원한다. 전통적인 성적표보다는 시각자료를 첨부한 형태로 제공하면 부모가 원하는 정보를 더 쉽게 이해할 수 있다.

성장을 북돋우는 피드백

성장을 북돋우는 피드백이란 학생의 과제수행에 영향을 주는 피드백을 말한다. 구두로 전하는 피드백이 주로 이런 특성을 띠는데, 특히 읽기와 쓰기를 배우는 과정에 있는 어린 학생들에게 효과적이다(Brookhart, 2017). 전통적으로 성장을 북돋우는 피드백은 문제를 서술하고 질문하는 전략을 사용한다. 교사들은 학생들이 무기력에 빠져 포기하기 전에 성장하도록 돕는 피드백을 줘야 한다. 『복권』이라는 문학작품을 읽고 진행하는 수업에서 성장을 북돋우는 피드백은 다음과 같은 형태를 취할 수 있다.

교사: T차트를 사용하고 있군요. 그런데 전통과 의식의 예시 대신 그 둘의

특징을 쓴 것 같네요?

학생: 사실 잘 이해가 안 돼요. 이 작품은 읽고 이해하기가 까다로웠어요.

(이때 학생이 실수나 오개념을 바로잡을 수 있도록 도와야 한다.)

교사: 이걸 좀 수정해볼 수 있겠어요? (비난해서는 안 된다.)

학생: 어떤 예시를 들어야 하는지 모르겠어요.

교사: 우선, 적어놓은 것들을 좀 볼까요?

(학생은 자신이 작성한 T차트를 살펴본다.)

학생: 전통은 다른 사람들이 이전에도 했기 때문에 그냥 이어서 하는 것들을 말해요.

교사: 전통을 다른 말로 바꿔볼 수 있을까요?

학생: 잘 모르겠어요.

교사: 우리보다 앞선 사람들, 우리 이전의 사람들이 누구죠?

학생: 부모님이나 할머니, 할아버지 아닐까요?

교사: 그렇죠. 지금 자신이 하는 일 중에 부모님이나 할머니, 할아버지가 했던 일이 있나요?

학생: 아니요.

교사: 그럼 이건 어때요? 할머니가 하셨던 일 중에 엄마가 하는 일이 있나요?

학생: 엄마 말씀으로는, 크리스마스 때 현관문에 겨우살이 나뭇가지를 걸어놓고, 누구든 현관문으로 들어오면 키스하는 게 관습이라고 했어요. 그런데 그건 조금 심한 것 같아요.

교사: 그럼, 관습은 전통과 같은 걸까요?

학생: 그런 것 같아요.

(이제 학습강화의 시간이다.)

교사: 맞아요. 관습은 전통과 동의어예요. 또 다른 관습을 하나 생각해볼까요?

학생: 음, 국기에 대한 맹세를 할 때 한 손을 가슴에 얹는 게 우리나라의 관습이에요.

교사: 이제 확실히 이해한 것 같네요. 국기에 대한 맹세도 관습의 일종이 맞아요. 다른 예시를 좀 더 생각해보도록 해요. 선생님이 잠시 후에 다시 와서 확인할게요.

성장을 북돋우는 피드백을 주는 과정은 다음 5단계로 구성된다.

1. 문제가 무엇인지 구체적으로 기술한다.
2. 해결책을 모색해보도록 이끈다.
3. 가능한 선택지를 살펴본다.
4. 건설적인 반응에 주의를 기울인다.
5. 후속 피드백을 위한 시간을 마련한다.

위 대화에서 학생은 처음에는 무기력해 보였다. 자기 능력을 의심하고, 학습을 거부했다. 이해하기 어려웠다고 말하며 작품 탓을 했지만, 교사는 학생이 작품 핑계를 대지 못하게 했다. 작품을 읽지 않고도 전통의 예시는 얼마든지 생각해낼 수 있기 때문이다. 예시의 개념, 전통과 의식의 의미,

그리고 유사점과 차이점을 파악하는 능력을 가르치기 위해 교사는 학생이 자신만의 언어로 학습내용을 재구성하도록 도왔다. 그런 다음 학습강화 전략을 이용해 학생이 개념을 이해하도록 도와줬다.

> **⦿ 핵심 노트** 성장을 북돋우는 피드백을 줄 때 핵심 요소는 개별화이다. 이런 방식의 강화가 필요한 학생들은 본 수업에서 무언가를 놓쳤을 가능성이 있다.

피드백의 결과

우리 뇌는 우리가 안전하고 행복하기를 원한다. 생존은 우리가 하는 모든 일의 최우선순위를 차지하는 욕구이며, 이러한 욕구가 충족될 기회를 주는 것이 피드백이다. 작업기억이 정보를 처리하고 강화를 요구하는 과정에는 공포와 쾌감이라는 두 가지 정서적 시스템이 관여한다.

학생들은 이해를 통해서 성공적으로 학업을 수행하고, 스스로 통제한다는 느낌을 가진다. 피드백을 포함한 학습상황에는 뇌의 정서적 영역이 관여하는데(Zull, 2002), 많은 기억 관련 연구자들은 감정이 연계될 때 더욱 강력한 기억이 형성된다고 말한다(Gordon & Beggar, 2003). 피드백을 빈번하게 주면 학업성취도가 29퍼센트 향상된다는 연구결과도 있다(Marzano, 1998).

버틀러(Butler, 1987)는 평가 이후 학생들에게 주는 피드백의 형태에 따라 학습효과가 달라진다는 사실을 밝혀냈다. 이 실험에서 일부 학생들은 평가 전에 그들이 알고 있던 구체적인 학습목표에 대한 서면 피드백(즉, 성장을 북돋우는 피드백)을, 일부 학생들은 성적(즉, 정보제공 피드백)을, 또 다른 학생들은 성적과 서면 피드백 둘 다(두 가지 피드백이 결합된 형태)를 받았다. 이 학생들에게 두 가지 과제를 추가로 주자 흥미로운 결과가 나타났다. 서면 피드백을 받은 학생들의 성과는 추가과제에서 훨씬 더 향상되었다. 성적만 받은 학생들은 두 번째 과제에서는 성과가 저조했지만, 세 번째 과제에서는 성과가 향상되었다. 그리고 두 가지 형태의 피드백을 모두 받은 학생들은 두 가지 추가과제 모두에서 낮은 성과를 보였다.

지금까지 우리는 피드백을 통한 학습강화에 대해 살펴봤다. 학습내용에 대한 학생들의 이해를 긍정적으로 강화해서 이제 다음 단계로 나아가도 되겠다는 확신이 들면, 장기적이고 영구적인 기억을 형성하기 위한 적절한 시연전략을 설계할 수 있다.

되돌아보기

01 피드백은 시의적절해야 한다. 타일스턴(Tileston, 2004)은 피드백을 30분마다 제공할 것을 제안했다. 여러분의 피드백 전략을 점검해보라. 어떤 유형의 강화전략을 더 활용할 수 있겠는가?

02 학생들은 피드백을 받은 후 어떻게 해야 하는지 알아야 한다. 피드백은 분명한 학습목표를 제시해야 하며, 조금 더 높은 수준의 학업을 성취하도록 정보를 제공해야 한다.

03 학습강화를 위한 피드백은 구체적이어야 한다. 학습강화하기 단계에서 학생은 내용을 제대로 이해해야 한다. 다음 단계의 학습으로 넘어가기 전에 현재의 이해 수준으로 해결 가능한 과제나 연습을 제공할 필요가 있다.

04 학생들이 분석할 수 있는 좋은 예시를 제공해야 한다(Brookhart, 2017). 이 전략을 고려해볼 필요가 있다. 학생들이 도달했으면 하는 상태가 정확히 어떤 수준인지 보여주는 모범 예시를 학생들에게 제공하고 있는가?

○
Reach and Teach

○
Reflect

○
Recode

○
Reinforce

○
Rehearse

5단계
시연활동하기

새롭게 배울 내용에 대한 처리가 깊으면 깊을수록 더 잘 기억할 수 있다.
- 래리 스콰이어 & 에릭 켄델(Larry Squire & Eric Kandel)

○
Review

○
Retrieve

수업시간에 사용할 지구본을 빌리기 위해 빠른 걸음으로 복도를 지나 8학년 역사 선생님 교실로 갔다. 역사 선생님은 학생들과 함께 KWL차트(알고 있는 것(what I Know), 알고 싶은 것(what I Want to know), 알게 된 것(what I Learned)을 적는 차트-옮긴이)를 사용해 수업하고 있었다. 나는 작년에 가르쳤던 학생들을 관찰하고 싶어 잠시 문밖에 서 있었다.

역사 선생님은 "민주주의에 대해 무엇을 알고 있나요?"라고 학생들에게 묻고, "민주주의에 대해 알고 있는 것을 브레인스토밍해서 차트의 K 아래에 써봅시다."라고 과제를 제시했다.

하지만 교실에는 정적이 흘렀다. 10초가 지나도 반응이 없었다.

"침묵하는 걸 보니 여러분은 민주주의에 대해 아무것도 모른다고 말하는 것 같군요. 음…… 정의를 생각해볼까요? 민주주의가 무엇인지 말해줄 사람?"

여전히 학생들은 반응이 없었다.

작년에 내가 가르쳤던 학생들이 민주주의에 대해서 답하지 못하는 모습을 보고 있자니 정말 어이가 없었다. 분명 아이들은 나와 함께 민주주의 시스템을 공부했다. 나는 '국민! 국민에 의한 정부! 기억 안 나? 작년에 나랑 수업했잖아! 너희들 이걸로 시험도 치렀잖니? 어떻게 하나도 기억을 못하니?' 하고 마음속으로 소리를 질렀다. 한편으로는 나의 교수법을 반성하면서 '내가 형편없는 교사인가?' 하는 자괴감이 들기도 했다.

작년 담임으로서의 무능함을 알리고 싶지 않았지만, 어쩔 수 없이 지구본을 빌리러 교실로 들어갔다. 교탁 쪽으로 걸어가자 몇몇 학생들이 나를 쳐다봤다. 내가 지구본을 빌린 후 역사 선생님의 반응을 기다리는 동안에도 학생들은 계속해서 나를 쳐다봤다. 나를 뚫어지게 바라보던 학생 중 몇 명이 갑자기 손을 들었고, 한 학생이 "아, 민주주의가 뭔지 기억났어! 우리 작년에 스프렌거 선생님 수업에서 배웠잖아!"라고 외쳤다.

교사라면 누구나 비슷한 경험이 있을 것이다. 교사들은 작년 수업에서 어떤 내용이 다뤄졌는지를 알기 때문에 학생들이 작년에 배운 내용을 당연히 알 것으로 생각한다. 학생들은 대개 새로운 내용을 배우고 복습을 거쳐 나중에는 그중 일부를 장기기억으로부터 꺼내게 된다. 이 일화에서 내가 동료교사의 교실에 들어갔을 때, 나를 바라보고 있던 학생들은 내가 이전에 가르쳤던 민주주의에 대한 정보를 찾기 위해 기억창고를 뒤지고 있었다. 민주주의에 관해 배운 경험은 일화경로(episodic pathway)를 통해 저장되었고, 아직 의미경로(semantic pathway)로 '전이(transfer)'되지는 않은 상태였다. 의미경로로 전이된 상태였다면 내가 교실에 등장하지 않았더라도 작년에 배운 민주주의에 관한 정보를 상기해냈을 테지만, 그렇지 않았기 때문에 나의 등장은 학생들에게 기억으로 가는 일종의 연결고리로 작용했다.

시험이 중시되는 요즘 같은 환경에서 학생들은 수업 중 형성평가에서는 좋은 점수를 맞더라도 시험이 끝난 후에는 곧 잊어버린다. 하지만 무언가를 잊어버린다는 것은 역설적으로 그것을 배웠기 때문에 가능한 일이다. 이 일화에서 작년에 내가 가르쳤던 학생들은 내가 불쑥 교실로 들어간 사실을 특정 단서로 제공했을 때 비로소 민주주의에 대한 정보를 기억해냈다. 특정 단서가 주어지지 않아도 정보에 쉽게 접근할 수 있으려면 정보가 뇌의 여러 부분에 저장되어 있어야 한다. 어떤 학생들은 이와 같은 '전이'를 하는 데 오랜 시간이 필요할 수도 있다(Van Blerkom, 2011).

시연활동(rehearsal)을 하면 장기기억에 정보가 저장된다. 정보에 접근할 수 있고, 전이가 가능하게 만들도록 준비하는 과정에는 많은 변수가 상호작용한다. 학생들에게 성찰할 기회를 줄 때마다 학생들은 짧게나마 시연활동을 통한 연습과정을 거친다. 배운 것에 대해 생각하면서 학생들은 말로 되뇌거나 머릿속으로 떠올리며 배운 내용을 반복하게 된다.

이번 5단계 시연활동하기(Rehearse)에서는 기계적 시연과 정교화 시연, 다중기억경로, 숙제와 연습, 잠의 중요성에 대해 살펴볼 것이다. 또한 고차원적 사고와 시연활동의 연관성에 대해서도 알아볼 것이다. 벵글린스키(Wenglinsky, 2002)는 수학이나 과학실습에서 교사가 고차원적 사고력을 강조하면 학생들의 성취도를 높일 수 있다고 말한 바 있다. 자신만의 언어나 방식으로 재구성하는 단계에서 소개했듯이 과학적 근거에 기반한 학습전략을 사용하는 것 역시 기억력과 학업성취의 향상에 도움이 된다.

시연활동이란 무엇인가

글렌은 나를 짜증나게 하는 아이였다. 세상에서 음악을 제일 좋아했고, 박자를 맞춰가며 책상이나 책을 쉴 틈 없이 두드렸다. 11살밖에 안 되었지만 내가 아는 누구보다 노래 가사를 많이 알고 있었다.

어느 화요일 아침, 과학수업 시간이었다. 지난 시간에 학생들에게 새로운 어휘를 소개했고, 어휘를 기억하는 데 도움이 되는 시각적 장치 또는 연상기억 장치를 만들어보라고 했다. 어떤 방식으로 가장 효과적인 기억 강화법을 지도하고 공유할지 고민하는 중이었는데 글렌이 박자를 두드리는 소리에 신경이 거슬렸다. 아이는 책상을 두드려가며 랩 가사를 읊조리고 있었다. 다른 학생들은 글렌을 쳐다보면서 리듬에 맞춰 고개를 끄덕이기도 했다. 몇몇 여학생들은 글렌이 마치 래퍼라도 되는 양 바라봤다. '이맘때 아이들이라면 누구나 바라 마지않는 일이긴 하지.' 하고 생각했다. '소녀팬 한 무리 나셨구먼!'

"글렌, 지금 뭐하는 거죠?"라고 내가 물었다.

"연습 중입니다, 스프렌거 선생님." 글렌이 대답했다.

"오늘 우리는 콘서트를 준비하는 게 아닌데요."라고 나는 아이의 말을 되받았다. "중요한 어휘들을 배우는 시간이에요."

"제가 하는 게 바로 그거예요. 단어를 잘 기억하기 위해서 단어 외우기 랩을 하는 거라고요."

아이는 심장의 부위별 명칭을 랩처럼 읊조리기 시작했다. 제법 괜찮게 들렸다. 몇몇 학생들은 그 랩을 배워보고 싶어 했고, 랩을 통해 단어를 배우는 것이 효과적인 방법이 될 수 있다고 생각했다.

텔레비전에서 기억연상법 시연(mnemonic rehearsal)을 보여주는 광고를 본 적이 있을 것이다. 한 젊은 남자가 머리를 까딱거리고 입술을 움직이며 무언가를 읊조리면서 운전을 한다. 젊은 여성들은 그의 매력에 홀린 것처럼 보인다. 그는 개의치 않고 계속 운전한다. 그의 읊조림을 직접 듣기 위해 카메라 앵글이 자동차 내부를 비추자 노래라고 생각했던 것이 식료품 목록이었다는 사실이 드러난다. 그는 사야 할 식료품 목록을 묵직한 비트에 맞춰 읊조리고 있었던 것이다.

감각기관을 통해 수용된 정보는 제대로 처리되지 않으면 빠르게 사라진다. 정보를 잊어버리지 않도록 하는 인지적 조작의 한 과정이 시연이다. 시연에는 기계적 시연(rote rehearsal)과 정교화 시연(elaborative rehearsal)이라는 두 가지 유형이 있다.

정보가 연습할 때와 똑같은 방식으로 사용된다면, 기계적 시연이 효과적이다(Sousa, 2017). 구구단, 주(州) 이름과 각 나라의 수도 이름, 역대 대통령을 순서대로 외우기 등이 이에 속한다. 정교화 시연은 의미를 부여하는 데 초점을 두기 때문에 의미정보를 가르칠 때 더 유용하다.

한 연구에 따르면, 특정 스킬을 배워 80퍼센트 정도의 숙련도에 도달하는 데 적어도 24번의 연습이 필요하다(Marzano, Pickering, & Pollack, 2001). 소위 '학습의 멱 법칙(power law of learning, 멱은 같은 수나 식을 거듭 곱하는 일-옮긴이)'은 제시된 정보를 정확하게 인지하기까지 얼마만큼의 시간이 걸리는지를 설명하는데(Anderson, 2000), 이는 어떤 정보를 정확하게 기억하려면 그 정보에 엄청나게 많이 노출되어야 함을 보여준다.

연구(Eichenbaum & Dickerson, 2010)에 따르면, 우리의 삶은 개별적 일화의 연속이기 때문에 의미기억(semantic memories)은 일화기억(episodic memories)으로부터 생성된다. 일화, 즉 경험을 통해 새로운 정보를 알게 되었을 때 그 정보는 우리 뇌에 저장된다. 뇌는 그 일화들에서 반복된 정보를 취합하고, 그렇게 취합된 정보가 의미기억이 된다.

개에 관해 우리가 알고 있는 특징들을 생각해보자. '개는 꼬리를 흔든다는 사실은 실제로 꼬리를 흔드는 개를 여러 번 봤기 때문에 알게 된 정보이다. 또, 개가 짖는 소리를 여러 번 듣고 나면 우리는 이 특성을 개와 연관시킨다. 꼬리 흔드는 개를 본 경험, 개 짖는 소리를 들은 경험 자체는 기억에서 사라지기 때문에 그 사건이 언제 어디에서 일어났는지는 기억할 수 없다. 하지만 반복해서 개를 마주치는 경험에 노출되면 다른 동물과 구별되는 개의 특성들(꼬리 흔들기, 큰소리로 짖기)을 계속 기억하게 된다.

학생들에게 다양한 학습경험을 제공해 새로운 정보를 형성하도록 하는 것은 정교화 시연에 필수적인 요소이다. 그러면 학생들은 이전에 새로운 정보에 노출된 경험을 통해 생성되었던 신경망들을 다시 활성화하게 된다. 뇌에 안정된 상태로 저장되지 않은 기억은 사라지기 쉬우며, 처음 저장되었던 경로를 따를 때에만 기억해낼 수 있다. 하지만 이러한 과정을 거쳐 나중에는 특정한 계기나 단서 없이도 정보에 접근할 수 있다.

핵심 노트 기억이 뇌의 여러 부분에 저장될 수 있도록 다양한 방법으로 시연이 이뤄져야 한다.

시연활동이 필요한 이유

시연활동이란 학습한 것을 새로운 시도와 향상을 위해 개인적으로 반복하고 연습하는 것을 의미한다. 학생들은 새롭게 배운 것을 적용하고 활용해야 한다. 개념의 이해와 스킬의 습득을 위해서는 연습이 필수적임을 이해시키기 위해 나는 학생들과 다음과 같은 활동을 한다. 이 활동은 넓은 공간에서 할 때 가장 효과적이어서 도서관, 급식실, 체육관 등을 이용하고,

날씨가 좋을 때는 나가기도 한다.

먼저, 학생들을 두 팀으로 나눈 뒤 팀 사이의 간격을 벌려놓는다. 각 팀의 앞쪽 학생에게 비치볼을 주고, 이 학생을 '전달자'라고 부른다. 그다음 각 팀에서 가장 멀리 있는 사람을 '수신자'로 지정한다. 학생들은 각자 서 있는 자리에서 발을 떼거나 바닥에 떨어뜨리지 않으면서 공을 수신자에게 전달해야 한다. 비치볼은 아주 가벼워서 목표대상을 향해 정확하게 던지는 게 쉽지 않다. 학생들은 시행착오를 거치면서 어떤 순서로 공을 전달해야 수신자에게 도달할 수 있는지를 알게 된다.

임무를 모두 완수하면 시간을 확인한 후 이렇게 말한다. "두 팀 모두 임무를 완수했지만 시간이 오래 걸렸네요. 다시 한번 해봅시다!" 그러면 두 팀은 시간을 의식하면서 경쟁함으로써 이전보다 더 빠르게 공을 전달하게 된다. 적은 인원만으로 공을 전달할 때도 있고, 너무 급하게 던지는 바람에 공이 땅에 떨어져서 처음부터 다시 시작해야 할 때도 있다. 어쨌거나 각 팀은 이러한 과정을 거쳐 수신자에게 공을 빠르게 전달하는 요령을 터득하고, 수신자가 공을 받는 순간 학생들은 성공의 기쁨을 누린다.

활동이 끝나고 나면 이 활동의 의미를 알아보는 시간을 가진다. 학생들은 서로 협력해서 공을 수신자에게 전달하는 데 어떤 방법이 가장 효과적인지 알아내야 한다. 그런데 그 방법을 정말로 학습했다고 볼 수 있을까? 학습한 것이 영구적으로 남게 하려면 같은 것을 반복해서 연습해야 한다. 학생들은 다음 날 또는 다음 주에 다시 팀별로 모여서 누가 어디에 서고 공이 어디로 전달되어야 하는지를 다시 반복해본다. 이와 같은 연습과정을 통해 학생들의 뇌에는 신경망이 형성된다.

마자노 등(Marzano, Pickering, & Pollack, 2001)은 연습한 학생이 그렇지 않은 학생보다 표준화시험에서 21~44퍼센트 정도 더 높은 점수를 받았다는 연구결과를 언급했다. 이런 연구결과는 일리가 있다. 장기기억은 반복을 통해 신경망이 강화되기 때문이다. 하지만 학습내용을 완벽하게 숙지하기 위해서는 만점을 맞는 것에 그치지 않고 더 연습해야 한다(Schenck, 2011). "제대로 할 때까지 가르치는 것이 아니라 틀리지 않을 때까지 가르쳐라!"라는 속담처럼 말이다.

정답을 알고 나면 시연이나 반복을 더는 하지 않는 것이 보통이지만, 계속해서 연습하면 학습자료를 다양한 방법으로 학습하면서 새로운 연관성을 생성하고, 더욱 다양한 상황에서 정보를 인출할 수 있게 된다. 이와 같은 과잉학습(overlearning, 숙달 수준을 능가하는 수준까지 과제를 연습하는 것-옮긴이)은 시험불안으로 인해 정보회상능력에 방해를 받는 학생들에게 특히 유용하다. 숙달 수준을 능가하는 수준으로 학습함으로써 정보를 장기기억에 확실히 저장하면 시험불안으로 인한 방해를 받지 않게 된다.

> **○**
> **핵심 노트** 어떤 정보가 영구적으로 기억되기 위해서는 최초 이해에 그치지 않고 추가 연습을 통해 원할 때 신속히 인출할 수 있을 만큼의 2차적 학습(과잉학습)이 필요하다.

무엇을 시연해야 하는가

학생들이 학습목표에 도달하는 데 필요한 지식(사실적 지식, 개념적 지식, 절차적 지식 등)이라면 모두 시연활동 단계를 거쳐야 한다. 교사가 지향하는 목표, 성취기준, 성취수준, 전국학업성취도평가기준 등은 학생들이 이해한 내용을 장기기억에 저장하고 있다는 것을 전제로 한다. 따라서 학급 차원의 평가와 표준화시험을 위해 필요한 정보 모두 시연활동을 필요로 한다.

앞서 언급한 바와 같이 일부 사실적·절차적 지식은 기계적 시연을 통해 습득할 수 있다. 직접 자전거를 타보면서 자전거 타는 법을 배우듯이 완벽해질 때까지 반복적으로 연습하면서 배우는 것이다.

어떻게 시연해야 하는가

시연활동은 숙제, 연습, 사건, 경험 등으로 구성되며 이를 통해 정보는 다양한 기억경로에 저장된다. "반복적인 연습은 벼락치기가 아니라 일정한 간격을 두고 이뤄져야 한다."(Medina, 2014, p. 150) 그래야 기억이 더 생생해지기 때문이다. 기억을 형성하는 데는 시간이 걸리고 여러 가지 방해 요소에 영향을 받기 때문에 기억을 잘하기 위해서는 같은 정보에 여러 차례 반복해서 노출되어야 한다. 정보를 더욱 정교하게 시연할수록 더 많은 세부사항을 기억할 수 있다.

자신만의 언어나 방식으로 재구성하는 전략도 시연활동을 통한 연습에 사용할 수 있다. 예를 들어 3단계 자기만의 방식으로 재구성하기(Recode)에서 소개한 전략 중 유사점과 차이점을 알아보는 활동은 학생들의 성취도를 25~45퍼센트까지 끌어올린다(Dean et al., 2012). 학생들은 유사점과 차이점을 탐색함으로써 스스로 이해하고 생각을 만들어가는 기회를 얻는다.

유사점과 차이점을 식별하는 연습을 위해 여러 가지 상황을 제공한다고 생각해보자. 교실 공간을 마음껏 사용할 수 있다면 다음 예시와 같이 여러 과목에 걸쳐 유사점과 차이점을 구별하는 활동을 해볼 수 있다.

- **문학** 두 친구가 하나의 트로피를 놓고 경쟁하는 짧은 이야기를 읽게 한다. 두 친구가 트로피를 얻기 위해 어떤 방법을 쓰고 있는지, 그 유사점과 차이점을 보여주는 벤다이어그램을 만들어보게 한다.
- **사회과학** 지역사회를 위해 일하는 노동자들이 각각 어떤 책임을 지고 있는지 비교·대조한다.
- **수학** 서로 다른 전략을 사용해 문제풀이를 한 후 각 전략의 효과를 비교한다.
- **음악** 비슷한 메시지나 멜로디를 가진 노래의 유사점과 차이점을 토론한다.
- **예술** 예술적 스타일 또는 매체의 차이를 비교·대조한다.
- **그 외**
  - 도시와 시골을 비교한다.
  - 공통점과 차이점이 있는 경험이나 사물의 이미지를 그림으로 그려본다.
  - 두 명의 선수를 비교·대조하는 짧은 연극을 해본다.
  - 각자의 삶에서 중요한 두 사람에 대해 글을 쓰고, 그 두 사람이 어떻게 비슷하고 어디가 다른지 묘사한다.

시연활동, 어느 정도가 충분한가

시연활동을 하려면 먼저 학생 스스로 학습내용에 대해 되돌아보는 시간을 가져야 한다. 그런 다음 시연을 하고, 시연이 끝나면 다시 한번 성찰하고 강화하는 활동이 이어져야 한다. 이는 몇 주에 걸쳐 이뤄져야 하며, 일부는 수업시간에 일부는 숙제로 제시되어야 한다. 이와 같은 학습과정 사이사이에 하루 정도 시간을 갖고 숙고하도록 하면 학생들이 기억을 저장하는 데 도움이 된다(Diekelmann & Born, 2010; Mateika, Millrood, & Mitru, 2002).

우리가 학생들의 뇌를 들여다볼 수 있다면 네트워크가 형성되는 것을 볼 수 있을 것이다(〈도표 5.1〉 참조).

도표 5.1
여러 교과에 걸쳐 형성된 유사점 및 차이점의 개념은 어떤 인지적 네트워크를 형성할까

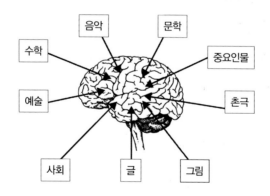

○ **핵심 노트** 동일한 내용의 다중경험은 강력한 기억을 형성한다.

시연활동과 수면

교사들은 학생들이 얼마만큼 잠을 자야 적정한지 알고 싶어 한다. 수면부족에 시달리는 학생을 알고 있다면 손을 들어보라는 나의 주문에 거의 모든 교사가 손을 든다. 수면은 학습과 어떤 관계가 있을까?

기억에 관해 연구하는 대다수의 학자는 기억이 수면 중에 부호화(encode, 정보가 뇌에서 처리될 수 있도록 전기적 에너지로 바뀌어 뇌의 시스템 속으로 입력되고, 기존의 관련 정보와 연결되는 과정-옮긴이)된다는 데 동의한다(Mazza et al., 2016). 한 연구에 따르면 학습 이후 6시간밖에 잠을 자지 못한 학생들은 8시간 동안 숙면을 취한 학생들보다 학습내용을 훨씬 더 기억하지 못했다(Stickgold & Walker, 2013). 학습 중에 형성된 신경망은 잠을 자는 동안 다시 연결된다.

누구나 한 번쯤 시험 직전에 벼락치기를 해본 적이 있을 것이다. 벼락치기는 밤을 새워 공부하고, 아침 일찍 일어나 다시 공부하고, 시험 보기 직전에 다시 한번 보는 식으로 이뤄진다. 그러면 작업기억에 충분한 정보가 저장되기 때문에 대개 시험을 보는 순간에는 정보를 잘 떠올릴 수 있다. 하지만 시험이 끝나면 저장된 정보는 곧 사라진다. 신경연결이 단단히 강화되도록 충분히 자야 하는데, 그러지 못해서 정보가 장기기억에 저장되지 못했기 때문이다. 잠을 충분히 자지 못하면 뇌가 새로운 지식을 기억으로 저장하는 능력이 떨어지고, 주의력·기분·추리력·수학지식 습득에도 부정적인 영향을 미친다(Medina, 2014).

○ **핵심 노트** 벼락치기는 학습내용을 기억하게 하는 방법이 아니라 오히려 잊어버리게 하는 방법이다.

시연활동과 숙제

숙제는 이미 배운 것을 연습하는 활동으로 주어져야 한다. 수업시간에 새로운 스킬이나 개념이 제시되면 관련 정보들은 작업기억에 잠시 저장되는데 작업기억에서의 저장은 매우 취약하다. 그래서 학생들이 수업을 마치고 집에 갈 무렵이 되면 작업기억에 저장된 정보는 대부분 사라진다. 뇌가 숙제를 해낼 만큼 신경연결이 단단하게 형성되어 있지 않다면 학생들의 과제 수행을 기대하기 어렵다. "학생들이 개념을 확실히 알기 전에 숙제를 내면 득보다 해가 된다. 잘못된 내용을 연습해서 습득하면 나중에 고치기가 매우 어려워지기 때문이다"(Wormeli, 2014).

지금까지 우리는 학습내용을 장기기억에 저장하는 데 필요한 7단계 전략 중 4단계까지를 살펴봤다. 1단계에서는 학생들이 새로운 정보에 주의를 기울이도록(Reach) 했고, 2단계에서는 되돌아보는(Reflect) 과정을 통해 기존 지식과 새로운 지식을 연결하게 했으며, 3단계에서는 이해한 바를 글, 그림, 그래픽 오거나이저 등의 형태로 다시 표현하게(Recode) 했고, 4단계에서는 피드백을 받아 학습을 강화하도록(Reinforce) 했다. 5단계 시연활동하기(Rehearse)는 앞선 내용을 단순히 반복하는 것이 아니라 학습을 더욱 의미 있고 깊이 있게 만들기 위해 취할 방법을 추가하는 것으로 봐야 한다.

숙제가 효과가 있으려면 양보다 질이 중요하다(Stronge, 2007). 또한 단순히 숙제를 내주는 데 그치지 않고, 수업시간에 평가하거나 논의하는 시간을 주는 게 좋다. 『The Art and Science of Teaching(수업의 기술)』(Marzano, 2007)에 따르면 저학년은 숙제가 고학년만큼 효과적이지 않으며, 숙제의 효과는 학년이 올라갈수록 증가한다. 4학년에서 6학년까지는 6 퍼센트, 7학년에서 9학년까지는 12퍼센트, 10학년에서 12학년까지는 24퍼센트만큼 숙제의 효과가 증가했다. 이를 근거로 마자노센터(Marzano Center, 2013)는 학년이 올라갈수록 숙제시간을 10분씩 추가할 것을 제안했다. 이때 숙제는 단원의 학습목표와 직접적으로 관련되어야 한다. 따라서 교사는 학생들이 수업내용과 숙제 사이의 상관관계를 분명히 알 수 있도록 이해시켜야 한다.

앞서 언급한 책 『The Art and Science of Teaching(수업의 기술)』은 숙제의 목적이 분명할 것을 강조한다. 학습목표나 내용과 무관한 숙제를 습관적으로 내주는 교사들이 있는데 숙제는 꼭 필요하다고 생각될 때만 내주는 게 좋다. 마자노는 숙제를 내주기 위한 조건으로 다음 몇 가지 사항을 제시했다.

- **미리보기 일환으로서의 숙제** 배우게 될 내용이 담긴 짧은 글을 읽거나 영상 시청하기
- **지식 심화를 위한 숙제** 지금 하는 과제와 다른 과제를 서로 비교하기
- **스킬 연습을 위한 숙제** 특정 스킬을 배운 후 속도나 정확성 향상시키기
- **부모의 협력을 요구하는 숙제** 아이가 글을 읽을 때 부모가 듣거나 질문하기, 아이가 말로 요약한 것을 부모가 평가하기, 속도와 정확성을 높이기 위해 부모와 학생이 함께 과제하기

숙제는 배운 내용을 정교하게 연습해서 거의 숙달의 경지에 오를 만큼

완벽하게 학습했다는 것을 보여줄 기회이다. 나는 학생들이 아무런 도움 없이 숙제를 끝낼 수 있다고 확신할 때에만 숙제를 내준다. 학교에서 배운 것을 가족에게 가르쳐보기를 숙제로 낼 때도 있다. 다른 사람을 가르칠 수 있다면 배운 내용을 잘 아는 것으로 생각할 수 있기 때문이다.

시연활동을 효과에 따라 분류하면 다음과 같다.

- **상대적으로 가장 효과적이지 않은 전략** 요약하기, 중요한 내용에 형광펜으로 표시하거나 밑줄 긋기, 키워드 기억술 사용하기(대체어와 시각적 이미지를 연결시키기), 글로 된 내용을 시각 이미지화하기(각 단락의 내용을 명확하고 단순한 이미지로 나타내기), 다시 읽기
- **상대적으로 효과가 보통인 전략** 사실적 정보에 대해 '왜', '어떻게'로 시작하는 질문을 만들고 답하기, 스스로 설명하기(학습과정의 몇 가지 측면을 스스로 설명하기), 서로 다른 지식(내용)을 번갈아가며 연습하기(interleaving)
- **상대적으로 가장 효과적인 전략** 연습문제 풀기, 시간 간격을 두고 여러 차례 반복적으로 연습하기(distributed practice)

이 내용을 자세히 알고 싶다면 다음 논문(Dunlosky et al., 2013)을 읽어보기를 권한다. 내가 그랬듯 아마 여러분도 놀랄 것이다. 저자들은 요약하기가 효과가 낮은 전략이긴 하지만, 짧은 시간에 자료내용을 습득하고 기억하는 데 도움이 되기 때문에 학생들이 중요하게 배워야 할 스킬이라고 말한다.

이 내용과 관련된 한 연구를 오키프(O'Keefe, 2014)가 인용한 것을 보면 같은 과학수업을 듣는 학생을 두 그룹으로 나눠 서로 다른 지시에 응하도록 했다. 한 그룹에는 수업시간에 배운 내용을 요약하라고 했고, 다른 그룹에는 과학이 우리 삶과 어떤 연관성을 갖는지, 또 어떤 가치를 갖는지를 중심으로 과학의 유용성에 관해 글을 써보라고 했다. 학기가 끝날 무렵 두 번째 그룹은 첫 번째 그룹보다 과학에 대한 관심이 높아졌을 뿐 아니라 평균적으로 한 등급 더 높은 점수를 받았다. 이러한 결과는 성취도가 낮은 학생들에게서 특히 두드러졌다.

교사는 학생과 교수내용에 관한 한 전문가라는 사실을 잊지 말아야 한다. 여러분이 가르치는 학생들에게 효과가 있는 전략이라면 그 전략을 계속해서 사용해도 괜찮다. 다만 앞서 언급한 '상대적으로 가장 효과적인 전략', 즉 연습문제 풀기, 시간 간격을 두고 여러 차례 반복적으로 연습하기는 반드시 사용하기를 권한다. 이 두 가지 전략은 다른 연구에서도 권장된 바 있다(Medina, 2014; Kupper-Tetzel, Kapler, & Wisheart, 2014).

핵심 노트 숙제는 다양한 시연활동을 제공하고 학업성취도를 높인다.

고차원적 사고와 시연활동

블룸의 개정된 교육목표분류(Bloom's revised taxonomy)는 분석하기(analyzing), 평가하기(evaluating), 창안하기(creating)를 고차원적 사고스킬로 기술한다(Anderson et al., 2001). 이는 수업할 때 학생들이 최종적으로 성취하기를 기대하는 스킬이다. 분석하기, 평가하기, 창안하기는 기억 향상을 위한 7단계 전략 중 우리가 6단계와 7단계에서 다루게 될 복습 및 인출 단계뿐만 아니라 5단계 시연활동하기(Rehearse)에서도 가능하다.

시연활동은 기억하기, 이해하기, 적용하기와 같은 인지적 과정을 목표로 시작된다. 기억하기는 인식하고 회상하는 것을 포함한다. 이는 다소 낮은 사고수준이지만 중요한 인지과정이다. 분석하고, 평가하고, 창안하려면 학생들은 우선 정보를 갖고 있어야 한다. 그러므로 시연활동을 하려면 간단한 회상(recall)과 재인(recognition) 과제로 시작하는 것이 중요하다. 관련된 기억신경망이 강하게 형성되면 학생들은 다음 학습단계로 넘어가서 새로운 정보를 적용할 수 있다. 앤더슨 등(Anderson et al., 2001)은 이 단계를 '실행(executing) 및 구현(implementing) 단계'라고 지칭했다. 절차적 지식을 배우는 경우 이 실행 및 구현은 정보를 완전히 이해하고 전이하는 데 필수적인 단계이다. 절차적 지식을 시연하고 연습하는 활동에는 학생에게 친숙한 과제에 해당 절차를 적용해보는 것이 포함될 수 있다.

다음 예시를 생각해보자.

벨로우스 선생님은 과학적 접근법으로 문제를 해결하는 방법에 대해 가르치는 중이었다. 관련 단원이 시작되는 첫날, 그는 학생들의 주의를 끌기 위해(1단계 Reach and Teach) 책상 위에 팝콘 그릇을 몇 개 놓아뒀다. 교실 전체에 팝콘 냄새가 진동했다. 학생들이 팝콘을 좀 먹어도 되냐고 묻자 과학적인 방법으로 어떤 그릇에 더 바삭바삭하고 맛있는 팝콘이 담겨 있는지 알아내야 한다고 했다. 각각의 그릇에는 집에서 직접 키운

옥수수로 만든 팝콘, 영화관에서 만든 팝콘, 슈퍼에서 파는 팝콘이 담겨 있었다. 학생들은 답을 빨리 알아낼수록 팝콘을 빨리 먹을 수 있다는 것을 알고는 곧바로 수업에 집중했다.

선생님은 되돌아보기 활동을 하기 위해(2단계 Reflect) 학생들에게 팝콘과 관련된 경험을 서술해보라고 했다. 선생님은 옛날 방식으로 냄비에 팝콘을 튀기다가 손에 화상을 입었던 경험을 들려줬다. 많은 학생이 그렇게 팝콘을 튀기기도 한다는 사실을 몰랐다며 신기해했다.

학생들이 팝콘에 대한 글쓰기를 끝내자 벨로우스 선생님은 화이트보드에 과학적 탐구방법을 단계별로 제시했다. 학생들은 짝을 지어 각각의 단계를 서로 설명한 다음 각자 나름대로 재구성하는 과정을 거쳤다(3단계 Recode).

그동안 선생님은 교실을 돌면서 학생들의 이야기를 듣고 조언을 제공하며 강화활동을 했다(4단계 Reinforce).

학생들은 선생님의 질문을 따라가며 생각을 정리하고, "영화관 팝콘이 가장 바삭바삭하고 맛있을 것이다."라는 가설을 세웠다. 그런 다음 팝콘의 종류, 팝콘 기계의 종류, 기름의 종류 등 팝콘을 만드는 데 필요한 것들의 목록을 작성했다. 팝콘의 종류별로 어떤 준비과정이 필요한지를 적고 분석했으며, 관찰 결과를 기록했다. 선생님은 결론에 각자의 생각을 함께 적어보라고 지시했고, 이와 같은 고차원적 사고활동과 다양한 시연 활동을 했다(5단계 Rehearse).

학생들이 과학적 접근법을 이해하고, 과학적 단계에 대해 이해한 바를 각자 새롭게 구성할 수 있다는 것을 확인하고 나서야 벨로우스 선생님은 숙제를 내줬다. 숙제는 어떤 TV 채널이 가장 많은 광고를 내보내는지를 알아오는 것이었다.

이처럼 벨로우스 선생님은 시연과 그 밖의 다양한 활동을 통해 학생들에게 과학적 접근법을 폭넓게 알려주고자 했다. 또한 적절하고 의미 있는 과제를 통해 과학적 방법을 반복해서 실행하도록 했다. 이렇게 여러 번의 시연 경험이 있는 학생들은 전국 단위의 시험과 같이 생소한 상황에서도 과학적 접근법을 올바르게 사용할 가능성이 훨씬 더 높다.

분석하기

블룸의 개정된 교육목표분류에서 분석하기는 '구분하기, 조직하기, 귀인하기'를 포함한다. 구분하기는 정보를 관계있는 부분과 관계없는 부분으로 나눈 후에 관계있는 부분만 사용하는 것이다. 예를 들어, 벨로우스 선생님의 수업에서 학생들은 텍스트를 읽고 그중 관련있는 부분만을 취해 과학적 방법을 적용함으로써 분석하기 활동을 한다. 조직하기는 문제나 상황의 구성요소를 파악하고 그것들이 어떻게 상호작용하는지를 확인하는 것이다. 벨로우스 선생님 반의 학생들은 연구보고서를 작성하면서 과학적 접근법, 즉 가설, 방법, 결과, 결론의 4가지 단계에 따라 분석내용을 조직했다. 귀인하기란 정보를 해체해서 그 정보의 가치나 편향성을 확인하는 것이다. 벨로우스 선생님 반의 학생들은 과학적 접근법을 사용해 구성요소를 살피면서 그것의 가치를 분석하거나 저자 또는 연구자의 편향성을 파악할 수 있다. 또한, 학생들은 정보를 교차확인하고, 출처를 살펴볼 수도 있다. 이와 같은 구분하기, 조직하기, 귀인하기는 모두 숙제나 시연의 일환으로 활용될 수 있다.

평가하기

평가하기는 고차원적 사고스킬로서 확인하고 비평하는 활동이다. 벨로우스 선생님은 학생들에게 과학적 접근법을 사용한 연구보고서를 검토하고 오류를 확인하게 할 수 있다. 결론을 뒷받침하는 자료가 부족하거나, 가설이 연구질문에서 도출된 것이라고 하기에는 관련성이 분명하지 않을 수 있다. 학생들은 꾸준히 보고서를 비평 및 검토하면서 가설이 타당한지, 연구대상의 긍정적 또는 부정적인 특징이 무엇인지를 살펴볼 수 있다.

창안하기

사고능력을 창안하기 단계로 끌어올리는 것은 평범한 것에서 독특한 것으로 옮겨가는 것과 같다. 가장 높은 사고수준인 창안하기 단계는 예상치 못한 상황에서 요구되는 단계적 해결방안을 계획하고 만들어가도록 한다. 예를 들어, 학생들은 과학적 접근법을 통해 문제를 직접 만들고, 과학적 접근법을 가르치는 수업을 계획하며, 과학적 접근법의 표준과는 조금 다른, 자신만의 문제해결 방법을 만들어낼 수 있다.

○
핵심 노트   학습의 전이가 일어나려면 학습한 지식이나 개념을 예상치 못한 상황에서 사용할 수 있어야 한다.

시연활동과 다중기억경로

기억경로의 작동에 대해 알면 다양한 시연전략을 파악하는 데 도움이
된다(Fogarty, 2009; Kuczala, 2015; Lengel & Kuczala, 2010), 〈도표 5.2〉 참
조).

- 의미에 초점을 두는 수업지도(semantic instruction)는 늘 학교에서
  하는 방식이다. 이를 통해 학생들은 의미정보를 습득하고 확실히 기
  억하게 된다. 하지만 의미기억(semantic memory)경로는 우리 뇌에
  있는 여러 학습경로 중 하나일 뿐이다.
- 일화기억(episodic memory)경로는 사건과 장소에 관한 기억을 저장
  한다. 학생들은 초청 연사, 새 게시판, 현장학습 등 교사가 학습을 위해
  마련한 다양한 장치들을 기억하게 된다.
- 기억경로 중 가장 강력한 경로인 정서기억(emotional memory)경로는
  감정이 깊이 관여된 사건들에 관한 기억을 저장한다. 연구에 따르면
  (Cahill, 2004) 뇌의 변연계에 있는 원시적 감정구조인 편도체가 기억에
  가장 큰 영향을 미친다. 편도체는 뇌 전반에 걸쳐 연결되기 때문에 기
  억할 필요가 있을 만큼 감정적으로 중요한 일이 생길 때 즉각적으로 소
  통하게 한다. 시연활동 과정에 감정이 실리면 기억에 남을 가능성이 극
  도로 높아진다. 정서기억경로를 활용하기 위해서는 수업 중에 이야기와
  유머를 사용하는 게 좋다. 작가인 캐린 벅스먼(Karyn Buxman)은 "논
  리는 내가 하고 싶은 말을 하는 것이지만, 감정은 상대방을 혹하게
  한다."라고 했다. 학생들의 감정에 호소해 수업내용에 빠져들게 하라.

5가지 기억경로와 시연활동 전략

기억경로	시연활동 전략
의미기억경로	그래픽 오거나이저 마인드맵 타임라인 또래학습 모의시험
일화기억경로	현장학습 게시판이나 포스터 교실 장식 자리 배치
정서기억경로	음악 개인화 스토리텔링 역할극 토론
절차기억경로	춤 역할극 신체부위와 주요 개념을 연결해 암기하기 응원하기 배우면서 움직이기(걷기, 행진)
조건반응 (자동화 기억)경로	노래 시 플래시카드 퀴즈쇼

- 절차기억(procedural memory)경로는 체화될 때까지 반복적으로 연습하는 근육기억(muscle memory, 특정 신체활동을 반복함으로써 그 활동을 수행할 때 나타나는 신체의 생리적 적응-옮긴이)과 기본 절차를 습득하는 데 사용된다. 5단계에서 소개되는 다양한 신체활동 아이디어가 절차기억경로를 강화하는 데 도움이 된다.
- 조건반응(conditioned response) 또는 자동화 기억(automatic memory) 경로는 특정 기억을 조건화하는 데 사용된다. 암호해독 스킬이나 구구단처럼 이전 경험과 관련짓기 어려운 유형의 정보들이 이 경로에 저장된다.

우리는 시연활동을 거쳐 정보를 획득하고, 그 정보를 앞서 살펴본 기억경로 중 일부 또는 전부에 저장한다(〈부록 A〉 참조).

다양한 기억경로는 학습경험을 창의적으로 변화시킬 가능성을 제공한다. 학습한 것을 전이할 수 있으려면 가능한 한 많은 기억경로를 이용하는 게 좋다. 물론 학생들은 주로 지필고사와 같은 전통적인 방식을 통해 학습내용을 전달할 필요성이 높으므로 글쓰기를 통해 지식을 의미기억경로로 전이할 수 있도록 해야 한다. 하지만 배운 것을 다양한 맥락에 적용함으로써 학생들은 지식을 다양하게 표현하는 유연성을 만들어갈 수 있다 (Kihlstrom, 2011).

기억력은 점진적으로 발달한다. 회상(recall)과 재인(recognition)은 낮은 수준의 사고 스킬이다(Anderson, 2001). 어린아이들은 복잡한 내용을 개념화하는 데 어려움을 겪는다(DeFina, 2003). 7~8세 아이들은 하나의 기억단서가 주어질 때 오직 1가지 항목만 인출(retrieve)할 수 있지만, 10~11세가 되면 하나의 기억단서가 주어질 때 3가지 항목을 인출할 수 있다. 학년이 높아질수록 인출 능력은 향상된다. 예를 들어, 5학년 학생의 80퍼센트는 정보의 조직과 인출을 돕기 위해 범주를 사용할 줄 안다. 학년이 더 높아지면 개념적 범주를 사용해 정보를 조직하는 능력이 향상된다. 이처럼 시연활동을 위해 사용되는 전략은 학년과 발달 수준에 따라 달라야 한다.

인간은 이야기를 통해 생각한다(Benjamin, 2010). 삶에서 일어나는 일화와 사건들이 모두 우리의 이야기가 된다. 수업이 학생들의 삶에서 독특한 경험이 되게 하면 학생들이 장기기억을 형성하는 데 도움이 된다. 시연활동을 학생들의 기억에 남을 사건으로 만들면 학생들이 일화기억경로, 궁극적으로는 의미기억경로에 지식을 확실히 기억할 수 있다(Eichenbaum & Dickerson, 2010). 시연활동 과정에 감정적 요소를 활용하는 것, 즉 토론·역할극·설득력 있는 글쓰기·인터뷰·캠페인 등을 활용하는 것도 도움이 된다.

시연활동과 기억술

학생들에게 기억술(mnemonics)을 가르치면 다음 학년도의 학습에 필요한 기억력을 꾸준히 향상시키는 데 도움이 된다(Hattie & Yates, 2014). 이는 특히 기초학습에 어려움을 겪는 학생들에게 더 효과적이다.

기억술에는 페그 시스템(peg system, 두 개의 다른 대상 사이에 연관성을 만들어 기억하는 방법-옮긴이), 두문자어(acronym, 낱말의 머리글자를 모아서 준말로 만드는 방법-옮긴이), 글자 수수께끼(acrostic, 삼행시처럼 각 행의 처음이나 중간 또는 끝말을 서로 연결해 특정 어구나 문장을 만드는 방법-옮긴이), 장소법(method of loci, 기억하려는 대상을 특정 장소와 연결해 기억하는 방법-옮긴이), 연쇄적 처리(chaining, 기억해야 할 것을 연쇄적으로 이어 붙여 기억하는 방법), 음악과 리듬(music and rhythm)을 사용하는 방법 등이 있다 (〈도표 5.3〉 참조). 이러한 방법들은 머릿속에 시각적 그림을 그리게 해서 기억을 돕는다.

기억술은 알아야 할 것과 이미 아는 것을 연결한 다음, 정보를 여러 기억경로에 배치하고, 학습내용에 주의와 관심을 기울이도록 하며, 연상하기 쉽도록 기억단서와 함께 저장한다. 기억술은 사전지식이 적을수록 더 도움이 되며 특이한 연관성을 만들어 기억에 남게 한다. 의미가 있는 게 아니어서 그만큼 잊어버리기도 쉽다. 하지만 어떤 노래의 시작 부분 멜로디나 가사 첫 소절만 들어도 전체를 기억해낼 때가 있듯이 효과적인 기억술은 귀에 꽂히는 노래의 가사와 같은 역할을 한다.

최근에 시카고 근처의 한 학교에서 수업에 관해 발표한 적이 있다. 그 학교의 교감은 한때 나의 학생이었다. 어휘를 가르칠 때 짧은 멜로디를 사용하면 유용하다는 것에 관해서 이야기하던 중 그는 내가 중학교 때 가르쳤던 전치사 노래를 불러보겠다고 자청했다. 30여 년 전에 배운 노래인데도 끝까지 잘 불러서 선생님들의 박수갈채를 받았다.

학생들에게 기억이 어떻게 작동하는지를 보여줄 때 〈도표 5.3〉에 제시된 운율 페그 시스템(rhyming peg system)을 사용할 수 있다. 나는 기억력을 과시하면서 학생들을 감탄시키고 싶을 때 이 페그 시스템을 사용한다. 먼저, 학생들에게 내가 기억해야 할 목록을 만들어달라고 부탁한다. 한 학생이 기록자가 되어 1에서 10까지 숫자를 보드에 쓴다. 나는 보드를 등지고 서 있고, 학생들은 숫자를 부르면서 그 숫자에 특정 품목의 이름을 연결해서 내게 말해준다. 기록자는 각 숫자에 해당하는 품목을 보드에 적는다. 학생들은 내가 숫자와 품목을 연결해 외우도록 기다렸다가 내가 "그다음"이라고 말하면 다음 숫자와 품목을 말한다.

각 항목과 페그(peg, 보통은 말뚝이나 아이들 장난감에 들어 있는 고정장치를 말하는데, 기억술과 관련해서 쓰일 때는 기억을 고정하기 위해 쓰이는 장치를 의미함-옮긴이) 사이의 연결을 시각화하는 데는 몇 초가 걸린다. 예를 들어 숫자 1과 연결된 품목이 '휴지'라면, 나는 태양광을 떠올려 태양광에서 휴지가 돌돌 풀려나오는 장면을 연상한다. 태양광은 뜨거우므로 휴지 한 칸 한 칸이 불에 타는 장면을 떠올릴 것이다. 좀 더 나가면 그 불타는 휴지가 돌돌 풀려 내려오면서 땅에 닿아 집에 불이 나는 장면을 그리게 될 것이다. 이런 식으로 머릿속에서 이미지를 더욱 정교하게 그려낼수록 더 쉽게 기억할 수 있다.

숫자와 품목을 연결한 목록이 모두 완성되면, 보드를 보지 않고 학생들이 정한 순서대로 품목을 외워 말하는 모습을 보여준다. 그러면 학생들은 나의 기억력에 매료되어 박수갈채를 보내고, 나는 이것이 어떻게 가능한지 알려주겠다고 말한다. 학생들이 어릴수록 목록을 간단하게 만든다. 초등학생의 경우 4개 또는 5개의 품목으로 시작한다. 우선 페그 시스템부터 가르쳐야 하는데 짧게는 몇 분, 길게는 며칠까지도 걸릴 수 있다. 그다음 식료품 또는 학용품으로 이뤄진 간단한 목록을 준다. 각 품목과 페그를 연결하라고 하고, 머릿속에서 연결 지을 시간을 몇 분 준다.

이 작업을 하는 동안 학생들은 메모할 수 없다. 이 활동은 뇌의 기억력이 필요한 시각화 과정이기 때문이다. 이 과정이 모두 끝나면 학생들은 항목을 기억해내는 자신을 보며 놀라움을 금치 못할 것이다.

기억술은 사실적인 정보를 떠올리는 데 효과적이지만, 개념적 이해를 위해서는 더욱 의미 있고 정교한 연습과정이 필요하다. 학생들이 기억술을 사용하고 싶어 한다면 기억술을 사용하는 방법부터 가르쳐야 한다. 성인에게는 여러 가지 기억술이 제2의 천성과도 같이 익숙하지만, 그런 전략들을 태어날 때부터 알았던 것은 아니다. 이는 배움을 통해 길러진 것이다. 어떤 종류의 기억이든 재현전략을 사용해 정교하게 연습해야 장기기억으로 전이시킬 수 있고, 그런 다음에야 비로소 필요할 때마다 꺼내 쓸 수 있다.

ㅇ 핵심 노트   기억술은 기억하는 데 도움을 주는 보조장치이다.

정신적 시연활동과 신체적 시연활동

경기를 앞둔 운동선수와 연주를 앞둔 음악가들이 머릿속으로 시연과정을 거친다는 사실을 들어봤을 것이다. 우리도 이 같은 방식으로 연습할 수 있다. 한 번 세세한 시연을 통해 연습해보는 것도 좋지만 여러 번 시연해보면 효과가 더 좋다. 이와 같은 활동에는 시각화가 포함되며 이는 시연활동

기억술의 종류와 예시

기억술의 종류	설명 및 예시
운율에 맞춘 페그 시스템	각 숫자와 운율이 맞는 키워드 목록을 먼저 암기하고, 암기해야 할 항목을 순서대로 또는 순서 없이 기억하는 방법

원(one) 번(bun)	투(two) 슈(shoe)	쓰리(three) 트리(tree)	포어(four) 도어(door)	파이브(five) 하이브(hive)
식스(six) 브릭스(bricks)	세븐(seven) 헤븐(heaven)	에이트(eight) 게이트(gate)	나인(nine) 라인(line)	텐(ten) 헨(hen)

두문자어	기억해야 할 단어의 첫 글자로 단어나 구를 만드는 방법

오대호의 집
(HOMES for the Great Lakes)

오대호 각각의 이름인 휴론(Huron), 온타리오(Ontario), 미시간(Michigan), 이어리(Erie), 수피리어(Superior)를 기억하기 위해 앞 글자를 모두 따서 '집(HOMES)'이란 단어를 만들고, '오대호의 집'으로 기억한다.

글자 수수께끼	기억할 단어를 이루는 글자를 떼어 문장을 구성하는 방법

산수, 연산(arithmetic)이라는 뜻의 영단어의 경우 이 단어를 이루는 글자를 하나씩 떼어 다음과 같은 문장을 만들어 기억한다.

A Rat In The House Might Eat The Ice Cream
한 마리의(A) 쥐(Rat)가 집에 사는데(In The House)
아마(Might) 먹을 것이다(Eat). 아이스크림을(The Ice Cream).

기억술의 종류	설명 및 예시
장소법	특정 장소와 그곳에 놓인 물건을 사용해 암기할 목록을 연결하는 방법
	 출발점이 되는 장소를 선택하고, 방을 돌면서 암기해야 할 물건을 각각의 장소에 놓는다. 침실 1을 선택했다면 옷장(1)은 첫 번째 항목, 침대(2)는 두 번째 항목, 램프(3)는 세 번째 항목, 액자(4)는 네 번째 항목, 창문(5)은 다섯 번째 항목과 연결지어 기억한다.
연쇄적 처리	기억할 목록을 포함해 이야기를 구성하는 방법
	기억할 항목이 영국 남부에 있는 자치주인 Avon, Dorset, Somerset, Cornwall, Wiltshire, Devon, Gloucestershire, Hampshire, Surrey라고 하면 다음과 같은 이야기를 지어낼 수 있다. 에이번(Avon) 부인이 우리 집 문간(door-Dor)에 와서 식기한 보따리를 내려놓았다(Set). 상을 차리기 전 해야 할 일이 남아 있다(Some more to set-Somerset)고 말했다. 갑자기 옥수수(Corn)가 부인의 가게 담장(wall) 너머에 자라났는데, 그 때문에 꽃이 시들었고(Wilt) 확신에 차서(Sure-Shire), 악마(Devil)가 자신을 쫓아왔다고(On her trail) 말했다. 그녀의 이빨은 번들거렸는데(Glossy) 이빨 사이에 햄(Ham) 조각이 끼어 있었다. 물론(Sure-Shire) 나는 문을 쾅 닫았다!
음악과 리듬	기억할 정보를 가지고 노래나 리듬을 만드는 방법
	영화 〈귀여운 빌리(Born Yesterday)〉에 나오는 노래로 만들어 부르는 '미국 수정헌법'

및 장기기억의 중요한 구성요소이다. 시험을 볼 때 학생들은 기억을 강화하기 위해 시각화 능력에 의존해야 한다.

"듣는 것을 시각화할 수 있으면 읽는 것도 시각화할 수 있다."(Marsh, 2013) 시·연극·이야기·설명 등을 활용해 수업하면 학생들은 실제로 이해가 시작되는 시점에 학습내용을 시각화할 수 있다. 과학시간에 "실험을 어떻게 진행했는지 잠시 생각해보세요."라고 말하거나 수학시간에 "두 개의 열차가 역에서 출발하는 것을 상상해보세요. 하나는 다른 기차보다 더 빠르게 달리고 있어요."라고 말하면 학생들은 실제로 그 장면을 머릿속에 그린다.

소설을 읽을 때는 단어를 읽으며 머릿속에 그림을 그릴 수 있지만, 정보전달 성격이 강한 지문을 읽을 때는 머릿속에 그 내용을 떠올리기 위해 더 큰 노력이 필요하다. 그래픽 오거나이저는 이런 상황에서 시각화 과정을 향상시킬 수 있다. 시각적 패턴을 보여주기 위해 시각화 표현을 사용하면 학생들의 성취도가 49퍼센트까지 높아질 수 있다(Tileston & Darling, 2009).

신체 움직임 역시 다른 기억경로를 생성해 정보를 저장하고, 에너지 수준을 높이며, 뇌로 가는 혈류를 늘려 학습을 향상시킨다. 가장 효과적인 신체 움직임은 의미기억경로와 절차기억경로 모두에 연결된다.

사회시간에 학생들이 역사적 인물이 입었던 옷을 입게 하거나 중요한 역사적 사건을 시연하게 하고, 수학시간에 다양한 종류의 각도를 보여주기 위해서 학생들을 일으켜 세워 팔을 사용하게 하는 것이 그 예이다. 과학시간에 학생들에게 과학적 접근법을 단계별로 다르게 할당하고 30초를 준

뒤 올바른 순서대로 줄을 서보라고 하고, 국어시간에는 이야기의 한 장면을 연기하도록 하는 것도 좋다. 숙제와 연습 역시 학생들이 신체를 움직이도록 해야 한다.

3학년 수학수업의 예

학습목표: 학생들은 전체 중 일부, 집합의 일부, 전체 숫자의 분할로서 분수에 대한 이해를 심화 발전시켜야 한다.

1단계 주의끌기(Reach and Teach) 수학시간이 시작되자 로저스 선생님은 활동에 참여하길 원하는 학생을 모집했다. 제르밀이 손을 들어 지원자로 뽑혔다. 선생님은 기다란 붉은 실을 꺼냈다. 그는 제르밀에게 "이 실로 너를 묶어서 두 부분으로 나누려면 어디에 묶어야 할까?"라고 물었다. 그는 허리를 가리켰고, 선생님은 그곳에 실을 묶었다. "그렇다면 너의 4분의 1만 보여주려면 어디에 묶어야 할까?"라고 말하자 학생들은 제르밀의 어깨쪽을 가리켰다. 선생님은 학생 모두에게 실 한 가닥씩을 줬고, 학생들은 몇 분 동안 제르밀을 분수로 나타내기 위해 실을 신체의 여러 부분에 둘러봤다.

2단계 되돌아보기(Reflect) 선생님은 학생들에게 생각해볼 기회를 주기 위해 PMI(Plus-Minus-Interesting)차트를 사용해서 분수를 사용하는 것의 장점, 단점, 흥미로운 점을 적도록 했다. 학생들은 배운 것을 사전지식과 연결해야 했기 때문에 차트를 완성하는 데 시간이 좀 걸렸다.

3단계 자신만의 방식으로 재구성하기(Recode) 선생님은 일상생활에서 분수를
알면 도움이 되는 순간을 목록으로 작성해보도록 했다. 대다수 학생들
은 사탕을 친구들과 나눠먹거나, 케이크를 굽거나, 레모네이드 판매대
에서 돈을 계산할 때의 경험을 서술했다.

4단계 학습강화하기(Reinforce) 선생님은 학생들이 잘 작성하고 있는지 확인하
며 교실을 한 바퀴 돌았다. 학생들의 오개념을 잡아주고, 긍정적인 피
드백을 줘 학습을 강화했다.

5단계 시연활동하기(Rehearse) 선생님은 학생들이 분수의 개념을 정확하게 알
기 위해서는 많은 연습과정이 필요하다는 것을 알았고, 학생들이 고차
원적인 사고체계로 옮겨가기를 원했다(각각의 연습과정 및 특성은 〈도
표 5.4〉 참조). 연습과정에는 매번 되돌아보기 및 학습강화하기 단계를
포함했다. 이제 학생들은 분수 개념에 대해 잘 이해하는 것 같다.

작업기억에서 장기기억으로

지금까지 우리는 시연활동에 관해 알아봤다. 시연활동의 목적은 사실적,
개념적, 절차적 지식을 위해 연결을 확장하는 것이다. 다양한 기억경로를
사용해 정교하게 연습할 기회가 주어지면 학생들은 그 사이사이에 수면과
휴식을 취함으로써 기억력을 높일 수 있다. 시연활동은 전이를 돕는 기억
의 신경망을 단단하게 만들어 뇌에서 영구적인 변화가 일어나도록 한다.
정보가 기억경로 전반에 저장되면, 다양한 단서를 통해 그 정보에 쉽게 접
근할 수 있다.

분수의 개념 이해를 위한 시연활동 절차 예시

시연활동 절차	기억을 높이는 요소
1. 로저스 선생님은 플레이도우(Play-Doh, 색깔이 있는 밀가루반죽 같은 것으로, 만들기를 할 때 사용함-옮긴이)를 학생들에게 주면서, 3가지 색깔을 선택하게 했다. 첫 번째 색 플레이도우에서 4분의 1, 두 번째 색 플레이도우에서 3분의 1, 마지막 플레이도우에서 2분의 1을 떼어내도록 했다.	신체 움직임, 조작
2. 계속해서 플레이도우 활동을 하되, 이번에는 학생들이 일정량을 떼어내고 나면 통에 얼마만큼의 플레이도우가 남아 있을지를 생각해 보도록 했다.	신체 움직임, 조작, 추론
3. 세 번째 단계에서 학생들은 자신이 좋아하는 분수를 포스터로 만들었다. 먼저 분수를 쓴 다음 그 분수를 보여주기 위한 적절한 예시를 그렸다(예: 파이, 사과, 오렌지, 캔디).	신체 움직임, 그림, 예시
4. 로저스 선생님은 보드게임 트리비얼 퍼슈트(Trivial Pursuit)에 들어 있는 '파이'를 가지고 와서 학생들에게 하나씩 줬다. 하나의 파이에는 총 6개의 같은 삼각형이 들어 있다. 학생들은 6분의 6이 파이 전부를 차지한다는 것을 알게 되었다. 그리고 파이의 3분의 1을 떼어내면 파이의 6분의 2를 제거한 것과 같다는 점에 관해서 이야기했다.	신체 움직임, 조작, 이해
5. 학생들은 분수를 설명할 수 있는 예시를 찾기 위해 2인 1조로 교실을 돌아다녔다. 예를 들어, 어떤 아이들은 2분의 1만큼 채워진 물컵, 3분의 1까지 쓴 연필, 3분의 2가 채워진 쓰레기통을 발견했다.	신체 움직임, 협동, 실생활, 이해
6. 로저스 선생님은 피자 두 판을 통째로 가지고 왔다. 반 학생이 22명이므로, 선생님과 학생들이 피자를 한 조각씩 먹으려면 피자를 총 23개 조각으로 나눠야 했다. 학생들은 피자 한 판을 12등분해서 24조각으로 만드는 것이 가장 좋은 방법임을 알아냈다. 남은 한 조각은 교장 선생님께 드렸다.	실습, 다중감각, 실생활, 이해
7. 학생들이 지식을 응용할 수 있게 되자, 로저스 선생님은 그릇 안에 모래가 얼마나 들어 있는지 분석하는 과정을 통해, 분수를 역으로도 작업할 수 있는지 보고 싶었다. 큰 스푼부터 시작해, 2인 1조로 이뤄진 학생들이 그릇 안에 모래가 얼마나 들어 있는지 알아보도록 했다. 티스푼으로는 몇 개의 티스푼, 몇 분의 몇 티스푼이 나오는지 알아보게 했다.	실습, 협동, 분석, 평가

8. 로저스 선생님은 학생들을 4인 1조로 짝지은 다음, 조별로 사탕 한 봉지씩을 나눠줬다. 학생들은 사탕을 받아 색깔별로 나누었다. 사탕의 총 개수를 세어보고, 각각의 색깔이 전체에서 얼마만큼의 양을 차지하는지 분수로 나타내도록 했다. 나눠준 사탕 봉지는 스낵 사이즈(snack-size bag, 한 줌 정도의 적은 양을 담아 간식으로 먹기 좋게 소분한 것-옮긴이)여서 안에 든 사탕 수가 많지 않았다.	협동, 실습, 평가, 분석, 적용
9. 학생들에게 색종이로 된 둥근 원 여러 개가 주어졌다. 첫 번째 원은 2분의 1, 두 번째 원은 3분의 1, 세 번째 원은 4분의 1, 이런 식으로 나눠보도록 했다.	조작, 평가, 분석, 적용
10. 아이스크림 60스푼이 담긴 커다란 아이스크림 모양의 도표가 학생들에게 주어졌다. 선생님은 "60스푼의 아이스크림 중 30스푼은 초콜릿, 20스푼은 딸기, 10스푼은 바닐라라고 생각하고 색칠하면, 각각의 맛이 전체 아이스크림에서 차지하는 비율은 얼마일까요?"라고 물었다.	실습, 연역, 분석, 종합, 적용
11. 학생들이 각자 아이스크림을 만들어보게 하고, 자신이 좋아하는 맛을 선택하게 했다. 그러고 나서 각각의 맛이 아이스크림 전체에서 얼마만큼의 비율을 차지하는지 알아내도록 했다.	창의성, 평가, 분석, 적용

01   시연활동은 개별 학생이 선호하는 방법을 활용해 학습하도록 하는 이상적인 학습 경험이다. 숙제와 연습은 학생에 따라 다른 방식으로 제공될 수 있다.

02   한꺼번에 많은 양을 배우기보다는 중간에 연습하며 조금씩 배워야 정보를 정확하게 저장할 수 있다.

03   각각의 연습 또는 시연을 하나의 에피소드로 생각하고, 교실환경을 적극적으로 활용해 다양하게 시도하라. 포스터, 사진, 다양한 교실배치를 통해 수업을 특별하게 만들면 학생들이 정보를 저장하고 인출하는 데 도움이 된다.

04   학생들 스스로 시연활동을 하도록 격려하라. 잠자기 전에 단 몇 분이라도 그날 배운 내용을 연습하면 기억에 도움이 된다.

○
Reach and Teach

○
Reflect

○
Recode

○
Reinforce

○
Rehearse

○
Review

6단계
복습활동하기

시험 보기 전 벼락치기로 공부한 내용은 이미 알고 있는
장기기억 속의 사전지식과 연결이 어려워 쉽게 잊혀진다.
- 윌리엄 제임스(William James)

○
Retrieve

곤충에 관한 시험을 보기 전날이었다. 동료교사인 로렐은 학습계획안을 들여다보고 있었다. 페이지 앞머리에는 굵은 글자로 복습(REVIEW)이라고 적혀 있었다.

로렐은 수업시간에 곤충 관련 활동을 너무 많이 해서 정작 평가문제를 들여다볼 시간이 없었다. 학교에서는 새로 나온 교과서를 채택했는데 해당 교과서에는 출판사에서 제공하는 평가지가 들어 있었다.

로렐은 수업자료를 보관하는 캐비닛에서 '곤충' 폴더를 꺼냈다. 거기서 그동안 사용하지 않고 보관만 해뒀던 학습지를 찾았다. 곤충 관련 단원을 수년 동안 가르쳐왔기에 이 자료들만 사용해도 학생들을 온종일 붙들어 둘 수 있었다. 로렐은 '사후평가(post-assessment)'라고 쓰인 학습지 뭉치를 집어들고는 '사후평가'라는 제목에 깜짝 놀랐다. 사후평가가 있다면 사전평가(pre-assessment)도 있다는 뜻인데 로렐은 사전평가를 해본 적이 없었기 때문이다. 로렐은 생각했다. '할 수 없지. 이걸 보면서 빠진 것 없이 다 가르친 게 맞는지 확인하면 되지 뭐……'

로렐은 곧 당황했다. 교과서 출판사에서 내놓은 평가지는 로렐이 가르치지 않은 자료를 다뤘고, 정작 로렐이 중요하다고 생각하는 부분은 빠져 있었다. 로렐은 캐비닛을 샅샅이 뒤져 작년에 3학년에게 사용했던 평가문제지를 찾았다. 출판사의 평가문제와 비교해보니 출판사 평가문제가 수업자료를 더 잘 다룬 것 같았다.

'이제 어떻게 하지?' 로렐은 스케줄을 살펴보고 방과후 일정에 대해 생각해봤다. '새로운 평가자료를 만들어낼 시간과 에너지가 있을까? 아니면 시험을 미뤄야 할까?' 두 질문에 대한 답은 모두 '아니요'였다. 이틀 뒤에

워크숍 일정이 있고, 그날 로렐을 대신해 들어올 임시교사(substitute, 담임교사가 주간에 일정이 있거나 병가나 연차 등을 쓰게 되어 수업을 진행할 수 없는 경우 대신 투입되는 교사-옮긴이)가 시험을 관장하게 하고 싶진 않았다. 로렐은 수업시간에 다루지 않았지만 시험에 출제될 수 있는 부분을 복습기간에 가르치기로 했다. 어쨌든 교과서에 실려있는 내용이므로 학생들이 읽고 넘어가야 할 자료였다.

이런 상황이 어떤 결과를 낳을지 예측할 수 있을 것이다. 뇌의 작동원리나 아이들이 배우고 기억하는 방법에 대해 아직 이해하지 못하던 시절 누구나 한 번쯤 겪어봤을 일이다. 뇌의 작동원리를 알기 전 복습은 이런 것이었다. 시험 하루 이틀 전에 한 차례 정도 시험에 나올 부분을 교사가 짚어주는 것 또는 시험범위에 들어가는 내용 중에서 질문이 있는지 학생들에게 물어보는 것 정도를 '복습'이라고 여겼다. 특히 중고등학교에서는 항상 이 복습시간이 너무나 짧았고, 시험 결과는 당연히 실망스러웠다.

하지만 얼마 안 가서 한 가지 중요한 사실을 깨닫게 되었다. 아이들은 자신이 무엇을 모르는지 잘 모른다. 그러니 학생들에게 배운 내용 중 이해가 되지 않는 부분을 질문하라고 해봐야 소용없다. 질문하는 학생들은 정해져 있고, 그 학생들은 이미 내용을 잘 알고 있다. 다만 내용상의 미묘한 차이까지 알아내기 위해 질문하는 것일 뿐이다.

핵심 노트　아이들은 자신이 무엇을 모르는지 잘 모른다.

복습활동이 필요한 이유

복습활동(Review)을 하면 기억의 접근차단(blocking), 정보의 부정확한 출처(misattribution), 기억의 일시성(transience)이라는 3가지 기억 관련 오류를 막을 수 있다(Schacter, 2001).

먼저, 기억의 접근차단은 정보를 저장하는 데는 성공했지만 그 정보에 접근하지 못할 때 발생한다. 예전에 가르쳤던 학생을 마주쳤을 때 이름을 기억해내기 어려웠던 경험이 한 번쯤은 있을 것이다. 이것을 '설단현상(tip of the tongue)'이라고 한다. 이름을 알고 있는데 말이 혀끝에서 뱅뱅 돌기만 하는 현상을 의미한다. 시간이 지나면 그 이름은 반드시 기억나게 되어 있다.

이와 비슷한 일이 학생들에게도 일어난다. 답을 알고 있지만, 평가상황에서 답을 떠올릴 수 없는 경우가 이에 해당한다. 기억의 접근차단은 대개 사람이나 장소, 문서의 이름과 같이 고유명사와 관련해 일어난다. 보통명사는 대체가능한 동의어가 있는 경우가 대부분이다. 예를 들어 베트남전쟁에 관한 글을 쓰다가 '전투'라는 단어가 생각나지 않으면 '싸움'이나 '갈등' 같은 단어를 대신 사용할 수 있다. 하지만 특정 전투의 이름이나 지명 같은 고유명사는 다른 단어로 대체할 수 없다.

두 번째, 정보의 부정확한 출처의 문제는 기억을 잘못된 상황이나 잘못된 출처로부터 가져올 때 발생한다. 학생들 사이에서 흔한 일이다. 전두엽이 완전히 발달하기 전까지 사람들은 정보의 출처를 식별하는 데 어려움을 겪는다(Dehn, 2010). 다음의 예를 살펴보자.

수업시간에 우리는 시상하부(hypothalamus)에 대해 토론했다. 시상하부는 시상(thalamus)의 아래쪽에 있다. 뇌하수체와 소통하고 반응함으로써 체온, 감정, 배고픔, 갈증, 24시간을 주기로 하는 생체리듬, 호르몬 등을 통제하는 데 중요한 역할을 한다. 지방대사에도 관여한다.

방과후 버스 안에서 학생 몇몇이 뇌에 관해 이야기하기 시작했다. 여학생들은 시상하부가 배고픔을 통제한다는 것에 동의하면서 체중감량을 위해 시도해본 다이어트약과 운동 방법을 놓고 토론했다. 가까이 앉은 남학생 한 명이 건강 관련 잡지에서 읽었다면서 운동할 때마다 해마(hippocampus, 학습과 기억에 중요한 역할을 하고, 단기기억을 장기기억으로 전환하는 데 관여하는, 대뇌 변연계에 위치한 해마 모양의 구조물-옮긴이)가 새로운 신경세포(뉴런, neuron)를 만들어낸다고 말해줬다.

며칠 뒤 나는 뇌에 관해 가르친 내용을 놓고 모의시험을 실시했다. 성적을 내기 위해서가 아니라 학생들이 배운 내용을 새롭게 재구성하는 과정에서 강화(reinforcement)와 수정(correction)을 해보도록 하기 위해서였다. 정보를 다른 경로로부터 의미경로로 전이할 기회를 주기 위한 목적도 있었다. 연습문제 중 일부는 선다형이었는데 그중 하나는 다음과 같았다.

"식이요법과 운동에 영향을 줄 수도 영향을 받을 수도 있는 뇌 영역은 (a) 편도체, (b) 시상, (c) 해마, (d) 시상하부이다."

학생 대부분은 (d) 시상하부를 정답으로 표시했지만, 버스 안에서 대화를 나눴던 여학생 두 명과 남학생 한 명은 (c) 해마라고 답했다. 해마가 운동과 관련 있다는 대화 중 일부만을 기억하고, 정보의 출처를 혼동했기 때문이다. 즉, 정보를 어디에서 얻었는지를 혼동해 교사가 그 정보를 가르쳐주었다고 착각한 것이다.

모의시험 시행 전에 복습 기회를 줬다면 이런 일은 일어나지 않았을 것이다. 복습하면서 구조와 기능을 재검토하고, 잘못 이해한 정보를 학생들의 기억에서 없앴을 것이기 때문이다. 다행히 모의시험은 오직 연습을 위한 것이어서 시험 결과를 분석함으로써 복습 기회를 제공하고, 학생들의 잘못된 정보 출처를 바로잡을 수 있었다.

마지막으로, 기억의 일시성이란 망각곡선(forgetting curve, 기억을 유지하려는 시도가 없을 때 정보가 시간이 지남에 따라 손실되는 정도를 보여주는 곡선-옮긴이)으로도 알려져 있다. 시간이 지나면서 기억이 사라져가는 것을 의미한다. 이 이론에 따르면 서로 연결된 뇌신경은 사용하지 않으면 퇴화된다. 즉, 뇌신경은 "사용하라. 그러지 않으면 사라진다."라는 원리를 따른다. 교과서 내용을 기억하는 것에 관한 연구(Keeley, 1997)에서는 다음과 같은 사실이 발견되었다.

- 1일이 지나면 교과서 내용의 54퍼센트
- 7일이 지나면 교과서 내용의 35퍼센트
- 14일이 지나면 교과서 내용의 21퍼센트
- 21일이 지나면 교과서 내용의 8퍼센트만 기억에 남는다.

학습과정 전반에 걸쳐 사이사이에 복습활동 기간을 두고, 점점 복습

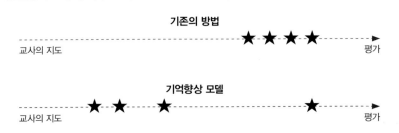

도표 6.1
복습활동의 간격 비교(기존의 방법 vs. 기억향상 모델) ★ = 복습활동

기존의 방법

교사의 지도   평가

기억향상 모델

교사의 지도   평가

활동 간격을 늘려가면 장기기억 능력이 강화된다. 전통적인 시험이든 표준화시험이든 반복학습 사이에 얼마만큼의 시간 간격이 있는지가 정보를 기억하는 데 커다란 영향을 미친다. 처음 무언가를 배우고 시연한 다음 한참이 지난 후에야 복습하는 것이 일반적인데, 복습활동을 학습 초반부터 하되 처음에는 간격을 짧게 두다가 점차 간격을 늘려가는 것이 좋다(Schenck, 2011, 〈도표 6.1〉 참조).

핵심 노트 복습활동이 없으면 중요한 정보도 쉽게 잊어버린다.

과학시간에 화산 단원을 가르치던 중이었다. 건설적인 힘과 파괴적인 힘의 조화를 통해 어떻게 지형이 형성되는가가 이번 수업의 목표였다. 건설적인 힘에는 지각변동, 화산, 침전물이 퇴적하는 현상 등이, 파괴적인 힘에는 풍화작용, 침식작용 등이 포함된다.

학생들은 새로 나온 어휘를 가지고 시각자료를 만들고, "여름이 사라진

1816년(북유럽, 미국 북동부 및 캐나다 동부에서 발생한 여름 이상기후를 의미함-옮긴이)"에 관해 토론 및 글쓰기를 진행했다. 또, 화산에 대한 동영상 자료를 시청하고, PMI차트를 완성하고, 선생님이 하와이의 화산을 방문했을 때 찍었던 사진을 가지고 토론했다. 중간에 교내행사 일정이 많아서 이런 활동들에 일주일 정도가 소요되었다.

다음 활동은 화산활동 예측하기를 배우기 위해 과학관에 현장학습을 가는 것이었다. 현장학습 전에 선생님은 첫 번째 복습활동을 진행했다. 먼저, 학생들이 수업에서 다룬 개념을 확실히 이해하는지 확인하고 싶었다. 단원에 대한 형성평가도 마련해뒀기 때문에 복습활동 내용이 형성평가와 일치하도록 구성했다. 학생들의 관심을 끌기 위해 보드게임 형식으로 복습하기로 했다. 선생님은 질문을 직접 만들지 않고, 학생들을 두 모둠으로 나눠 질문을 만들게 했다. 학생들은 선다형 또는 단답형 질문을 만들어냈다. 이런 형식의 질문들은 선생님이 마련해둔 평가방식과도 맞아떨어지기 때문에 교사로서 무척 흡족했다. 학생들은 복습의 두 가지 요소인 '창안하기'와 '참여하기'를 충분히 즐기고 있었다. 그러고 나서 선생님은 학생들이 이해하지 못해 틀린 문제에 대해 피드백을 줬다.

현장학습 당일 선생님은 학생들에게 그래픽 오거나이저를 나눠주고, 배운 내용에 관해 단계별로 간략히 메모하도록 했다. 다음 날 학생들은 '교실 모퉁이 활동'을 통해 현장학습에서 배운 것을 공유하고, 모둠을 지어 모둠원들과 함께 각자 작성한 그래픽 오거나이저를 공유했다. 그다음 날에는 짝을 지어 유명한 화산폭발 사건을 찾아보고, 화산 분출이 예상되는 시기에 대한 과학적 근거를 찾고, 화산 분출이 주변 문명에 미치는 영향에 관해 글쓰기를 했다. 이 프로젝트를 마치는 데는 며칠이 걸렸다.

학생들의 기억이 오래가지 못할 것을 알기에 선생님은 또 다른 복습시간을 계획했다. 이번에는 다양한 색깔의 마커와 종이를 이용해서 학생들이 친구들과 함께 창의적으로 마인드맵을 그리도록 했다. 학생들은 종이 한 가운데에 '화산'이라는 단어를 써넣고, '화산재' 구름으로 그 단어를 에워쌌다. 선생님은 참여를 원하는 학생들을 호명해 차례로 그림을 그려보게 했다. 호명된 학생들은 중요한 선들을 그려넣고 세부사항에 대해 간략히 설명한 다음 간단한 상징물을 만들어냈다. 각각의 선 밑에 선과 같은 색깔로 부차적인 주제, 세부 설명, 어휘를 써넣었다. 선생님은 미리 만들어둔 평가에 부합하도록 학생들에게 선다형 질문을 던졌다. 선생님은 학생들이 완성한 마인드맵을 다음 복습활동 시간에 사용할 것이다.

이제 수업은 문제해결로 나아간다. 선생님은 용암의 온도가 섭씨 1,150도라고 알려준 후, 학생들에게 화씨로 바꿔보라고 했다.

몇 주 후 화산 단원이 끝났다. 기말고사 전까지 그 단원에 대해서 총 세 번 복습했으며 학생들 모두 시험 결과가 좋았다.

학생들이 학습에 적극적으로 참여하고 2~3주 안에 복습이 이뤄질 경우 최소 2~3개월은 그 내용을 기억할 수 있다(Schenck, 2011).

○
핵심 노트　복습은 기억하는 기간을 늘려준다.

복습활동이 없으면 벼락치기를 초래한다

복습활동 시간을 적절히 갖지 않으면 학생들은 성공적인 학교생활을 위해 어떻게 해야 하는지, 특히 시험과 관련해 어떻게 해야 하는지 잘 몰라서 혼자 해결방안을 모색할 수밖에 없다. 교사들은 학생들에게 매일 밤 몇 분이라도 그날 학교에서 필기한 내용을 복습하라고 조언하지만, 실제로 그렇게 하는 학생은 거의 없다. 매일 밤 필기내용을 복습하는 활동은 잠을 자는 중에도 뇌가 기억을 강화할 재료를 제공할 뿐 아니라 기억회로의 추가적 활성화를 통해 정보를 장기기억으로 확실히 옮길 수 있게 해준다.

매일 밤 복습하라는 충고를 따르지도 않고, 수업 중에 복습활동의 기회를 얻지도 못하면, 학생들은 마지막 순간까지 공부하기를 미루게 된다. 앞 장에서도 언급했듯이 이렇게 미루는 버릇은 벼락치기로 연결되기 마련이다. 벼락치기를 하면 정보가 장기기억으로 전이되기 어렵다.

벼락치기로 공부하는 대학생에게는 다음과 같은 특징이 있다. 일부러 미루는 버릇이 있고, 시험을 준비하는 과정에서 불안해하며, 벼락치기를 할 때 모든 에너지를 쏟아붓는 경향이 있으며, 마감시간을 겨우 맞춘다. 가끔은 가까스로 성공할 때도 있다. 벼락치기로 외운 정보를 시험 전에 잊어버리지 않는 경우에만 해당하는 일이지만 말이다(Sommer, 2010).

벼락치기가 실제로 시험성적을 올리는 데 도움이 된다는 연구결과도 있다(Schenck, 2011; Vacha & McBride, 1993). 시험 전 2시간 동안 벼락치기로 공부한 학생들이 그러지 않은 학생들보다 상당히 높은 성적을 받았다고 한다. 하지만 시험이 끝나자 벼락치기를 했던 학생들은 외웠던 정보를 금방 잊어버렸다. 학년이 높아질수록 더 많은 내용을 복습해야 하므로 벼락치기를 하는 시간도 늘어났다. 더 새로워진 성취기준으로 인해 더 많은 글쓰기와 복합적 사고를 요하는 읽기활동 및 질문이 요구되는 상황에서 지역별 성취기준에 맞춰 가르치느라 막바지 시험대비를 위한 복습시간을 건너뛰고 있다면 다시 생각해볼 필요가 있다.

복습활동을 어떻게 할 것인가

사실적 정보를 복습하는 것은 정보를 재조직하는 문제일 수 있다. 장기기억의 정보를 작업기억으로 불러와 그 정보의 정확도를 검토하고, 전이 가능성을 높이기 위해 정보를 재조직하는 기회가 복습활동이다. 복습활동은 다음과 같은 목표로 이뤄져야 한다.

- 수업 및 평가내용과 연관이 있어야 한다.
- 학생들이 배운 내용을 정확하게 기억하는지 확인해야 한다.
- 학생들이 고차원적 사고스킬을 이용해 지식을 분석 및 평가하고, 가능하면 해당 지식을 활용할 수 있는 대안을 직접 마련할 조건을 제공해야 한다.
- 이미 형성되어 있는 신경연결을 강화해야 한다.
- 고부담시험에 대비해 비슷한 조건에서 유사한 문제들을 가지고 연습해야 한다.
- 벼락치기가 필요하지 않도록 해야 한다.

미국에서는 대학입학고사 준비를 위한 전략으로 다음 3가지가 제시된 바 있다(ACT, 2016/17).

1. 시험내용에 익숙해지고 친숙해져라.
2. 내용 영역과 관련된 지식과 스킬을 알고 있는지 확인하라.
3. 공부하지 않은 내용 영역이 있는지 파악하라.

앞서 언급한 대로 복습활동이 꾸준히 잘 이루어진다면 학생들은 시험 직전에 벼락치기를 할 필요가 없다. 쪽지시험을 자주 보면 미루는 습관이 있는 학습자들의 기말고사 성적 향상에 도움이 된다는 연구결과도 있다(Tuckman, 1998). 이는 정기적으로 지필평가를 실시하면 학생들이 표준화 시험에서 고득점을 기록한다는 다른 연구결과와도 일맥상통한다(Weng-linsky, 2002).

깜짝퀴즈

지난 15년 동안 뇌친화적 수업환경을 모색했지만, 나는 깜짝퀴즈(pop quiz, 예고 없이 치르는 간단한 쪽지시험-옮긴이)에 대해서는 크게 생각해본 적이 없었다. 미리 공지되지 않은 시험은 학생들의 스트레스를 유발하기 때문에 되도록 스트레스 없는 수업을 지향했던 나는 깜짝퀴즈를 적절한 평가방식으로 여기지 않았다.

그러던 어느 여름날 이러한 생각을 바꾸는 계기가 있었다. 2002년에 내가 쓴 책 『Becoming a Wiz at Brain-Based Teaching(뇌기반수업 전문가

되기)』을 주제로 5일간의 워크숍을 진행하던 때였다. 워크숍에는 유치원에서부터 12학년까지를 담당하는 일선 교사, 교육전문가, 교육심리학자, 학교 관리자 등 70여 명이 참가했다.

스트레스에 관한 토론이 시작되고 나는 교실 내에서 스트레스를 없애는 방법을 공유했다. 수업 중에 음악을 틀어주거나 명상시간을 갖는 것, 운동코치처럼 가르치는 것, 분명한 목표와 기준을 제시하는 것 등에 대해 이야기했다. 참가자로부터 깜짝퀴즈에 대해 어떻게 생각하느냐는 질문이 나왔다. 나는 깜짝퀴즈가 학생들에게 너무 큰 스트레스를 주는 것 같아서 더는 사용하지 않는다고 대답했다.

그런데 휴식시간에 한 고등학교 스페인어 교사가 꽤 심각한 표정으로 내게 다가왔다. 그는 정기적으로 깜짝퀴즈를 실시한다면서 학생들이 성적을 잘 받기 위해 숙제를 하고 연습하는 계기가 되기 때문에 깜짝퀴즈를 긍정적으로 생각한다고 했다. 그런데 깜짝퀴즈에 부정적이라는 내 말을 듣고, 접근법을 통째로 바꿔야 하나 의구심이 든다고 했다. 우리는 주말까지 각자 조사해보고 이 문제에 관해 토론해보기로 했다.

놀랍게도 공식시험 전에 실시하는 간단한 모의시험을 통한 학습, 즉 인출연습(retrieval practice) 전략을 사용하면 시험 스트레스의 부정적인 영향으로부터 기억을 보호할 수 있다고 한다(Smith, Floerke, & Thomas, 2016). 터프츠대학의 연구자들은 피험자들에게 단어 30개를 주고, 각 단어를 30개의 이미지와 연결해 세트로 익히도록 했다. 이 단어-이미지 세트는 컴퓨터 프로그램을 통해 제시되었다. 각 단어를 한 번에 몇 초씩만 보여준 다음 10초의 시간을 주고 노트에 적도록 했다. 한 그룹은 인출연습 전략을 사용해 공부한 다음 시간제한이 있는 모의시험을 보게 했다. 모의시험은 기억나는 단어와 이미지를 자유롭게 가능한 한 많이 회상하게 하는 방식이었다. 다른 한 그룹은 단순한 공부전략을 사용하게 했다. 컴퓨터 화면으로 단어와 이미지를 보여주고, 시간제한이 있는 공부 기회를 여러 번 줬다. 수행 결과는 인출연습 전략을 사용해 모의시험을 본 학생들이 인출대신 단순 복습을 한 학생들보다 더 좋았다.

이 연구는 내가 『101 Strategies to Make Academic Vocabulary Stick(어휘를 뇌리에 새기는 101가지 전략)』에서 언급한 다른 연구와 유사하다. 아는 것을 백지에 모조리 써내려가는 방식으로 복습하게 하는 것이다.

한 연구에서 세 개의 그룹으로 나뉜 학생들이 컴퓨터로 단어목록 한 세트를 다섯 세션에 걸쳐 학습했다. 각 세션 사이에는 20분간의 휴식시간이 주어졌다(Szpunar, Chan, & McDermott, 2009). 휴식시간 동안 A그룹 학생들은 원하는 대로 시간을 보냈다. B그룹 학생들은 방금 배웠던 단어와 단어 뜻을 컴퓨터로 다시 한번 익혔다. C그룹 학생들에게는 백지를 나눠주고 방금 배운 것 중 기억나는 단어들을 모조리 써보라고 했다. 그 결과 단원평가와 최종평가에서 C그룹의 성적이 다른 그룹의 성적보다 40퍼센트 더 높았다. 무엇보다 흥미로운 점은 B그룹의 성적이 A그룹의 성적보다 좋지 못했다는 점이다.

이 결과는 학생들이 수업활동에 참여하도록 동기부여하는 것뿐 아니라 배운 내용을 수업이 끝난 후에 자신만의 방식으로 재구성하면서 내면화하는 방법을 가르치는 것이 중요하다는 사실을 알려준다(Sprenger, 2017, p.14).

깜짝퀴즈와 같이 부담 없고 간단한 시험을 자주 보면 그것 자체가 수업의 한 부분이 될 수 있다. 따라서 이 연구에 참여한 피험자들과 그 전에 언급한 스페인어 교사가 가르치는 학생들의 경우 간단한 시험이 있을 것을 알고 대비하면서 오히려 스트레스가 줄었을 것이다.

○ **핵심 노트**　복습활동의 일환으로 간단한 시험을 치르면 이후에 보는 정규시험에서 높은 점수가 나오게 된다.

8가지 복습활동 전략

마자노(Marzano)의 저서 『The New Art and Science of Teaching(새로운 교수기술 및 교수과학)』(2017)에서 자주 논의되는 내용 중 하나가 복습활동에 관한 것이다. 이 책은 구체적인 복습활동 전략을 8가지로 제시하고 있다.

1. **누적 복습** 현재 배우는 단원을 복습하면서 이전에 배웠던 단원과 연관시킨다. 이는 학기 초에 마인드맵을 만들고, 한 단원씩 배워나갈 때마다 마인드맵에 내용을 추가하는 것과 유사하다. 단원이 끝나고 마인드맵을 그릴 때 교사는 가장 최근에 배운 단원과 이전에 배웠던 단원 사이에 연결고리가 있는지 토론할 시간을 갖는다. 이 전략은 역사처럼 주제중심으로 편성될 수 있는 과목에서 조금 더 쉽게 사용할 수 있지만, 수학이나 과학 과목에서도 성공적으로 사용할 수 있다.

2. **빈칸 채우기** 학생들에게 단어나 구가 빠진 문장을 제시한다. 빠진 부분의 정보는 이미 배운 단원에서 찾아볼 수 있다. 이는 새로운 것을 배우기 전에 도입으로 사용하기 좋은 활동이다. 학생들은 빈칸 채우기 활동을 좋아한다. 단어나 구의 목록을 교사가 제공해주는 것도 나쁘지 않지만, 보통 한 단원이 끝날 무렵 학생들은 배웠던 정보를 기억 속에서 회상할 수 있어야 한다.

3. **요약하기** 배운 내용을 복습 삼아 짧은 글로 요약하거나, 복습할 내용을 주고 토론하게 한다. 단원이 끝날 무렵 요약하기 활동을 하면 기억을 회상하는 데 도움이 된다.

4. **제시된 문제 해결하기** 학생들에게 문제를 제시하고, 이전에 배운 내용을 이용해서 해결하도록 한다. 학생들은 배운 것을 미처 예측하지 못한 새로운 상황에 적용할 수 있어야 하며 이것이 학습의 본질이다.

5. **설명하기** 학생들에게 새로 배운 스킬이나 과정을 직접 설명해보라고 한다. 설명을 잘하고 다른 사람을 가르칠 수 있으면 내용을 잘 이해하고 있는 것이다.

6. **모의시험 및 연습** 부담 없고 간단한 모의시험을 실시해서 학생들이 이전에 배운 정보를 기억해내고 적용하도록 유도한다. 시험 후 이해가 안되는 부분에 대해서 질문하게 한다.

7. **질문하기** 학생들에게 질문을 던져 이전에 배운 정보를 기억, 인식, 적용하도록 한다. 궁극적으로는 학생들이 스스로 질문할 수 있어야 하지만, 학생들은 자기가 무엇을 모르는지 잘 모른다. 대부분의 교사는 학생들로부터 질문이 나올 것을 기대하기 어렵다는 사실을 잘 알고 있다.

8. **하나씩 주고받기** 특정 주제에 대한 학습내용을 공책에 적고 나서 각자 쓴 것을 짝과 비교한다. 종이 한 장을 가져다가 절반으로 접은 다음, 왼쪽 위에는 '하나 주기'라고 쓰게 하고, 오른쪽 위에는 '하나 받기'라고 쓰게 한다. 그리고 나서 "베트남전쟁은 왜 발발했을까?"와 같은 질문거리를 제시한다. 학생들은 왼쪽 칸에 각자 그 이유를 간략하게 적는다. 그런 다음 교실을 돌아다니며 짝을 찾는다. 둘 중 한 학생이 먼저 자신이 쓴 답을 공유하며 활동을 시작한다. 나머지 한 사람은 짝의 답을 듣고, 짝의 답 중에 자신이 미처 적지 못한 정보가 있다면 얼른 받아 적는다. 짝의 답을 듣고 나면 자신이 쓴 답을 이야기해준다. 이런 식으로 학생들은 각자의 답을 공유한다.

그 외 복습활동 전략

사실정보는 개념정보와 다른 방법으로 복습할 수 있다. 공식, 정의, 정보의 목록 같은 사실정보를 익힐 때는 플래시카드를 만들거나 노래나 챈트(chant, 리듬 요소를 갖춘 노래와 말하기의 중간 단계의 것-옮긴이)로 만들어 연습할 수도 있고, 기계적 반복을 통해 복습할 수도 있다. 이러한 방법들을 활용하면 앞서 5단계 시연활동하기(Rehearse)에서 설명한 것처럼 다양한 기억경로로 접근할 수 있다.

개념정보는 사실정보에 비해 좀 더 완전하게 복습할 필요가 있다. 마인드맵은 내가 가장 좋아하는 복습활동 중 하나이다(마인드맵을 만드는 방법에 대해서는 〈도표 6.2〉 참조). 나는 이 활동을 하기 위해 학생들을 팀으로 편성한다. 복습활동을 하는 날에는 30×20cm짜리 종이를 각 팀에 배부

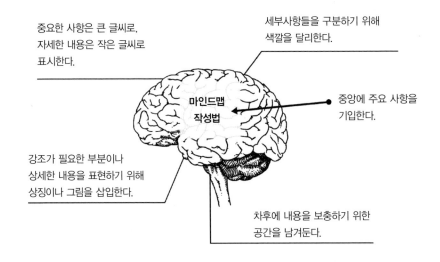

중요한 사항은 큰 글씨로, 자세한 내용은 작은 글씨로 표시한다.

세부사항들을 구분하기 위해 색깔을 달리한다.

중앙에 주요 사항을 기입한다.

강조가 필요한 부분이나 상세한 내용을 표현하기 위해 상징이나 그림을 삽입한다.

차후에 내용을 보충하기 위한 공간을 남겨둔다.

마인드맵 작성법

한다. 학생들은 매직펜을 꺼내 그때까지 배운 개념을 마인드맵으로 그려 본다. 읽기 지문을 가지고 학습하는 중이었다면 해당 지문을 활용해도 좋고, 노트필기 내용을 사용하거나 자신만의 방식으로 재구성하거나 시연과정에서 사용한 자료 등 무엇이든 마인드맵에 사용할 수 있다. 마인드맵을 완성하는 데는 보통 20~30분이 걸린다. 마인드맵이 완성되면 각 팀의 마인드맵을 모두가 볼 수 있도록 벽이나 게시판에 붙여둔다. 학생들은 다른 팀의 마인드맵을 검토해보면서 자기 팀의 마인드맵에 중요한 정보가 빠졌다 싶으면 얼른 해당 정보를 써넣는다.

앞서 언급했듯이 학생들은 자기가 무엇을 모르고 있는지를 잘 알지 못한다. 하지만 이 활동을 하고 나면 자신이 무엇을 모르고 있었는지를 알 수 있다. 그러면 학생들은 질문하고 교사는 피드백을 주며 학습강화하기 (Reinforce) 활동을 할 수 있다.

다른 복습활동 전략으로는 거미줄 형태의 마인드맵, 개념도, 메모, 체크리스트 등이 있다. 복습할 때는 시험 볼 때와 동일한 환경을 조성할 필요가 있다. 개방형 질문(open-ended question)을 활용해 평가할 예정이라면, 복습활동도 개방형 질문 형식이어야 한다. 재인기억(recognition memory, 과거의 특정 단서를 인식하는 능력으로, 주로 객관식 시험을 통해 테스트됨-옮긴이)을 테스트하는 시험을 볼 예정이라면, 복습활동 역시 객관식 문제에 답하는 형식으로 이뤄져야 한다.

학습자료를 현실세계에 적용할 기회도 주어져야 한다. 시연활동을 통한 연습 단계에서 이미 삶과 연계된 학습을 했을 수도 있지만, 학생들과 직접적인 관련성이 있는 문제나 상황을 주고, 이전 시연상황에서와 똑같은 전략을 따르도록 해주면 도움이 된다. 이때 반드시 앞서 사용했던 시연활동을 활용하는 것이 중요하다. 그러면 연습도 되고, 기억을 불러일으키는 데도 도움이 된다.

평가가 지필평가 형식으로 이뤄진다면, 학생들이 지식을 의미기억경로로 전이할 수 있도록 도와줘야 한다. 예를 들어, 시연활동 단계에서 학생들이 수업시간 대부분을 수학 교구를 사용하는 활동으로 보냈다고 하자. 그런데 평가할 때는 문제풀이 위주의 지필평가를 시행할 예정이라면, 학생들이 그러한 시험 유형에 익숙해지도록 미리 준비시킬 필요가 있다. 이때 수학 교구를 가지고 수업했던 때를 떠올려주면 도움이 된다. 그러면 학생들은 교구를 가지고 학습했던 과정을 시각화하고 그것을 떠올리며 문제를 풀 수 있다. 알고 있는 지식을 지필고사에서 발휘하는 데 어려움을 겪는 경우 학력격차 문제로 이어질 수 있다. 손을 쓰지 않거나 발을 보지 않고 신발끈을 매는 법을 알려달라고 요청받으면 어찌어찌 설명할 수 있지만 그 과정이 굉장히 어렵게 느껴질 것이다. 신발끈 묶는 법을 설명하려면, 절차기억경로에 간편하게 저장된 정보를 의미기억경로로 전이하기 위해 머리를 굴려야 한다. 이런 일은 연습하면 쉽지만, 처음에는 시간과 노력이 든다. 지식을 전이하려고 애쓰는 학생들도 마찬가지다.

따라서 복습활동 단계에는 학생들이 가진 정서적인 연결고리가 포함되면 좋다. 수업할 때 정서기억경로를 활용했다면, 복습할 때도 그 정서를 상기시켜라. 웃겼던 상황, 흥분했던 일, 슬펐던 일 등 수업 중에 느꼈던 감정적인 순간들을 언급하면 쉽게 기억을 떠올릴 수 있다. 무언가를 상기할 때마다 우리는 그것을 시연하고 복습하게 된다. 복습 단계는 학생들이 평가에 필요한, 아니 어쩌면 평생 필요한 기억을 상기해내도록 해준다.

○
핵심 노트 수업과 시연활동 단계에서 연계된 감정은 복습활동 단계에서도 활용할 필요가 있다.

복습활동, 전이, 고차원적 사고

시연활동을 통해 학생들은 단순한 사실지식뿐만 아니라 상당한 양의 개념지식을 장기기억에 저장하고 있어야 한다. 그러고 나서 복습 단계를 통해 블룸의 교육목표분류체계에서 상단에 놓인 것들, 즉 '분석하기, 평가하기, 창안하기'를 하나씩 밟아 올라가야 한다.

교사는 학생들에게 새로 형성된 장기기억 정보를 자신의 삶과 관련있는 것과 없는 것으로 분류해보라고 할 수 있다. 학습한 단원에서 주제나 교훈을 파악해 실생활에 적용해보도록 할 수도 있다. 예를 들어 셰익스피어의 작품 『줄리어스 시저(Julius Caesar)』를 배울 때 학생들은 작품 속의 인물을 오늘날의 인물과 비교해볼 수 있다. 소비주의에 대해 복습하는 상황이라면 학생들은 직접 광고를 만들어봄으로써 미디어의 영향을 개념적으로 이해했음을 보여줄 수 있다. 사회과목의 복습 단계에서는 개별 전투를 평가하고 각각의 전투가 전체 전쟁 국면에서 어떻게 기여했는지를 평가할 수 있다.

7학년 영어수업 단원설계 예시

폭스 선생님은 수업계획에 따라 수업을 진행했다. 백워드 설계(backward design, '목표 설정→목표 달성을 증명할 평가 설계→목표·평가를 충족할 활동 설계' 순의 단원설계방식-옮긴이)를 활용해 학생들이 무엇을 알고 싶어 하는지를 설정하고 거기서부터 출발했다. 학생들이 학습하고, 학습내용을 기억하고, 전이하는지를 알 수 있도록 평가자료도 개발했다.

선생님은 학생들이 로이스 로우리(Lois Lowry)의 소설 『기억전달자(The Giver)』에 관한 단원에서 배운 내용을 장기기억에 잘 저장하고 있을 것이라고 확신했다. 학생들이 여러 주제를 스스로 생각해보기를 원했기 때문에 자신만의 언어나 방식으로 재구성하는 세션을 한 차례 이상 가졌다. 단원 설계는 다음과 같이 이뤄졌다.

1단계 주의끌기(Reach and Teach) **−1회차** 단원을 처음 배우는 날, 학생들은 교실에 들어서면서 '여기'라고 표시된 곳에 앉을지, '다른 어딘가'라고 표시된 곳에 앉을지를 선택해야 했다. 모두 착석할 때까지 아무도 질문할 수 없었다. 학생들은 '여기'와 '다른 어딘가'의 차이점이 무엇일까 생각해보고, 책을 읽기 시작했다.

2단계 되돌아보기(Reflect) **−1회차** 학생들은 미지의 세계에 대해 느끼는 바를 노트에 썼다. '다른 어딘가'로 떠난다면 어떻게 될까?

1단계 주의끌기(Reach and Teach) **−2회차** 두 번째 날, 학생들이 교실에 들어서자 〈추억(memories)〉이라는 노래가 흘러나왔다. 선생님은 학생들에게 가장 좋았던 기억을 떠올리고, 친구들과 그 기억을 공유해보라고 했다.

2단계 되돌아보기(Reflect) **−2회차** 학생들은 노트 한 페이지에 '추억'이라고 적고, 중요한 기억을 5분 동안 생각나는 대로 써넣은 다음 책을 읽기 시작했다.

3단계 자신만의 방식으로 재구성하기(Recode) **−1회차** 학생들은 소설 『기억전달자』에서 기억과 생존의 중요성을 보여주는 예를 찾아서 기록했다. 기억도 고통도 없는 삶, 그리고 기억과 고통 모두 있는 삶을 비교하고 대조했다.

4단계 학습강화하기(Reinforce) **−1회차** 선생님은 소크라테스식 질문을 활용해 학생들이 가지고 있던 오개념을 없앴다. 이 과정에서 학생들이 말하는 내용을 칠판에 적고, 어떤 이야기든 모두 듣고 함께 생각해보자고 말했다.

5단계 시연활동하기(Rehearse) **-1회차** 절차기억경로로 정보를 전이하기 위해 학생들은 소설의 몇 장면을 역할극으로 표현했다.

2단계 되돌아보기(Reflect) **-3회차** 학생들은 역할극을 하고 난 후 어떤 것을 느꼈는지를 이야기했다. 이 과정은 기억을 강화하는 데 도움이 된다.

5단계 시연활동하기(Rehearse) **-2회차** 직유와 은유의 정의를 토론한 뒤, 학생들은 등장인물인 가브리엘과 조나스 그리고 '임무해제(release, 작중에서는 독극물을 주사해 죽음에 이르게 하는 것을 의미-옮긴이)'라는 개념을 사용해 자신만의 방식으로 비유법 3가지를 썼다.

2단계 되돌아보기(Reflect) **-4회차** 선생님은 학생들에게 노트에 가장 좋아하는 은유를 써보게 하고, 그것을 이해하고 기억하는 데 도움이 되는 간략한 설명을 덧붙였다.

5단계 시연활동하기(Rehearse) **-3회차** 학생들은 우리 사회의 현실과 소설 속 사회를 비교하고 대조했다.

2단계 되돌아보기(Reflect) **-5회차** 선생님은 학생들에게 다음 질문들을 노트에 적도록 했다. "여러분은 어떤 사회가 더 낫다고 생각하나요? 조나스가 속한 사회에서 우리 사회가 채택할 만한 부분이 있을까요?"

5단계 시연활동하기(Rehearse) **-4회차** 학생들은 각자 자기 세계를 흑백포스터로 만들어 벽면에 전시했고, 색깔의 중요성에 관해 모둠별로 이야기를 나눴다.

2단계 되돌아보기(Reflect) **-6회차** 학생들에게 시간을 주고, 색깔이 전혀 없는 흑백세계를 상상해보도록 했다. 학생들은 흑백세계가 자신과

가족에게 어떠한 영향을 미칠지를 생각했다.

5단계 시연활동하기(Rehearse) **-5회차** 『기억전달자』를 자신의 글로 재구성하는 활동을 통해 선생님은 학생들이 소설의 기본적인 사실들을 명확하게 알고 있는지 확인했다.

2단계 되돌아보기(Reflect) **-7회차** 학생들은 자신이 작성한 글의 어조를 되돌아보고, 원작의 어조와 잘 부합하는지 검토했다.

6단계 복습활동하기(Review) **-1회차** 선생님은 각 학생이 작성한 글이 정확한지 피드백을 준 후 학생들끼리 서로의 글에 대한 논평을 쓰게 했다. 그런 다음 논평에 대해 피드백을 제공했다.

5단계 시연활동하기(Rehearse) **-6회차** 학년 초에 홀로코스트(Holocaust, 나치 독일정권이 제2차 세계대전 중 유럽계 유대인들을 대규모로 학살한 사건-옮긴이)단원을 다뤘으므로 선생님은 다른 민족을 말살하고자 했던 역사적 사건들을 서로 비교하고 대조해보도록 했다. 학생들은 이전에 배웠던 단원에서 정보를 가져와서 해당 사실에 관한 각각의 텍스트 간에 어떤 연관성이 있는지, 또 텍스트와 실제 세계 사이에는 어떤 연관성이 있는지를 생각해봤다.

2단계 되돌아보기(Reflect) **-8회차** 홀로코스트는 민감한 주제이므로 학생들에게 느낀 점을 노트에 써보도록 기회를 줬다.

5단계 시연활동하기(Rehearse) **-7회차** 선생님은 분석하기, 평가하기, 창안하기를 위해 학생들에게 『기억전달자』의 전편 또는 속편을 만들어보게 했다.

2단계 되돌아보기(Reflect) **-9회차** 선생님은 학생들이 만들어낸 전편이나 속편이 원작 소설에 어떻게 연결될 수 있을지, 한 단락으로 간략히 설명하는 문단을 써보게 했다.

5단계 시연활동하기(Rehearse) −8회차 학생들은 탁아소, 대리모, 안락사, 무보수 자원봉사 중 1가지 주제를 선택해 인터넷 검색을 했다.

이 단원에서는 시연활동을 위해 수업시수가 많이 필요했고, 대부분 숙제도 내주었다. 선생님은 각각의 프로젝트를 논의할 때 소모둠 또는 대모둠으로 모둠을 지어 논의하도록 했다. 8회의 시연활동과 1회의 복습활동을 거친 후 선생님은 학생들의 장기기억을 테스트하기로 했다. 다음과 같이 회상을 유도하는 질문을 이용해 모의시험 형태로 지필평가를 치렀더니 교사로서 알고 싶었던 부분에 대한 정보를 얻을 수 있었다.

- 『기억전달자』에서 모든 사람은 동등(equal)한가? 모든 사람은 동일(same)한가? 동등과 동일의 차이점을 설명하라.
- '임무해제'라는 개념은 조나스가 속한 사회에서 중요한 의미가 있다. 이 개념의 장점은 무엇일까? 단점도 있을까? 여러분의 대답을 증명해줄 구체적인 예는 무엇인가?
- 우리 사회를 조나스가 속한 사회와 비교해보자. 각 사회의 장점은 무엇인가?
- 조나스가 속한 사회에서 남녀 간의 차이점은 우리 사회의 남녀 차이와 매우 다르다. 조나스가 속한 사회에서는 남녀의 차이를 어떤 관습에 따라 구분하는가?

몇몇 학생의 평가결과가 좋지 않자 선생님은 그 결과가 기억 저장의 문제인지, 기억 회상의 문제인지 점검하려고 했다. 이를 위해 연결하기, ○×퀴즈, 선다형 질문으로 이뤄진 재인시험(recognitiontest, 이전에 배운 내용이 제시될 때, 이를 인식할 수 있는지를 확인하는 시험-옮긴이)을 시행했다.

시험문제 예시는 다음과 같다.

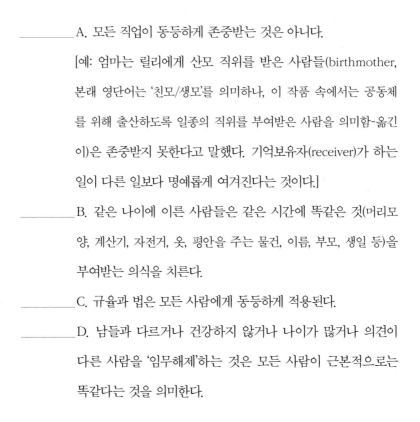

다음 문장을 읽고, 해당 문장이 동등함의 예시를 나타내면 '동등', 동일함의 예시를 나타내면 '동일'을 빈칸에 쓰시오.

_____A. 모든 직업이 동등하게 존중받는 것은 아니다.

[예: 엄마는 릴리에게 산모 직위를 받은 사람들(birthmother, 본래 영단어는 '친모/생모'를 의미하나, 이 작품 속에서는 공동체를 위해 출산하도록 일종의 직위를 부여받은 사람을 의미함-옮긴이)은 존중받지 못한다고 말했다. 기억보유자(receiver)가 하는 일이 다른 일보다 명예롭게 여겨진다는 것이다.]

_____B. 같은 나이에 이른 사람들은 같은 시간에 똑같은 것(머리모양, 계산기, 자전거, 옷, 평안을 주는 물건, 이름, 부모, 생일 등)을 부여받는 의식을 치른다.

_____C. 규율과 법은 모든 사람에게 동등하게 적용된다.

_____D. 남들과 다르거나 건강하지 않거나 나이가 많거나 의견이 다른 사람을 '임무해제'하는 것은 모든 사람이 근본적으로는 똑같다는 것을 의미한다.

_____E. 잘못을 사과하고, 예의 바르게 행동하는 것은 연령에 상관 없이 모두에게 해당된다.

_____F. 꿈을 나누고 느낌을 공유하는 등의 일상을 모두 똑같이 누린다.

_____G. 이 사회에는 부유한 사람도 가난한 사람도 없고, 빈곤이라는 것도 없다. 돈이라는 개념이 없기 때문에 사람들은 똑같이 한 푼도 받지 않는다.

이와 같은 재인시험은 많은 사실을 드러냈다. 회상시험(recall test, 배운 내용을 얼마만큼 기억해낼 수 있는지를 보는 시험-옮긴이)은 어려워하지만 재인시험을 잘 보는 학생들은 정보를 인출하는 데 문제가 있었다. 정보를 보고 인지한다는 것은 해당 정보가 머릿속에 저장되어 있다는 뜻이다. 이런 학생들을 위해 선생님은 정보에 접근하는 것을 돕는 활동을 찾아 제시했다. 이와 반대로, 재인시험에서 성적이 좋지 못했던 학생들은 기억 저장에 문제가 있었다(Mason & Kohn, 2001). 정보가 장기기억에 저장되지 못했기 때문이다. 이는 단순 부주의 또는 수면부족 때문일 수도 있고, 단순히 시간이 좀 더 필요하거나 시연활동을 좀 더 해야 했을 수도 있다.

핵심 노트 정보를 회상하거나 재인하지 못하는 것은 정보저장의 문제이다. 재인은 하지만 회상을 못하는 것은 인출의 문제이다.

다시 가르치기

복습활동을 하는 과정에서 우리는 장기기억에 정보를 저장하지 못한 학생이 있는지, 정보인출에 어려움을 겪는 학생이 있는지를 알게 된다. 그런 학생이 있다면 다시 가르쳐야 한다. 새로운 것을 배울 때, 첫 단계에서 시각적으로 설명해주면 이해력이 증가한다(Crowley & Siegler, 1999). 그다음, 누군가가 말로 다시 설명한다. 마지막으로, 학습자가 자신만의 언어나 방식으로 재구성하게 한다. 지금까지 이런 방식으로 기억을 위한 단계를 밟아왔지만, 간소화된 이 방식이 더 의미 있다. 학생 중 일부는 '다시 가르치기(Reteaching)'가 필요하지 않기 때문에 그 아이들을 교사로 활용할 수 있다. 이 활동은 도움이 필요한 학습자에게 새롭고 다양한 경험을 제공하는 동시에 교사 역할을 하는 학생들의 학습도 강화할 수 있다.

『Teaching in the Fast Lane(호랑이 등에 올라타서 가르치기)』(2017)에서는 '다시 가르치기' 과정에 필요한 6가지 전략과 추천할 만한 사항을 다음과 같이 제시한다.

1. **스키마 구축하기** 스키마(schema) 구축은 필수 사전지식이 부족한 학생들이 겪는 문제를 해결해줄 수 있다. 사전지식의 부족을 채워주기 위해 유튜브 동영상 같은 자료를 활용해보는 것도 좋다.

2. **또래코칭 장려하기** 학생들이 교사의 설명을 충분히 들은 후에도 때로는 또래친구의 설명이 더 도움이 될 때가 있다. 이 경우 우수한 학생보다는 이제 막 내용을 이해하기 시작한 학생에게 설명하게 하는 게 더 효과적이다.

3. **협동학습 장려하기** '현자와 필경사(Sage and Scribe)' 기법을 사용해보자. 이는 한 학생이 말하는 내용을 나머지 학생들이 받아 적고, 역할을 바꿔 누군가 다시 설명하고 나머지는 받아 적는 활동이다. 친구들에게 설명하면서 학습에 필요한 어휘를 말해보도록 유도할 수 있다.

4. **어휘에 집중하기** '사진 속필(photo quick writes)' 기법을 사용해보자. 제공하는 사진에 대해 재빨리 글을 써보게 하면서 목적에 맞게 사용할 수 있도록 단어모음집을 제공해주는 방법이다.

5. **시각자료 활용하기** 마인드맵, 앵커 차트(anchor chart, 기억해야 할 주요 핵심을 커다란 종이에 써서 교실에 붙여놓도록 만든 차트-옮긴이), 그 외 시각자료들은 학생들이 무언가를 다시 배울 때 도움을 준다.

6. **이해도를 수시로 체크하기** 위의 전략들을 사용하면서 학생들이 학습과정에서 중요한 연결고리를 놓치지 않는지 살펴본다.

핵심 노트 다시 가르치기는 모두를 위해 생산적인 경험이 되어야 한다.

시험전략에 대한 검토

예전에 학생에 대한 잘못된 가정 때문에 교사들이 학습을 망치고 있다는 내용의 강의를 들은 적이 있다. 학생들이 사전지식을 갖고 있지 않은데도 이미 다 안다고 잘못 가정하는 교사들이 있다는 것이 연사의 주장이었다. 교사들은 학생들이 기억전략을 가지고 있고, 내용을 충분히 이해했으며, 시험 치르는 방법도 잘 숙지했다고 짐작한다.

교사들의 이러한 예측이 틀렸음을 보여주는 연구들이 있다. 초등학교 4학년 대상의 한 연구에서는 매년 시험 치르는 전략을 가르치면 학생들의 성취도가 19퍼센트 향상되었다고 밝혔다(Harris, 2014). 고학년을 대상으로 한 다른 연구에서는 더 높은 수치를 보였다(Carter et al., 2005; Holzer, Madaus, Bray, & Kehle, 2009). 심지어 고부담시험을 보기 전에 걱정되는 부분을 한 번 써보게 하기만 해도 시험점수가 10퍼센트 이상 향상되었다 (Ramirez & Beilock, 2011).

학생들이 시험에서 좋은 결과를 내기를 바란다면 성취기준, 목표, 최종 결과에 나오는 주요 어휘들을 가르쳐야 한다. 나는 주[국가]수준 성취기준을 검토하면서 빈출 단어가 55개라는 것을 알게 되었다(Sprenger, 2013). 관련 연구는 어휘에 대해 분명히 밝히고 있다. 성적의 85퍼센트는 성취기준과 관련된 어휘를 얼마나 알고 있느냐에 달려있다(Marzano & Kendall, 1996). 국가 수준의 성취도평가에 대비해야 한다면 교사는 해당 학년 또는 그 아래 학년 수준에 맞는 어휘 수준이 어느 정도인지 알아야 한다. 예컨대, 성취기준에 따르면 '분석하다(analyze)'라는 단어는 보통 5학년에 제시된다. 5학년이 되기 전에는 그 단어를 배울 필요가 없다.

학년별 성취기준에 나오는 대부분의 동사는 학습과정에서 필요로 하는 인지적 스킬을 반영하기 때문에 학생들이 해당 스킬을 수행하지 못하면 질문에 답할 수 없다. 이와 관련해 내가 수집한 단어목록을 보고 싶다면 『Teaching the Critical Vocabulary of the Common Core(주[국가]수준 성취기준 관련 주요 단어 가르치기)』를 참고하라(Sprenger, 2013). 스마터 밸런스드 평가(Smarter Balanced Assessment, 미국 학교에서 널리 채택해 사용

중인 컴퓨터기반 반응형 성취도평가-옮긴이)에 사용되는 주요 단어를 정리해 둔 웹사이트도 있다(www.vocabulary.com/lists/932902).

동료교사들과 함께 성취기준을 파악해 학생들이 알아야 하는 단어를 선정해보면 더욱 좋다. 공개된 전년도 시험지를 한번 검토해보고, 질문에 사용된 어휘를 체크해보자. 평가에 사용된 어휘들을 알면 학생들의 점수를 높일 수 있다.

시험 치는 전략을 검토할 때 고려해야 할 사항으로는 다음과 같은 것들이 있다.

- 시험지의 서체나 용지 크기가 학생들에게 익숙하지 않다면 시험지와 똑같은 서체와 용지 크기를 미리 접해보게 한다.
- 시간제한이 있는 시험을 준비한다면 복습이나 연습을 할 때도 시간제한을 똑같이 준다.
- 시험장의 좌석이 특정한 방식으로 배열된다면, 시험 전 며칠 동안은 시험장과 같은 방식으로 좌석을 배정해 학생들을 앉힌다.
- 교실에서 시험을 치를 때는 음악을 들으면서 볼 수도 있겠지만, 국가수준 성취도평가 같은 시험을 볼 때는 음악을 들을 수 없으므로 음악 없이 시험 보는 상황을 연습시켜야 한다.
- 소리에 민감한 학생이 있다면, 시험 당일에는 모든 학생이(심지어 교사도) 발소리가 나지 않는 신발을 신도록 하는 것이 좋다.

핵심 노트 문장 다시 쓰기, 개요작성, 안내에 따른 노트필기, 인지도(cognitive map, 학습과
정에서 인간이나 동물이 소유하는 문제해결이나 목표달성 방법에 관한 정신적 표상–옮긴이)
작성, 선행조직자 등 학습스킬과 관련된 내용을 가르쳐야 한다.

기억을 인출하고, 재작업하고, 다시 저장하기

복습은 장기기억 저장고에서 기억의 인출을 촉진한다. 즉, 복습활동은 기
억에 접근해서 그것을 작업기억으로 가져와 새로운 방식으로 조작하는 연
습을 하도록 한다. 기억에 한번 접근하면 다음번에 다시 접근하기가 쉬워
진다. 학생들이 개념적 이해를 회상하고 그것들을 다양한 상황에 적용하
게 함으로써 고차원적 사고스킬을 꾸준히 함양할 수 있다.

표준화시험에 대비하려면 학생들에게 그 시험이 지향하는 성취기준, 성
취수준 등에서 가장 핵심적인 것을 가르쳐야 한다. 학생들이 알고 있는 바
를 어떻게 보여줄 것인지를 결정하는 사람은 표준화시험을 만드는 사람들
이기 때문이다. 교사들이 출제유형을 결정하고 예측할 수 없으므로 학생
들에게 광범위한 연습 및 복습 기회를 줄수록 시험결과는 더 좋아질 것
이다. 또한, 표준화시험이 진행되는 것과 똑같은 상황에서 복습을 해야
한다. 이때 다중부호화(multiple coding)가 이뤄지면 장기기억에 더 쉽게
접근할 수 있다(Squire & Kandel, 2008).

지금까지 우리는 복습활동에 대해 알아봤다. 접근 가능한 기억을 만들
어내도록 가르친다는 것은 기억을 저장하고, 인출하고, 다시 저장하는 과
정을 연속적으로 이어가는 것과 같다. 우리는 연습과 복습을 다양하게 진
행함으로써 학생들의 기억에 새로운 '저장공간'을 만들어낼 수 있다.

되돌아보기

01 단원을 설계할 때 복습도 포함시켜라. 〈도표 6.1〉에서 제시한 것과 같은 방식으로 복습 순서를 배열하라.

02 일부 사실정보는 기계적으로 암기해야 할 수도 있다. 사실정보를 습득하는 데 어려움을 겪는 학생들이 있다면, 5단계 '시연활동하기(Rehearse)'에 제시된 다양한 기억술을 가르쳐보라.

03 복습하는 데는 많은 시간이 소요되지만, 복습시간을 적절히 배치하면 시간을 절약할 수 있다.

04 수업 중 복습하는 횟수를 늘리려면 어떤 방법이 가능할까?

○
Reach and Teach

○
Reflect

○
Recode

○
Reinforce

○
Rehearse

○
Review

○
Retrieve

7단계
인출활동하기

감각정보를 부호화할 때, 해마는 그 정보에 대해 순간적으로
이미지를 만들어 보관해둔다. 정보가 바르게 부호화되어 저장되면
다시 쉽게 인출할 수 있다.

- 대니얼 셰크터(Daniel Schacter)

직접 운전해서 출근을 한다(암묵기억, 절차기억). 학교에 도착하자마자 수업 시작종이 울렸고, 차에서 급히 내려 건물 안으로 뛰어들어갔다(암묵기억, 자극반응). 교실로 들어가서 전등과 컴퓨터 전원을 켜고 음악을 튼다(암묵기억, 절차기억). 두 학생이 교실 안으로 급히 들어와서는 교무실에서 도와야 할 일이 있다면서 점심메뉴를 대신 주문해달라고 부탁한다. 두 학생의 이름과 점심메뉴를 반복해서 암기한다(즉시기억, 의미기억). 나머지 학생들이 들어와 자리에 앉자 출석을 확인하기 위해 교실을 한 번 훑어본다. 그런데 한 자리가 비어 있다. 누구 자리인지를 잠시 눈을 감고 상기해본다(외현기억, 일화기억). '아하! 찰스구나.' 찰스가 오늘 치과검진이 있다고 했던 것을 기억해냈다(외현기억, 의미기억). 그런데 찰스가 치과에 갔다는 사실은 예전에 충치치료를 받기 위해 치과에 갔던 기억을 떠올리게 했다. 그날의 경험이 떠오르니 살짝 몸서리쳐진다(암묵기억, 정서기억). 국기에 대한 맹세를 할 시간이라고 말하자 학생들이 모두 자리에서 일어난다(암묵기억, 절차기억). 그 순간 지난 수업시간에 학생들에게 내줬던 숙제를 걷어야 한다는 사실이 생각났다. 그래서 학생들에게 숙제를 제출하라고 말한다(외현기억, 의미기억). 학생들은 숙제를 걷어서 차곡차곡 쌓아놓는다(암묵기억, 절차기억).

위와 같은 상황에서 볼 수 있듯이 우리는 끊임없이 다양한 유형의 기억을 인출한다. 이것이 뇌가 일상적으로 작동하는 방식이다. 뇌는 현재 상황과 어떤 연결이든 만들어내고 이를 활용하려는 특징을 갖고 있다. 또, 뇌는 유용하고, 반복적이며, 특별한 노력 없이도 인출할 수 있는 기억에 접근하려고 한다(Pinker, 1999). 기억이 작동하는 방식이 이렇기 때문에 교사는 기억 향상을 위한 7단계 수업전략을 통해 학생들이 필요한 만큼 반복하도록, 그래서 기억에 쉽게 접근하도록 해줘야 한다. 그러지 않으면 평가를 위해 필요한 의미기억에의 접근이 어렵거나 불가능해질 수 있다.

이번 7단계 인출활동하기(Retrieve)에서는 정보를 잘 기억해내는 데 영향을 미치는 요소들을 살펴볼 것이다. 잘못된 기억, 시험불안, 교수-평가의 불일치, 장소 등이 장기기억을 인출하는 데 영향을 미친다.

인출활동이란 무엇인가

일반적으로 인출(retrieval)이란 과거의 사건이나 이전에 입력해뒀던 지식을 꺼내오는 능력을 말한다. 우리가 '기억'이라고 부르는 것은 의식적으로 생각해내는 것을 의미한다. 서술할 수 있는 기억이라는 뜻에서 서술기억(declarative memory)이라고도 불린다(Squire & Kandel, 2008). 현실에서 기억은 매 순간 유용한 정보가 무엇인지를 결정하고, 해당 정보를 기존에 알고 있는 정보 중에서 선택하는 방식으로 작동한다. 이 장의 도입부에서 언급했듯이 우리는 온종일 이와 같은 결정을 내린다(Goldberg, 2001).

단순한 사실적 지식에 대해 시험을 보는 경우 교사는 학생들이 무엇을 회상해야 할지 결정하는 주체가 된다. 예를 들어, 구두로 발표하는 자리에서 참가자들에게 간단한 기억력 테스트를 한다고 해보자. 참가자들에게 단어목록을 주고 외우게 한 다음 외운 단어를 종이에 적어보라고 한다. 무엇을 기억해야 하는지를 결정하는 일을 참가자들에게 맡길 경우 고차원적 사고과정을 추가하는 셈이 된다. 이 같은 결정에는 전두엽이 관여한다.

4학년 학생들이 남북전쟁에 관한 단원을 학습하고 있다. 디즈 선생님은 유사점과 차이점을 구분하는 활동에 초점을 맞추고 있었다. 학생들에게 몇 가지 벤다이어그램을 활용해 남북전쟁에 참여한 장군, 전투, 군복, 전투 형태, 전투 배경 등을 조사하게 했다. 학생들은 각각의 시각자료에 덧붙일 성찰보고서를 썼다.

선생님은 이 단원을 가르치는 동안 몇 차례에 걸쳐 형성평가를 실시했다. 학생들은 각자 만든 시각자료에 대해 간단한 설명을 곁들여 발표했다. 선생님은 학생들이 단원의 필수어휘를 이해하고 있는지 확인하기 위해 단어퀴즈를 실시했다. 학생들의 이해도를 평가하기 위해서는 단원 마무리용 총괄평가를 시행했다. 학생들은 개별평가에서 좋은 성적을 거뒀고, 이제 선생님은 학생들이 학습한 내용을 인출해 다른 방식으로 적용할 수 있는지도 알고 싶었다. 평가는 다음과 같은 방식으로 이뤄졌다.

"여러분은 벤다이어그램을 사용해 남북전쟁의 여러 측면에 나타나는 유사점과 차이점에 대해 발표했습니다. 전투가 벌어지지 않는 상황에서 군인들이 얼마나 지루해했는지도 알아봤지요. 남북전쟁 중 이러한 지루함에 대처하기 위해 군인들이 무엇을 했는지를 살펴보고, 평소에 여러분이 지루함을 이겨내기 위해 하는 행동과 무엇이 같고 무엇이 다른지 비교·대조해보세요."

단어퀴즈를 낼 때는 선생님이 결정권을 가졌고, 학생들은 무엇을 공부하고 암기해야 하는지를 정확히 알고 있었다. 발표를 준비하기 위해 학생들은 고차원적 사고스킬을 활용해 발표자료를 직접 만들었다. 마지막 평가에서는 선택권을 학생들이 가졌다. 평가표에는 벤다이어그램 사용이 명시되지 않았지만, 많은 학생이 벤다이어그램을 사용했다. 어떤 학생들은 유사점과 차이점을 글로 쓰기 전에 벤다이어그램으로 내용을 대충 적어본 다음 글을 썼다.

이와 같은 고차원적 평가를 위해서 학생들은 비교와 대조를 구분하기 위해 절차적 지식을 활용했다. 지루함이라는 개념적 지식을 이해하고, 지루함이 삶에서 어떻게 발현되고 사람들이 어떻게 대처하는지를 파악하며, 남북전쟁과 현재라는 두 시대를 비교하고, 군인과 학생이라는 두 집단의 나이 차이를 비교했다.

○ **핵심 노트** 인출이란 장기기억에 접근해 필요한 정보를 작업기억으로 불러와 문제를 해결하는 능력이다.

기억을 어떻게 인출하는가

저장된 기억에 접근하기가 쉽지 않다고 많은 사람이 호소한다. 우리는 정보를 제대로 저장하지 않으면 회상할 수 없다는 것을 앞에서 배워 알고 있다. 수업에 적극적으로 참여하면 학습과 기억으로 이어지지만, 수업에 주의를 기울이지 않으면 학습과 기억은 불가능해진다. 제대로 기억해 저장하지 않으면 인출하는 것도 어려워진다. 새로운 정보를 나중을 위해 저장해두려는 진지한 노력이 없으면 우리의 관심과 선호도 역시 낮아져 기억의 강도에 영향을 미친다. 우리가 정보를 기억하고 나중에까지 유지하려는 의지가 있을 때 기억이 오랫동안 유지될 가능성도 커진다.

기억은 기억될 내용을 처음 인지하고 처리하는 데 관여하는 뇌 구조와 같은 위치에 나누어 저장된다. 기억의 활용 가능성은 주어지는 단서가 얼마나 강력한지에 달렸다(Squire & Kandel, 2008).

예를 들어, 최근에 읽은 소설의 줄거리를 기억해내야 하는 상황이라고 가정해보자. 이때 "한 여자가 남편과 사별하고 어떤 남자와 재혼하는 이야기 말이야."와 같은 단서가 제공되었다면, 여기서 단서는 '여자', '사별', '재혼'이다. 이러한 단서가 기억을 환기시키는 데 충분하다고 여길 수도 있지만, 사실 많은 소설이 이와 비슷한 줄거리로 이뤄져 있다. 하나의 소설을 다른 소설과 구분하려면, 다른 작품과 구분되는 독특한 특징이 필요하다.

뇌는 정보를 신경망에 저장할 때는 유사점을 근거로 저장하지만, 다시 작업기억으로 인출할 때는 다른 정보와의 차이점에 근거해 인출한다(Sousa, 2017). 좀 더 구체적으로는, 정보를 저장할 때는 정보의 속성을 그것의 특징과 함께 신경망에 저장하고, 그렇게 저장된 것을 인출할 때는 기존에 저장된 다른 모든 정보와 어떤 식으로든 구별해야 한다. 즉, 다른 신경망과 구별되는 차이점을 찾아야 한다.

예를 들어, 가장 친한 친구에 대한 정보는 다른 모든 친구에 관한 정보와 함께 신경망에 저장된다. 그런데 특정 상황에 맞는 정보에 접근하려면 다른 정보와의 차이점을 찾아내야 한다. 길을 걷다가 멀리서 익숙한 얼굴을 발견했을 때, 처음에는 그 사람이 누구인지 알기 어렵다. 그러다 가까이 다가오면 당신의 뇌는 그 사람이 마지도 아니고 캐롤린도 아니고 도나도 아니라는 것을 인식한다. 점점 상대방이 드러나면서 마지, 캐롤린, 도나와는 다른 모습의 사람임을 알게 되기 때문이다. '아하, 베티구나! 그래, 베티가 맞아.'

소설에 관해 이야기할 때도 어떤 소설을 이야기하고 있는지를 파악하기 위해서는 좀 더 구체적인 단서가 필요하다. 가령, 이와 같은 구체적인 묘사를 단서로 붙일 수 있을 것이다. "남북전쟁에서 남편을 잃은 여자에 관한 소설 기억나? 여자는 남부 출신인데 나중에 북부 출신의 남자와 결혼하잖아."

잘못된 기억

어느 날, 학생들을 데리고 간단한 테스트를 했다. 먼저, 어휘목록에 있는 단어들을 적당한 속도로 읽어줬다. 학생들에게는 받아 적지 말고 편히 앉아서 듣기만 하라고 했다. 기억나는 단어를 최대한 많이 써보라고 시키지는 않을 생각이었다.

"담요, 코골이, 소파, 자장가, 졸다, 깨어 있는, 잠깐 눈을 붙이다, 잠, 평화, 하품, 졸린, 꿈, 피곤한" 여기까지 읽은 다음, 단어목록에서 눈을 떼고 고개를 들어 약 20초 동안 학생들과 이야기를 나누었다. 내가 불러준 단어의 잔상이 학생들의 즉시기억(immediate memory)에 남지 않게 하기 위해서였다.

"자, 선생님이 '문'이라고 말한 것을 들었다면 손들어보세요."

아무도 손을 들지 않았다.

"좋아요. '문'이라는 단어는 없었어요. 이번에는 '깨어 있는'이라는 단어를 들었다면 손들어보세요."

몇 명의 학생이 손을 들었다. 나도 고개를 끄덕였다.

"맞아요, '깨어 있는'이라는 단어가 있었어요. 자 그럼, '자다'라는 단어를 들었다면 손들어보세요."

대다수 학생이 손을 들었고, 나는 고개를 가로저었다.

"'자다'라는 단어는 없었어요."

학생들은 놀라워했다.

"왜 선생님이 '자다'라는 단어를 말했다고 생각했을까요?"

"선생님한테 속은 거죠. 선생님이 잠과 관련된 단어들을 많이 말씀하셨으니까요."

블레어가 말했다.

블레어의 말은 사실이다. 하지만 아이는 내가 의도적으로 잘못된 기억을 심어주려고 그렇게 했다는 사실은 알아채지 못했다. 나는 이 활동을 하면서 일부러 잠이라는 개념을 중심으로 조직된 신경망을 활성화했다. 내가 잠과 관련된 단서를 많이 줬기 때문에 학생들은 '자다'라는 단어를 들었다고 생각한 것이다.

이 활동은 대니얼 셰크터(Daniel Schacter)가 강연에서 여러 차례 선보였던 활동이다. 이따금 우리는 다른 사람에게 잘못된 기억을 심어주곤 한다. 하지만 기억의 인출 및 평가에 관한 한 이와 관련된 사실을 잘 알아둘 필요가 있다. 선다형과 참/거짓 문항으로 구성된 강제선택(forcedchoice) 평가는 학생들이 잘못된 기억을 갖게 할 수 있다.

기억 저장고에서 어떤 신경망이 활성화되느냐에 따라 우리가 쉽게 동요한다는 사실을 잘 보여주는 활동이 있다. 먼저 학생들에게 간단한 질문을 10개 던질 테니 가능한 한 빨리 대답해보라고 한다. 그런 다음 흰 종이를 들어보이며 "이 종이는 무슨 색깔이지요?" 하고 묻는다. 학생들은 흰색이라고 대답할 것이다. 그러면 재빨리 다시 묻는다. "젖소가 마시는 것은?" 아마 대다수 학생이 '우유'라고 대답할 것이다. 몇몇 학생은 실수를 감지하고, 왜 그런 실수가 생기는지 이야기할 것이다. 그 이유는 바로, 앞선 질문으로 인해 뇌가 흰색의 무언가를 생각하도록 유도되었기 때문이다. 시간제한이 있는 평가를 치르는 경우 하나의 신경망이 활성화되면서 이와 유사한 실수를 일으킬 가능성이 있다.

시험을 치를 때는 문제를 주의 깊게 읽도록 학생들에게 각별히 주의를 줘야 한다. 선다형 시험이라면 각각의 선택지를 전체적으로 파악해 끝까지 잘 읽어야 한다. 선다형 문제의 경우 문제를 제시하는 부분이 먼저 나온 다음 이어서 서너 개의 선택지가 제시된다. 하지만 그중 하나만이 정답이고 나머지는 정답이 아닌 선택지들이다. 이 나머지 선택지들은 응시자를 헷갈리게 하려는 목적으로 만들어졌으며 부분적으로만 옳다. 그런데 옳은 내용이 선택지 문장의 앞부분에 제시되면 학생은 그것을 정답으로 고르게 된다.

참/거짓을 묻는 문제에서도 같은 상황이 벌어진다. 진술문의 첫 부분이 사실이거나 부분적으로 사실이더라도 끝부분은 사실이 아닐 수 있다. 따라서 이런 유형의 질문 역시 꼼꼼하게 읽고 내용의 정확성을 끝까지 확인해야 한다.

○ **핵심 노트**　신경망의 활성화가 때로는 학생들의 머릿속에 잘못된 연결을 유도할 수 있다.

시험불안

시험불안은 스트레스의 한 형태이다. 많은 사람이 좋은 스트레스를 받기도 하는데, 시험 볼 때 받는 스트레스가 그런 스트레스에 속한다. 시험은 아드레날린을 분출시켜서 실제로 기억회복을 돕기 때문이다. 하지만 어떤 학생들은 시험불안에 압도당하기도 한다.

스트레스 생리학자 로버트 사폴스키(Robert Sapolsky)에 따르면 다음과 같은 경우에 스트레스가 가장 잘 통제된다(2012).

1. **예측 가능성** 학생들은 자신이 어떤 형태의 시험을 치르게 될지 아는가? 시험에 나올 내용에 대해 잘 알고 있는가? 시연활동과 복습을 충분히 했는가?
2. **선택권** 학생들에게 선택권이 있는가? 3개의 쓰기 질문 중 2개를 선택해서 답을 쓰게 하는 경우가 포함된다.
3. **통제권** 학생은 평가의 목적을 이해하고, 시연활동과 복습이 적절히 이뤄졌을 때 자신에게 통제권이 있다고 느낀다.
4. **사회적 교류** (시험이라는 어려운 일을) '모두 함께하고 있다'는 느낌을 주는 환경일 때 학생들은 시험을 덜 위협적으로 느낀다. 필요하다면 모둠

평가를 받게 하는 것도 좋다.

5. **신체활동** 물론 시험 보는 동안 교실을 돌아다니게 할 수는 없지만, 시험 전에 간단한 신체활동을 하면 도움이 된다.

스티킨즈(Stiggins, 2001)는 다음과 같이 학생들이 평가에 관여하게 하는 것도 좋다고 제안한다.(〈도표 7.1 참조〉)

학생들이 시험을 두려워하는 구체적인 이유를 함께 논의하고, 그 두려움을 해소할 방안을 제시하는 것도 도움이 된다. 예를 들어, 한 학생이 학습한 내용을 잊어버릴까 봐 걱정한다면 기억술을 알려줘 자신감을 심어줄 수 있다. 어려운 질문에 대한 두려움이 크다면 가장 쉬운 문제를 먼저 풀

도표 7.1
평가에 관한 학생의 참여 수준

높은 수준의 참여	학업 성취도는 교사평가와 자기평가 둘 다를 연계시킨다.
	평가의 효과를 이해한다.
	평가척도를 사용해 자신을 직접 평가한다.
	득점기준을 직접 만든다.
	득점기준 정하는 일을 보조한다.
	평가과제를 직접 만들어본다.
	평가 개선방안에 대한 의견을 낼 수 있다.
낮은 수준의 참여	시험을 보고 점수를 받는다.

(Stiggins, 2001)에서 응용

어보라고 일러줄 수 있다.

어떤 학생들은 시간제한 때문에 스트레스를 받기도 한다. 시험 볼 때는 속도의 완급 조절이 중요하다. 표준화시험은 보통 시간제한이 있고, 교실에서 이뤄지는 평가도 시간제한 하에 이뤄진다. 따라서 문제풀이의 속도를 시간에 맞게 조절하도록 가르치고, 시간제한 속에서 복습을 진행하는 것이 좋다(Chapman & King, 2000).

교실에서 치르는 시험의 경우 시험지 뒷장을 백지로 주고 학생들에게 자신이 공부한 내용 중 기억나는 것을 적도록 하는 것도 도움이 된다. 가끔 학생들이 "공부를 하긴 했는데 시험에 나오지 않는 것만 공부했어요!"라고 말할 때가 있다. 이때 시험지 맨 뒷장의 백지에 학생들이 공부한 내용을 적을 수 있게 한 다음 그것으로 가산점(이때 절대로 벌점을 줘서는 안 된다.)을 줄 수 있다(Chapman & King, 2012).

시험불안은 학생들의 뇌에 어떤 작용을 할까? 시험을 잘 치르지 못하는 4학년 찰리의 경우를 보자. 찰리는 주(州)에서 시행하는 시험 전날에는 깊은 잠을 자지 못한다. 아이는 자신이 시험을 못 보는 편이라고 생각한다.(누군가 찰리에게 그렇게 말한 적이 있는데 찰리는 어른이 하는 말이라면 무조건 믿는 경향이 있다.) 시험 보는 날 아침 찰리는 엄마가 만든 계란프라이로 아침식사를 한다. 고단백질 음식은 주의집중에 좋다. 하지만 찰리는 시험 스트레스로부터 보호하기 위해 분비되는 체내물질 때문에 속이 메스꺼워 깨작깨작 먹고 만다.

동굴에서 살던 원시시대에는 스트레스의 원인이 야생동물이었고, 그 당시 사람들의 몸속에서도 같은 물질이 분비되었다. 현대사회를 살아가는 우리는 그와 다른 요인 때문에 스트레스를 받지만, 우리 뇌와 신체는 그때와 똑같은 방식으로 반응한다.

이 시험이 중요하다고 알고 있는 찰리는 스트레스로 인해 분비된 코티솔(cortisol)에 영향을 받는다. 코티솔의 분비량이 적을 때는 괜찮지만 많을 때는 스트레스 강도가 높아진다. 코티솔이 많아지면 작업기억은 곧 일어날지도 모를 일에 대비한다. 여기서 '곧 일어날지도 모를 일'이란 스트레스에 대한 반응으로 싸우거나(fight) 도망가거나(flight) 꼼짝 못하게 되는(freeze) 상황을 의미한다. 시험 보는 동안 찰리가 과거에 낮은 성적으로 좌절했던 경험을 떠올리면 부신에서는 더 많은 코티솔이 분비된다. 찰리의 작업기억은 과거의 경험에 집중하게 되고, 장기기억에 접속해 시험과 관련된 나쁜 기억에 접근한다. 작업기억이 바빠지면 찰리는 집중하기 어려워지고, 장기기억이 과거의 시험과 관련된 기억을 계속해서 작업기억으로 보내기 때문에 사전지식에 접근할 수 없게 된다. 이런 상황이 되면 대다수 학생은 싸우거나 도망가기보다는 꼼짝 못하고 얼어붙고 만다. 이 같은 상황에서는 어느 정도 개입(interventions)이 필요하다.

● **핵심 노트**　학생들과 시험불안에 대처하는 방안을 함께 논의하라.

수업시간에 사용된 지도전략이 복습 및 평가와 연결되지 않을 때 기억인출에 문제가 발생한다. 사용되는 어휘의 종류, 복잡성의 수준, 기억경로 간의 전이에 문제가 있을 때 인출이 어려워질 수 있다.

어휘

어휘와 관련한 문제는 표준화시험과 수업시간에 이뤄지는 평가 모두에 영향을 미친다. 표준화시험에 나오는 고빈도 어휘는 어떤 학생들에게는 익숙하지 않을 수 있다.

부유하고 교육을 중시하는 가정에서 자란 학생은 표준화시험에 나오는 어휘나 구문을 일상적으로 들으면서 자란다(Popham, 2001). 특히 언어과목은 가정환경에 쉽게 영향을 받는다. '격식에 맞는' 어휘를 사용하는 가정에서 성장한 학생에게는 시험에 나오는 어휘들이 낯설지 않기 때문에 부모가 다른 모국어를 쓰는 가정이나 '격식을 갖추지 않은' 언어를 사용하는 가정에서 자란 학생보다 훨씬 더 유리한 점이 있다(p.57).

수업시간에 이뤄지는 평가를 계획할 때 교사가 구두설명에 사용하는 어휘가 학생들의 기억 속 단어사전에 있을 수도 있고 없을 수도 있다는 사실을 명심해야 한다. 수업시간에 활자로 접해본 적 없는 어휘를 평가 당일에 처음으로 듣게 되면 학생들은 당황해서 집중력을 잃고 만다. 회상연습 때 그 단어들을 사용하거나 재인시험에서 그 단어들을 인지하기를 원한다면 학생들 스스로 해당 단어를 발음해볼 수 있어야 한다(Schenck, 2011). 아직 읽기에 어려움을 겪는 어린 학생들에게는 이 점이 매우 중요하다.

수잔은 대학원 공부를 하면서 6학년 학생들을 가르치고 있다. 이번 학기에는 교육과정 목표, 수업 및 평가의 일체화에 관한 수업을 듣는다. 다음 수업에는 주정부의 성취기준에 부합하고 특정 범주를 만족하는 평가계획을 대학원 수업에 가져가서 토론할 예정이다.

학교에서 수잔은 제리 스피넬리(Jerry Spinelli)의 소설 『잔혹한 통과의례 (Wringer)』를 가지고 해오던 수업을 마무리하는 참이었다. 최종 평가를 위해 지필시험을 준비했다. 이 단원을 시작할 때 수잔은 학생들과 단원에서 무엇을 기대할 수 있을지 알아봤다. 학생들은 소모둠 단위로 각 장의 내용에 대해 논의했고 직접 질문을 만들어냈다. 몇몇 장면을 역할극으로 꾸며보기도 했고 대모둠 단위로 토론도 했다.

학생들은 이 소설에서 '잔혹한 통과의례'는 마을의 연례행사인 비둘기 축제에서 비둘기의 목을 비틀어야만 하는 열 살 남자아이의 상황을 의미한다는 사실을 알게 되었다. 수잔은 학생들이 이 소설의 밑바탕이 되는 주제가 성인식(coming of age)이라는 것도 알고 있다고 생각했다. 수잔은 평가를 위해 다음과 같은 질문을 던졌다.

- 반복적으로 등장하는 포연(gunsmoke)은 파머의 불안에 관해 무엇을 암시할까요?
- 파머가 마음속으로는 도로시를 존중하면서도 사람들 앞에서는 도로시를 무시하고 놀려야 한다는 압박감을 느낀 이유가 무엇일까요?
- 열 살 남자아이 대부분이 축제에서 비둘기의 목을 비트는 역할을 맡는 것을 영광스럽게 생각하는 상황에서 파머가 이러한 전통을 혐오하는 이유는 무엇일까요?

수잔은 평가를 위해 생각해낸 이 질문들이 학생들의 생각을 자극할 것이라는 생각에 내심 뿌듯했다. 하지만 결과는 예상 밖으로 실망스러웠다. 수잔은 학생들의 시험지를 대학원 수업에 가지고 갔다. 대학원 동료들도 수잔이 낸 문제가 성취기준에 잘 부합하는 것 같다고 평가했다.

"그런데 왜 평가결과는 이렇게 나온 걸까요?" 수잔이 동료들에게 물었다. "저는 너무 실망했어요. 아이들이 토론하는 걸 들었다면 아실 거예요. 요약도 잘하고, 자기 말로 바꿔서 설명할 줄도 알았다고요. 텍스트와 자신과의 연관성 찾기 활동도 했고요. 그래서 시험을 보면 그동안 배운 걸 훌륭하게 보여줄 거라고 생각했어요."

대학원 수업을 진행한 교수는 그 이유를 모두 함께 찾아보도록 유도했다. 먼저 수업과 평가가 긴밀히 연계되지 않았다는 것이 무엇인지를 대략 정의해보도록 했다. 그런 다음 수잔이 질문에 사용한 어휘를 유심히 살펴봤다. 시험문제에 나온 '압박감을 느끼다', '혐오하다', '반복적으로' 같은 단어들을 수업 중에도 사용했는지를 묻자 수잔은 잘 기억하지 못했다.

수업 중에 관련 개념을 다룬 것은 확실하지만 어쩌면 이 시험지를 대학원 수업에 가져가서 동료들에게 보여줄지도 모른다는 사실 때문에 무의식적으로 시험문제에 고급어휘를 사용했을 수도 있다. 교사는 자신이 자연스럽게 쓰는 어휘를 학생들도 알고 있을 거라고 지레짐작하고, 그런 어휘들을 이용해 평가문항을 만들 가능성이 있다.

핵심 노트 수업이나 형성평가를 할 때 학생 수준에 맞는 적절한 어휘를 사용하고, 같은 단어를 총괄평가에 사용해야 학생들이 당황하지 않는다.

복잡성의 수준

수자(Sousa, 2015)는 복잡성(complexity)과 난이도(difficulty)를 구분한다. 복잡성이 정보와 문제를 처리하는 데 사용되는 사고과정의 유형에 관한 것이라면, 난이도는 복잡성의 수준이 같을 때 얼마만큼의 노력이 필요한가에 관한 것이다. 블룸의 개정된 교육목표분류를 사용할 경우 복잡성은 '어느 정도 수준의 사고가 요구되느냐'로 정의할 수 있다(Anderson et al., 2001). 복잡성이 높은 과제일수록 더 고차원적인 사고가 요구된다. 그리고 난이도가 높은 과제일수록 같은 사고수준에서 더 큰 노력이 요구된다(〈도표 7.2〉 참조).

복잡성에 관한 한 많은 평가기관들이 블룸의 교육목표분류보다는 웹의 지식의 깊이(Depth of Knowledge, 노먼 웹(Norman Webb)이 창안한 개념으로, DOK로 표기함-옮긴이) 모델을 이용한다. DOK모델은 인지적 요구와 사고과정에 중점을 두지만, 블룸은 교육목표분류에 사용된 동사를 기반으로 학생이 완수하는 과제에 초점을 맞춘다. 블룸은 교육목표분류의 각

도표 7.2
사고과정에서 복잡성과 난이도를 결정하는 블룸의 교육목표분류

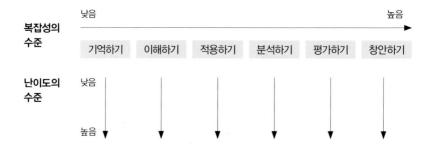

단계에 맞는 특정 동사들을 제시하지만, 웹은 각각의 사고수준에서 기대되는 바에 따라 동사들을 재사용한다.

예를 들어 DOK모델에서 1단계는 회상 및 자동적 반응과 관련 있다. 회상을 가능하게 하는 인지적 과정 중 하나는 '설명'하는 것이다. 이 단계에서는 "여기에서 알아야 할 지식은 무엇인가?"라는 질문에 답해야 한다. 2단계는 개념적 사고와 관련 있는데 이때 복잡성이 증가하며 학생들은 회상을 넘어 그 이상을 할 수 있어야 한다. 이 단계에서는 "알게 된 지식은 어떻게 사용될 수 있는가?"라는 질문에 답해야 한다. 이 단계에서도 '설명'이 사용될 수 있다. 그렇다면 각 단계에서 '묘사'라는 단어는 어떻게 사용될 수 있을까? 1단계에서는 "누가 주인공인지를 묘사하라."라는 질문이 가능하고, 2단계에서는 "주인공과 적대적인 인물 사이의 관계를 묘사하라."라는 질문이 가능하다. 3단계에서는 "지식이 어째서/왜 사용될 수 있는가?"라는 질문에 답해야 하고, 4단계에서는 "지식이 또 어떻게 사용될 수 있겠는가?"라는 질문에 답해야 한다. 이처럼 DOK모델에서는 동사 앞에 나오는 말이 복잡성의 수준을 결정한다(Francis, 2016).

시연활동과 복습활동은 복잡성 측면에서 평가와 같은 수준의 복잡성을 가져야 한다. 보통, 시연활동은 블룸의 교육목표에서 낮은 단계 또는 웹의 DOK모델 1~2단계에서 시작해 조금 더 복잡한 수준의 활동으로 나아간다. 최종 시연활동과 최종 복습활동에 다다랐을 때에는 복잡성의 수준이 평가의 복잡성 수준과 같아야 한다. 요즘 새롭게 등장하는 시험 유형들은 웹의 DOK모델에서 2단계 이상에 해당하는 질문에 답하도록 구성되어 있다.

〈도표 7.3〉은 소설 『잔혹한 통과의례(Wringer)』를 활용해 수업할 때 복잡성과 난이도를 높여가면서 질문하는 방법을 정리한 것이다.

핵심 노트   학생들은 시연활동과 복습활동에서 접하지 못한 복잡한 문제를 평가에서 맞닥뜨릴 경우 낮은 성적을 받을 수 있다.

도표 7.3
블룸의 개정된 교육목표분류를 활용해 소설 『잔혹한 통과의례(Wringer)』에 대해 질문하기

	기억하기	이해하기	적용하기	분석하기	평가하기	창안하기
복잡성	소설의 주인공은 누구인가?	파머는 열 살이 되는 것에 대해 왜 불쾌해하는가?	다음 제시된 웹사이트 중 한 곳에서 비둘기에 대한 정보를 찾아 소설 속 비둘기에 대한 정보와 비교하라.	파머는 관습적인 행위의 어떤 요소를 받아들이기 힘들어 하는가?	'비둘기의 날' 행사와 새 500마리를 쏘아 죽이는 행위가 공원 유지비용을 마련하기 위해 정당화될 수 있는가?	성인식을 의미하는 동시에 '비둘기의 날'에 기대되는 바를 충족시킬 대안을 마련하라.
난이도	주인공의 성격을 묘사하라.	열 살이 되는 것에 대한 다른 두 인물의 반응을 묘사하라.	웹사이트 한 군데를 포함해 총 세 곳의 서로 다른 출처를 참조해 비둘기에 대한 정보를 비교하라.	파머가 부당하다고 생각하는 관습적 요소를 찾아서, 가장 불쾌한 것부터 순서대로 나열하라.	수익금이 얼마나 될지 추정하고, 그것이 어떻게 사용될지 구체적으로 기술하라.	마을 사람들이 대안을 모색하는 과정에서 사용할 안건을 작성해보라.

전이(transfer)

수업은 매우 잘 진행되었다. 페레즈 선생님이 영화 〈귀여운 빌리(Born Yesterday)〉를 보여주면서 권리장전을 소개할 때 학생들은 처음부터 수업에 몰입했다. 영화 속에서 멜라니 그리피스(Melanie Griffith, 미국의 영화배우로, 빌리 역을 맡음–옮긴이)가 〈12일의 크리스마스(The 12 Days of Christmas)〉라는 노래를 개사해서 미국 수정헌법을 익히는 장면을 학생들은 좋아했다. 선생님과 학생들도 그 노래를 개사해서 권리장전을 익혔다.

선생님은 학생들을 모둠으로 묶어 수정헌법을 시각화하도록 했다. 학생들은 자신들이 만든 이미지를 설명하고 발표해야 했다. 수정헌법의 개념이 무엇인지를 확실히 알기 위해 학생들은 '수정헌법 댄스'를 만들었다. 각각의 수정헌법 조항에 대해 각기 다른 동작을 만드는 것이었다. 복습 활동으로 학생들은 보드게임 '트리비얼 퍼슈트(Trivial Pursuit)'를 본떠 만든 '수정헌법 따라잡기' 게임을 했다. 선생님은 학급을 두 모둠으로 나누어 문제를 냈다. 한 모둠이 정답을 말하면 계속해서 답을 맞힐 수 있는 권리가 유지되고, 10점을 먼저 얻으면 이기는 게임이었다. 수정헌법에서 배운 어휘를 사용해 '비밀번호' 게임도 했다. 각각의 수정헌법에 사용된 단어를 이해하는지 확인하기 위해서였다. 여러 가지 활동 중 최고는 각각의 수정헌법을 가지고 하는 역할극이었다. 학생들은 모둠별로 역할극을 꾸몄다.

활동을 모두 마친 뒤 선생님은 지필평가를 계획했고, 여기에는 선다형, 짝짓기, 참/거짓 판별, 짧은 서술형 문항이 포함되었다. 시험 결과 많은 학생이 좋은 성적을 받지 못했다.

위 사례에서 많은 학생이 좋은 성적을 받지 못한 이유는 평가방식이 지도방법과 연계되지 않았기 때문이다. 수업전략을 짜기 전에 평가를 계획했지만, 교사는 학생들이 정보를 의미기억경로에 저장하고 연습할 기회를 주지 않았다. 학생들은 역할극 등을 통해 정서기억경로를 따라 정보를 익혔고, 댄스를 통해 절차기억경로로 정보를 학습했으며, 노래와 게임 등을 통해 조건반응 방식의 자동화 기억경로로 정보를 저장하고 연습했다. 그런데 저장된 정보를 가져다 각자의 방식으로 다시 표현해보는 활동은 거의 하지 않았다.

교사는 학생들이 정보를 올바른 기억경로에 저장할 수 있도록 글쓰기 활동을 더 많이 하거나, 학생들이 실제로 해본 활동을 가지고 적절한 채점기준표를 사용해 제대로 된 평가를 해야 한다. 이 중 글쓰기 활동을 더 많이 하는 쪽을 택한다면, 각각의 활동 끄트머리에 학생들이 방금 어떤 활동을 했는지 요약문을 쓰게 하거나, 서로를 가르쳐보도록 수업을 설계하면 된다.

뇌는 입력된 정보를 어떻게든 이해하려고 애쓰기 때문에 단서가 주어지면 곧바로 탐색을 시작한다. 앞의 사례에서 지필평가를 치르는 동안 학생들은 막다른 골목에 맞닥뜨린 느낌을 받았을 것이다. 평가가 수업시간에 배웠던 댄스, 노래, 게임 등과 연계되었다면 학생들이 정보에 좀 더 쉽게 접근했을 것이다. 이 말은 선생님이 단원을 이런 식으로 가르쳐서는 안 됐다는 뜻이 아니다. 댄스나 노래 등의 활동은 학생들을 참여시키기에 좋은 방법이었다. 그러나 수업을 계획할 때 평가와 긴밀하게 연결시키도록 몇 단계만 더 생각했다면 평가결과가 훨씬 더 좋았을 것이다.

장소가 중요하다

나는 치어리더 학생들과 함께 체육관에서 연습하고 있었다. 경기가 치러질 대형 체육관에서 방과후에 연습하는 경우는 그리 흔치 않았다. 농구부 감독이 우리에게 공간을 양보하는 날이 몇 주에 한 번밖에 되지 않았기 때문이다. 그날은 농구팀이 작은 체육관에서 연습하기 때문에 우리가 체육관을 사용할 수 있었다.

학생들은 각자 자기가 서는 위치를 다시 잡아야 했다. 평소에는 훨씬 가깝게 서서 연습하다가 넓은 공간에서 하게 되니 어려워서 내가 이리저리 조정해줘야 했다. 기존 안무는 물론이고 그 주 토요일에 있을 경기를 위해 새로운 안무를 연습해야 하는 상황이었다.

"선생님, 이 안무는 여기서 해본 적이 없어요." 크리스틴이 말했다.

"학교 사진을 중심에 두고 연습해왔는데 여기는 학교 사진이 없어요."

크리스틴의 말에 나는 이렇게 말했다.

"걱정하지 말아요. 이번 주에는 아침마다 여기서 연습할 거니까 어디를 중심으로 삼아야 할지 한번 찾아보세요. 잘할 수 있을 거예요."

자리가 어느 정도 잡혔다고 생각해서 음악을 틀었는데, 키샤가 문을 열고 들어왔다. 그 순간, 방과후에 키샤에게 보충시험을 내주기로 한 것을 잊고 있었다는 사실을 깨달았다.

키샤는 불만이 가득 찬 얼굴로 내게 말했다.

"선생님이 교실에 안 계셔서 한참을 기다렸어요. 벨 선생님이 저를 발견해서 선생님이 여기 계신다고 말씀해주시지 않았다면 계속 기다렸을 거예요. 오늘이 제가 늦게까지 남아 보충시험을 볼 수 있는 유일한 날이라고요."

나는 키샤에게 깜빡 잊어서 미안하다고 사과했다. 얼른 시험지 한 장을 꺼내 키샤에게 내밀었지만, 시험 볼 장소가 마땅치 않았다. 컨닝 위험이 있어서 아이 혼자 교실로 보내 시험을 보게 할 수는 없었다. 그렇다고 체육관에서 시험을 보게 하자니 너무 시끄러웠다. 운동부 코치가 사용하는 사무실을 확인했더니 마침 비어 있었다.

"키샤, 사무실에 들어가서 문을 닫고 시험을 보도록 해요. 혹시라도 음악소리가 너무 크면 말해줘요."

키샤는 시험을 보러 들어갔고, 나는 치어리더팀으로 돌아가 학생들을 지도했다. 하지만 곧 키샤가 시험을 중단하고 나왔다.

"벌써 끝났나요? 아니면 너무 시끄러운가요?"

"소음이 문제가 아니에요. 교실에서 시험을 봐야겠어요. 저기서는 아무것도 생각해낼 수가 없어요. 공부한 내용을 기억하려면 교실로 가야 해요. 제 책상에 앉아서 선생님이 평소에 쓰시는 분필을 눈으로 봐야 공부한 내용을 기억할 수 있을 것 같아요."

"칠판에는 아무것도 적혀 있지 않아요. 정답이 거기에 있는 것도 아니고요."

"하지만 전 그것들을 봐야 생각이 날 것 같아요. 저는 원래 시험 볼 때 그렇게 해요."

결국 나는 치어리더 학생들을 남겨두고 키샤를 교실로 데리고 갔다. 치어리딩 지도하랴 시험 감독하랴, 체육관과 교실을 오가는 게 쉬운 일은 아니었다. 다행히 운동부 코치 선생님이 체육관으로 와 치어리더팀을 잠깐 봐주셨다. 키샤는 시험을 빨리 끝마쳤고 성적도 매우 좋았다.

키샤와의 일화는 내게 생각할 거리를 줬다. 그 이후로 나는 교실에서 시험 보는 학생들을 관찰하기 시작했다. 내가 직접 관찰해서 얻은 결과는 놀라웠다. 나는 출석부를 복사해 학생들이 시험을 보거나 에세이를 쓰거나 퀴즈나 학습지를 푸는 동안 어떤 행동을 하는지 꾸준히 기록했다. 학생들의 30퍼센트 정도는 시험문제를 푸는 데 여념이 없었다. 이들은 결코 주변을 둘러보지 않았다. 40퍼센트 정도의 학생들은 이따금 고개를 들고 교실 안의 무언가를 빤히 쳐다봤다. 나머지 15~20퍼센트의 학생들은 칠판을 바라보거나 종종 나를 바라봤다. 그리고 5~10퍼센트의 학생들은 몇 분에 한 번씩 칠판을 봤다가 머리 위 스크린도 봤다가 게시판도 봤다가 나도 봤다. 키샤도 그런 학생 중 한 명이었던 것이다.

이런 현상에 관한 연구는 매우 설득력이 있다. 1690년대에 존 로크 (John Locke, 17세기 영국 철학자-옮긴이)는 낡은 트렁크가 있는 연습실에서 댄스를 배운 한 청년을 관찰했다. 그리고 그 트렁크 없이는 청년이 스텝을 기억해내지 못한다는 것을 알아챘다(Baddeley, 1999). 회상시험에 비해 재인시험은 환경의 영향을 덜 받는다고 알려져 있다. 하지만 2년 전에 나는 정부가 주관하는 표준화시험에서 재인시험도 환경의 영향을 받을 수 있다는 것을 우연히 발견했다.

인근 지역의 한 교장 선생님이 전화를 주셨는데 학생들의 작문시험 결과가 안 좋아 걱정이라면서 그 학교 선생님들과 함께 해결책을 찾아봐달라고 부탁했다. 나는 주정부 표준화시험에서 학생들이 작성한 에세이 답안지를 복사해달라고 요청해 몇몇 학생의 것을 얻었다. 좋은 점수를 받기에는 부족해 보였다. 주정부의 교육과정 편성을 따르다 보면 교사들은 글쓰기 시간을 충분히 확보할 수 없고, 학생들이 쓴 에세이가 성취기준에 부합하는지 아닌지 피드백을 주기가 어렵다.

"학생들이 어디에서 시험을 치렀나요?"

나는 교장 선생님과 교사들에게 물어봤다.

누군가가 시험 일정표를 꺼내려 하자 그 옆에 있던 선생님이 말했다.

"각자 자기 교실에서 봤어요. 담임교사가 사회 담당이라면 사회교실에서, 과학 담당이라면 과학교실에서, 수학 담당이라면 수학교실에서 봤죠. 저는 5학년부터 8학년까지 작문을 가르치는데 저희 반 아이들은 국어교실에서 제 감독하에 시험을 봤어요."

그 교사의 말을 듣고 국어교실에서 시험을 본 학생들의 점수를 살펴보니 흥미로운 결과가 나왔다. 국어교실에서 작문시험을 본 학생들의 다수가 주정부의 성취기준에 도달하거나 기준 이상의 성취를 보인 것이다. 분량도 다른 교실에서 시험을 본 학생들의 글쓰기 분량보다 많았다. 국어교실이라는 주변환경, 시험감독관이 작문 선생님이라는 사실은 학생들이 성취기준에 도달할 수 있을 만큼 답을 서술해나가는 데 충분한 도움이 되었다. 다른 과목 교사들은 담당 과목 수업을 하면서 고도의 글쓰기를 기대할 일이 없었기 때문에 학생들이 쓴 글 역시 분량이 많지 않았다.

이 경험은 우리를 기대치와 공통어휘에 관한 논의로 이끌어갔다. 올해 이 학생들에게 왜 이런 현상이 나타난 것일까? 이에 대해서는 누구도 확실히 답할 수 없었다. 시험일정이 과거와 달랐을 수도 있고, 유독 이 학생들이 환경에 민감해서일 수도 있다.

다른 학교의 관리자나 교사들과 이야기를 나눌 때 나는 이와 같은 현상의 원인이 무엇이라고 생각하는지 묻곤 한다. 시연활동이나 복습활동을 하는 시간이 충분했다면, 학생들이 지식을 전이하는 데 문제가 없었을 것으로 짐작된다. 그런데 대개 그렇지 않다. 어떤 학생들은 지식을 전이하는 데 시간이 더 걸리기도 한다. 의미기억의 공고화 역시 우리 모두에게 다르게 일어난다.

우리는 하나의 일화에서 의미를 추출하며, 그렇게 추출된 의미는 단단한 의미기억이 되어 머릿속에 남는다(Eichenbaum & Dickerson, 2010). 학생마다 두뇌발달 상황, 주의집중력, 학습동기, 경험이 다르기 때문에 모두에게 큰 부담이 되는 시험 상황에서 잘 해낼 수 있는 기회를 제공해줄 필요가 있다.

핵심 노트 특정 장소에서 학습한 학생들은 똑같은 장소에 있을 때 더욱 쉽게 정보를 인출할 수 있다.

평가방법과 인출

두 가지 주요 평가유형에 대해 검토해볼 필요가 있다. 형성평가(formative assessment)는 일반적으로 교실 안에서 학습을 개선하고 증진하기 위해 피드백을 중심으로 운영된다. 지필평가, 개인적인 대화, 수행평가, 포트폴리오 등이 포함된다. 총괄평가(summative assessment)는 학생들이 그동안 배운 것을 특정 시점에 이르러 확인하는 것으로 단원별 평가나 장별 평가, 주정부 수준 또는 국가 수준의 성취도평가가 포함된다. 이러한 평가들은 모두 주정부 또는 국가 수준의 성취기준에 부합해야 한다. 학습내용의 전이를 위해 이러한 평가들은 사실적 정보 이상의 것에 초점을 맞춰야 한다. 즉, DOK모델의 3, 4단계 수준에 해당하는 복잡한 사고스킬을 활용할 수 있어야 한다.

수행평가

수행을 통해 배운 것을 표현할 때 학생들이 기억을 인출하는 방식은 수행평가의 형식에 따라 달라진다. 수행평가에는 즉흥적 수행(spontaneous performance)과 표준적 구조를 갖춘 수행(structured performance)이 있다(Danielson, 2002). 즉흥적 수행평가는 학생들이 수업내용을 자신만의 방식으로 연습하는 과정을 관찰하는 비공식적인 평가방식이다. 비공식적인 관찰내용을 기록할 수도 있고, 채점기준표(rubric)를 사용할 수도 있다. 학생이 일정 수준 또는 최종 성과에 도달하는 과정에서 시도한 것들에 대해서가 아니라 가장 마지막에 도출해낸 성과에 대해 점수를 매겨야 한다. 그뿐만 아니라 새로운 단원을 시작할 때 어떤 방식으로 평가하고 채점할 것인지를 학생들과 함께 논의해야 한다(O'Connor, 2009).

표준적 구조를 갖춘 참평가(structured authentic assessment)의 평가기준은 수행평가를 치르기 전에 학생들과 함께 수립해야 한다. 학생들은 채점기준표를 참조하면서 자신이 어떤 기준으로 평가될지를 정확히 알아야 한다. 그러면 학생들은 평가에 대비하는 것도, 배운 내용을 인출하는 것도 어렵지 않게 할 수 있게 된다. 그러나 시험불안처럼 수행평가에 대한 불안감도 학생들이 수행에 필요한 정보를 인출하는 것을 방해할 수 있다. 교실 앞에 나와서 과제를 수행해야 하는 경우 발표에 대한 두려움이 문제가 될 수 있다. 학생들에게 선택권을 주면 스트레스 수준을 낮출 수 있으므로 수행평가 방법을 선택하도록 하는 것도 도움이 된다. 구두 발표에 대한 두려움이 심한 학생들에게는 에세이 쓰기나 영상 녹화하기, 자신이 알고 있는 것을 표현할 다른 방법을 선택하게 하는 것이 좋다.

전통적인 평가

지필평가를 치를 때 학생들은 보통 독립적으로 시험을 본다. 시간제한이 있으며, 노트필기와 같은 참고자료는 사용할 수 없다. 시험지에 제시되는 문제는 사실적 지식, 개념적 지식, 절차적 지식을 충분히 상기시킬 수 있는 단서를 포함해야 한다. 따라서 필요한 정보를 알아내려면 알맞은 형태의 평가방법을 써야 한다. 예를 들어 분석하기, 적용하기, 평가하기와 같은 고차원적 사고능력을 평가할 때는 에세이 쓰기와 같이 학생들이 직접 답을 구성하는 논·서술형 시험(constructed-response test)이 더 적절하다. 사실적 지식, 개념적 지식, 절차적 지식 등 지식의 유형에 맞게 평가 형태도 각기 다르게 적용될 필요가 있다(Danielson, 2002; Stiggins, 2004).

학생들이 선택지 중에서 답을 찾는 시험(selected-response test)에는 선다형, 짝짓기형, 참/거짓 문항 등이 포함된다. 이는 사실적 지식과 독립적인 개념을 인출하는 능력을 측정하는 데 적합하지만, 학생들이 학습내용을 분석·적용·평가할 수 있는지를 알아볼 때도 사용된다.

논·서술형 시험에서는 정답을 찾는 것보다 학생들 스스로 답을 구성해나가는 것에 초점을 둔다. 빈칸 채우기, 에세이 쓰기 등이 포함되며, 광범위한 개념적 이해, 문제해결, 고차원적 사고스킬 등을 측정할 수 있다.

○ **핵심 노트** 적절한 평가방법을 사용하면 학생들이 저장된 기억을 성공적으로 인출할 수 있는지를 판단할 수 있다.

기억인출에 실패했을 때

이 책에서 제시한 7단계 수업전략에 따라 지도했는데도 여전히 수업내용을 기억하지 못하고 교사의 기대만큼 이해하지 못하는 학생이 있다면 다음과 같은 질문을 해보라.

1. 뒤로 물러나 생각해봤는가?

최종 결과를 염두에 두고 시작했는가? 성취기준, 영속적 이해(enduring understandings), 핵심질문(essential questions)을 바탕으로 평가를 계획하면 학생들이 기억인출에 어려움을 겪는 경우가 줄어든다. 그런데 우리는 때때로 한 단원을 학습해나가는 동안 방향을 바꾸기도 한다.

2. 한 단원을 학습하는 동안 학생들이 되돌아보기 과정을 갖는가?

시간에 쫓겨 되돌아보는 시간을 생략하지는 않는가? 여러분의 성찰습관을 되돌아보라. 교육과정은 종종 폭은 넓은데 깊이가 얕아서 비판을 받는다. 학생들에게 되돌아보는 시간을 제공해 학습내용과 깊이 연결될 기회를 제공하라.

3. 학습내용을 강화할 시간을 충분히 주는가?

연구에 따르면(Cotton, 2000) 학생의 성취도에 가장 큰 영향을 주는 것은 교사의 수업 중 강화활동(reinforcement)이다. 오개념을 교정하고 기억연결이 강화되도록 적절한 피드백을 주고 있는지 확인하라. 또래평가 및 컴퓨터기반 강화를 사용해 즉각적인 피드백을 주어라.

4. 각양각색의 학생들 요구에 맞추기 위해 다양한 시연전략을 사용하는가?

개별화(differentiation)의 필요성이 커지고 있다. 다양한 학습양식에 따른 다양한 시연전략을 시행하고 있는지 확인하라. 다시 가르쳐야 한다면, 첫번째 시도에서 충족시키지 못했던 필요를 채워줄 수 있는 시연전략을 활용하라. 학생들의 강점을 최대한 활용하고, 약점을 극복하도록 안내해라.

5. 복습 간격을 적절히 두는가?

복습 간격에 관해서는 6단계(〈도표 6.1〉 참조)를 다시 한번 살펴보라. 단원학습을 진행하면서 중간중간 복습시간을 두고 있는지 점검하라. 학생들이 제대로 이해하는지 의심스럽다면 계속 진도를 나가기 전에 복습을 한번 더 하도록 하라.

6. 지도방법에 대해 성찰해봤는가?

가장 이상적인 방법으로 단원을 가르치고 있는지 확신이 없을 때가 있다.

가르치는 중에 항상 무언가를 깨닫고 매번 지도방법을 바꾸기도 한다. 이를 개선할 수 있는 유일한 방법은 자신의 지도방법을 성찰하면서 조금씩 조정하는 것이다. 다시 가르치거나 다시 평가해야 하는 경우가 생기더라도 자책하지 마라. 숙달 수준에 이르기 위해서는 다시 배우는 게 반드시 필요한 학생들이 있고 이들에게는 다시 가르치는 일이 아주 중요하다 (Cotton, 2002).

인출의 기억 효과

신경세포들의 새로운 연결을 만들려면 장기기억의 정보를 작업기억으로 불러와 다시 활성화시켜야 한다. 이를 통해 개념적 이해와 절차적 이해가 전혀 새로운 환경에 다시 적용될 수 있다. 처음에 잘 배워두면 기억의 망각도 속도를 줄일 수 있다(Squire & Kandel, 2008). 기억은 우리가 마주치는 것으로부터 의미를 추출해낼 때 작동한다. 수많은 시연과 복습을 통해 기억이 형성되지만, 추후 새로운 정보 및 시연과정에 의해 변형될 수 있다. 기억은 또한 인출시험 방식에 따라 왜곡될 수도 있다.

지금까지 인출활동에 대해 알아봤다. 저장된 기억을 인출할 때마다 우리는 기억을 재구성하고 다시 복습하게 된다. 시연활동을 하면서 고차원적 사고과정을 이용해 기억을 재정비하면 그 경험을 바탕으로 정보를 비슷한 상황에서 다시 적용할 수 있다.

○

되돌아보기

01 정보를 빠르고 쉽게 인출할 수 있으면 학생들은 자신감을 갖게 된다. 수업시간에
모든 학생이 이런 자신감을 갖게 하려면 어떻게 해야 할까?

02 태생적으로 정보처리 또는 기억인출 속도가 느린 학생들이 있다. 이런 학생들에게
평가 및 인출에 필요한 최적의 환경을 제공하기 위해 당신은 무엇을 하고 있는가?

03 학생들이 제대로 이해하고 있다는 증거가 무엇인지 확인하고, 그것이 당신의 교수
전략과 일치하는지를 항상 염두에 두어라.

04 학교에서 시행하는 주정부시험에 대해 생각해보라. 그 시험에 출제되는 문항들은
웹의 DOK모델에서 어느 수준에 해당하는가?

실현하기

캐롤린은 작년에 이어 올해도 글쓰기 수업을 맡았다. 7학년 학생들을 가르치는데, 7학년 교육과정에는 주정부 차원의 공식적인 글쓰기 시험은 없다. 그런데도 학생들을 위해 글쓰기 워크숍을 열었고, 워크숍을 통해 학생들은 자신의 글쓰기 실력이 얼마나 향상되었는지를 분명하게 알 수 있었다. 캐롤린은 학생들이 다양한 수준의 모둠활동과 토의에 참여하게 함으로써 글쓰기 실력이 향상되도록 도왔다. 그녀는 몇 년 동안 자신만의 채점기준표를 만들어 평가에 사용했기 때문에 학생들의 글쓰기 실력을 평가하는 데 어려움이 없었다.

하루는 새로 부임한 교장 선생님이 캐롤린의 교실로 찾아와 주교육위원회가 발간하는 안내책자를 건네줬다. 안내책자에는 워크숍이 소개되었는데 주정부가 제공하는 채점기준표를 활용한 쓰기 수업을 주제로 하는 내용이었다. 교장 선생님은 캐롤린에게 다른 국어교사들과 함께 그 워크숍에 참여하라고 권유했다.

워크숍 당일 캐롤린은 몹시 당황하고 말았다. 지난 수년간 수업시간에 활용해온 채점기준표가 주정부가 제시하는 채점기준표와 완전히 달랐기 때문이다. 워크숍에 참여하기 전까지 캐롤린은 자신이 주정부에서 중요하게 생각하는 평가요소를 놓치고 있다는 사실을 알지 못했다. 7학년은 주정부에서 주관하는 공식적인 시험을 치르지 않기 때문에 시험준비에 대한 압박이 없었고, 캐롤린은 자신이 세운 기준에 따라 학생들을 지도하면서 학생들의 작문 실력이 좋아지고 있다고 확신해왔다. 하지만 워크숍이 진행될수록 자신이 많은 부분을 놓치고 있다는 사실을 점점 분명하게 깨달았다.

워크숍 다음 날 캐롤린은 주정부에서 제시한 채점기준표와 그 특징을 설명하는 유인물을 챙겨 학교로 출근했다. 그 정보를 손에 쥐었지만 수업에 적용하는 것은 또 다른 문제였다. 학생들에게 주정부가 제공하는 채점기준표를 나눠주고 이에 관해 설명했다. 그 와중에 주정부의 채점기준표와 자신의 채점기준표 간의 공통점을 발견했다. 국가공통작문지도법 웹사이트(Writing Matters)와 주정부의 성취기준에 일어나고 있는 변화에 대해서도 연결고리를 찾아보기 시작했다.

변화는 어려운 일이었지만 마침내 모든 것이 제자리를 찾았다. 글쓰기에 대한 캐롤린의 기대치가 달라진 것이다. 수차례의 새로운 경험을 통해 글쓰기를 가르치는 새로운 방식이 캐롤린의 습관으로 새롭게 자리잡았다.

아무것도 아는 게 없다는 사실을 깨닫고 당황하다가도 나중에는 결국 자신감에 차오르는 순간을 우리 모두 겪어본 적이 있을 것이다. 고등학생 때 나는 이런 말을 들은 적이 있다. "1학년은 아는 게 없는데 자기가 아는 게 없다는 사실을 모른다. 2학년은 아는 게 없지만 자기가 아는 게 없다는 사실은 안다. 3학년은 아는 게 있지만 자기가 아는 게 있다는 사실을 모른다. 4학년은 아는 게 있고 자기가 알고 있다는 사실을 안다."

이는 교사나 다른 전문가들에게도 해당하는 말이다. 우리는 과학적인 연구에 기반을 둔 학습모형이나 전략을 배우기 전까지는 잘 모른다. 이런 것들에 노출되기 시작해서야 비로소 우리가 얼마나 무지한지를 깨닫게 된다. 전문가 연수를 통해 새로운 것을 배우기 시작하지만, 실제 수업에서 시도해보기 전까지는 우리가 무엇을 알고 있는지 알 수 없다. 실제로 수업을 진행하면서 그제야 우리가 무엇을 알고 있는지 깨닫게 된다. 우리는 이런 식으로 한발 더 앞으로 나아간다.

기억 향상을 위한 7단계 수업전략 요약

반복하면 뇌에 이롭다. 내가 무언가를 반복하는 것에 학생들이 불평할 때마다 항상 하는 말이다. 이 책에서 소개한 '기억 향상을 위한 7단계 수업전략'의 단계별 내용을 요약하면 다음과 같다.

1단계: 주의끌기(Reach and Teach)

학생들의 주의를 집중시키거나 학습동기를 부여하기 위해 현재 사용하는 교수방법을 완전히 바꿀 필요는 없다. 현재의 단원설계 과정을 조금씩 바꾸기만 하면 된다. 새롭고 신기한 것이 학생들의 주의를 끈다는 사실, 특히 새로운 사건이나 경험에 열광하는 청소년들에게는 더욱 그렇다는 사실을 기억해야 한다(Armstrong, 2016). 우리 뇌는 새로운 것에 반응하도록 프로그램되었기 때문에 새로운 것을 새로운 방식으로 가르침으로써 학습자의 주의를 끌고 수업에 참여시킬 수 있다. 1단계에서는 장기기억과 전이를 위해 필요한 첫 작업으로, 학습자의 주의를 끌어 새로운 외부정보를 감각기억으로 들어오게 하려면 다음과 같은 요소들을 활용해야 한다는 것을 배웠다.

- 주의집중
- 동기

- 감정
- 의미
- 관계
- 새로움
- 선행조직자
- 관련성

핵심 노트 학생의 주의를 끌 수 없다면 가르칠 수 없다.

2단계: 되돌아보기(Reflect)

학습내용이 자신과 어떤 관계가 있는지 살펴볼 수 있도록 학생들에게 생각할 시간을 줘야 한다. 이를 위해 교사는 기다림의 시간(wait time), 주의집중의 시간(focus time), 성찰의 시간(reflection time)에 대해 인지해야 한다. 입력된 학습정보를 되돌아보는 과정에서 학생들은 학습주제와 관련해 자신이 가진 사전지식을 더듬어볼 수 있게 된다. 새로운 학습내용을 작업기억에서 조작함으로써 학생들은 새로운 학습내용을 장기기억에 저장된 이전 기억들과 연결한다. 그러면 새로운 정보를 걸어둘 수 있는 고리를 찾을 수 있게 된다. 성공적인 되돌아보기를 위한 7가지 습관은 다음과 같다.

1. 질문하기
2. 시각화하기
3. 성찰일기 쓰기

4. 생각을 끌어낼 지시문 사용하기

5. PMI차트처럼 생각하기

6. 협업하기

7. 교실 모퉁이 활동하기

● **핵심 노트**   되돌아보기는 시간 여유가 있을 때 하는 게 아니라 반드시 해야 하는 활동
이다.

3단계: 자신만의 방식으로 재구성하기(Recode)

정보가 작업기억에 머물러 있는 동안 학생들은 그것을 자신만의 언어로 다
시 표현할 기회를 가져야 한다. 연구에 따르면 자신이 직접 참여해서 만든 것
을 더 잘 기억한다. 어떤 개념을 자신만의 언어로 설명해내면 그 개념은 장기
기억에 저장될 것이다. 학생들이 잘 이해하지 못하는 게 있을 때는 교사가 그
오개념을 바로잡아주고 다시 가르쳐야 한다. 바로 이때가 교사들이 과학적인
사실에 기반을 둔 연구결과를 적용해 학생들의 학업성취를 도울 수 있는 기
회이다. 정보를 자신만의 언어나 방식으로 재구성하기에 좋은 전략들은 다음
과 같다.

- 해석하기
- 예시하기
- 분류하기
- 요약하기

- 추론하기

- 비교하기

- 설명하기

- 비언어적인 표현 사용하기

핵심 노트   자신만의 방식으로 재구성한 정보나 개념이 더욱 잘 기억된다.

4단계: 학습강화하기(Reinforce)

이 단계에서 교사는 학생들이 사실, 개념, 절차를 제대로 이해하고 있는지 스스로 확인할 수 있도록 해야 한다. 학생들이 재구성한 것에 대해 점수를 매기지 않는 대신 적절한 피드백을 주면, 학생들은 잘못 이해한 부분을 바로잡을 수 있다. 학습강화를 위해 사용되는 피드백에는 동기를 부여하는 피드백(motivational feedback), 정보를 제공하는 피드백(informational feedback), 성장을 북돋우는 피드백(developmental feedback)이 있다.

핵심 노트   피드백은 학습에 불가결한 요소이다.

5단계: 시연활동하기(Rehearse)

학생들이 사실, 개념, 절차를 자신의 언어로 정확하게 설명하고 나면 그 정보를 장기기억으로 옮겨야 한다. 이를 위해 5가지 기억경로(<도표 5.2> 참조), 다양한 학습양식, 다중지능 접근법 등을 사용할 수 있다.

기계적 시연(rote rehearsal)은 단순한 사실적 지식의 학습에 유용하지만,

정교화 시연(elaborate rehearsal)은 의미가 깊이 연관되는 연습활동이다. 시연활동은 다중적이어야 한다. 재진술이 정확하게 이루어지는 것은 학생의 뇌에 신경망이 일차적으로 형성되었다는 것일 뿐 반복이 뒤따르지 않으면 장기기억이 되지 못한다. 시연활동은 작업기억에 있는 정보를 뇌의 저장공간에 적절하게 배치해 그 정보가 필요할 때 쉽게 떠오르도록 해준다. 5단계에서 기억해야 할 개념은 다음과 같다.

- 기계적 시연
- 정교화 시연
- 수면
- 간격을 둔 반복연습
- 숙제와 연습
- 다양한 기억경로
- 다양한 일화

핵심 노트   배우는 과정에서 정보처리가 깊을수록 더 잘 기억한다.

6단계: 복습활동하기(Review)

시연활동이 정보를 장기기억으로 옮기는 것이라면, 복습활동은 장기기억에 저장된 정보를 인출해 작업기억에서 처리하는 것에 해당한다. 작업기억에서 처리(조작)가 끝나면 그 정보는 다시 장기기억으로 들어간다. 복습은 언제 하는지가 중요하다. 처음에는 간격을 좁게 두고 복습하다가 점점 간격을 늘려

가야 한다. 복습단계에서 사용하기 좋은 방법들은 다음과 같다.

- 수업내용과 평가내용을 고려해 복습할 내용을 선별하라.
- 학생들이 배운 내용을 얼마나 정확하게 기억하는지를 확인하라.
- 학생들이 높은 수준의 사고력을 사용해 지식을 분석하고, 평가하고, 대안적인 방법을 창조할 기회를 제공하라.
- 기존의 신경망을 강화하라.
- 고부담시험의 경우 시험 보는 상황과 비슷한 환경에서 유사한 시험문제를 가지고 연습하도록 하라.
- 벼락치기 공부를 피하라.

핵심 노트　복습활동이 없으면 정보의 대부분이 기억에서 사라진다.

7단계: 인출활동하기(Retrieve)

장기기억에 저장된 정보에 접근해 그 정보를 작업기억으로 가져와서 이를 활용해 문제를 해결하는 것이야말로 기억을 향상시키려는 최종 목적일 것이다. 정보의 인출은 처음 어떤 개념을 배울 때 주어진 상황이나 단서가 나중에 그 개념을 기억해내려고 할 때의 상황이나 단서와 일치할 때 가장 성공적으로 이뤄진다. 인출활동과 관련해 다룬 개념들은 다음과 같다.

- 평가의 종류
- 구체적인 단서

- 재인기법
- 회상전략
- 스트레스

메타인지

이 책에 소개된 '기억 향상의 7단계 수업전략'에 따라 한 단계 한 단계 밟아나가다 보면 학생들은 자신이 어떠한 방식으로 배우고 기억하는지에 대해서 알게 된다. 그러면서 자연스럽게 자신의 학습에 대해 되돌아보기 시작할 것이다. 어떤 이들은 이것이 바로 메타인지(metacognition), 즉 '생각에 관해 생각하는 것'이라고 말한다. 우리는 종종 어떤 일이나 과제를 완수한 다음 그것에 대해 되돌아보는 시간을 갖는다. 이렇게 하는 것도 물론 좋지만 메타인지는 되돌아보기 그 이상을 의미한다.

"메타인지란 학습하는 동안 자신의 인지과정을 의식적으로 통제하는 고차원적 사고를 말한다."(Sousa, 2017, p.30) 메타인지를 발휘한다는 것은 완수하기 어려운 복잡한 과제에 대해 완전한 통제권을 행사하는 것이며, 메타인지 스킬은 가르칠 수 있다(Marzano, 2017). 이때 가르칠 수 있는 메타인지 스킬에는 계획을 세우고 조정하기, 해답과 해결책이 당장 눈에 보이지 않아도 집중력 유지하기, 내가 가진 지식 및 스킬의 한계를 극복하려고 노력하기, 나만의 '탁월함'의 기준을 만들어 추구하기, 조금씩 발전하려고 애쓰기, 정확성 추구하기, 명확성 추구하기, 충동성에 저항하기, 연계성과 일관성 추구하기 등이 있다. 마자노(Marzano)는 이러한 메타인지 스킬의 범위와 순서까지 제시했다(2017).

이 책에 제시된 7단계 수업전략(7R)을 이용하면 더욱 쉽게 학생들에게 메타인지 스킬을 가르칠 수 있다. 단계마다, 시연활동이나 복습활동이 끝날 때마다, 학생들에게 되돌아볼 기회를 주는 것이 중요하다. 무엇을 알고 있는지, 무엇을 모르는지, 모르는 것을 어떻게 하면 가장 잘 배울 수 있는지 성찰해봄으로써 학생들은 각자에게 맞는 수준과 단계에서 정보를 처리할 수 있게 된다. 7단계 수업전략의 단계마다 되돌아보는 시간을 갖게 하면 학생들은 각 단계에서 자신이 무엇을 하고 있는지 생각해보기 시작할 것이다. 자신이 어떠한 방식으로 학습하기를 원하며, 어떻게 장기기억에 저장할 것인지 생각해볼 때도 메타인지가 발휘된다. 학생들이 정보를 장기기억에 저장하고 전이할 수 있도록 기억의 강화를 돕는 것이 교사의 목표이다. 기억 향상을 위한 7단계 수업전략(7R)을 정리한 내용은 〈도표 8.1〉을 참조하면 된다.

학기가 시작되는 첫 주에 나는 학생들에게 뇌가 어떻게 학습하고 기억하는지에 대해서 가르친다. 또한, 학습내용을 장기적으로 기억하는 데 도움이 되는 단계와 기억스킬에 대해서도 가르친다. 간단한 테스트를 통해 학생들의 기억력을 확인해 성취감을 느끼도록 한다. 매 단원이 시작될 때 학생들에게 수업목표를 명확하게 알려주고, 새로운 사실·개념·절차에 관한 내용을 어떤 방식을 사용해서 장기기억에 저장할지도 설명한다.

나는 학생들에게 "어떻게 생각하니?"라고 즐겨 묻는다. 이러한 질문은

도표 8.1
기억 향상을 위한 7단계 수업전략(7R)

단계	수업전략	특징	기억과정
1단계	주의끌기 (Reach and Teach)	주의집중 동기부여 감정 학습스타일	감각기억 ▶ 즉시기억
2단계	되돌아보기 (Reflect)	질문 협업 시각화	즉시기억 ▶ 작업기억
3단계	자신만의 방식으로 재구성하기 (Recode)	스스로 만들어내기 상징화 대화	작업기억
4단계	학습강화하기 (Reinforce)	피드백 다시 가르치기 다시 만들기	작업기억 정서기억
5단계	시연활동하기 (Rehearse)	반복 기계적 시연 정교화 시연 간격을 둔 반복	작업기억 ▶ 장기기억
6단계	복습활동하기 (Review)	평가와 연계되는 교수법 예상된 문제점 예상치 못한 문제점	장기기억 ▶ 작업기억 ▶ 장기기억
7단계	인출활동하기 (Retrieve)	평가 단서 스트레스 / 시험불안	장기기억 ▶ 작업기억 정서기억

학생들이 자신의 사고과정에 대해서 인지하고 그 과정을 분명하게 설명할 기회를 준다. 학생들이 자신의 사고과정을 설명할 수 있게 되면 스스로 질문하기 시작할 것이다. 이러한 과정은 학생들이 '메타인지적 사고'를 위한

도표 8.2
학생들의 필요를 파악하기 위한 차트 '만약 ~라면, …하라'

만약 ~라면	…하라
학생들이 수업내용을 잘 인지하지 못한다면	1단계 **주의끌기**로 돌아가라.
학생들이 자신만의 방식으로 사실·개념·절차를 재구성하지는 못하지만, 교사가 표현한 것은 반복할 수 있다면	2단계 **되돌아보기**로 돌아가라.
학생들이 복습활동을 하면서 이전에 배운 내용을 상기하지 못한다면	3단계 **자신만의 방식으로 재구성하기**로 돌아가라.
학생들이 모의시험에서 이전에 배운 내용을 상기하지 못한다면	학생들에게 재인시험을 보게 하라.
학생들이 배운 내용을 인식할 수는 있으나 이를 상기하지 못한다면	3단계 **자신만의 방식으로 재구성하기**로 돌아가, 새로운 방법으로 학습내용을 표현해보는 과정을 시도하라.
학생들이 자신의 언어로 재진술할 수 있으나 시연활동에서 어려움을 겪고 있다면	4단계 **학습강화하기**로 돌아가 성장을 북돋우는 피드백을 제공하라.
학생들이 배운 내용을 새로운 곳에 적용하고, 분석하고, 평가할 수 있다면	5단계 **시연활동하기**로 가서 창의력을 요구하는 문제 또는 더 복잡한 문제를 제시하거나, 배운 내용을 복습 또는 평가해보도록 하라.

기초를 쌓고 '메타인지적 통제력'을 발달시키도록 촉진한다.

〈도표 8.2〉는 학생의 상황에 따라 어떠한 방식을 따르는 것이 좋은지를 제시한다. 이 도표는 기억을 형성하는 과정에서 학생이 현재 어느 단계에 있으며 다음 단계는 무엇인지를 파악하도록 도와준다. 학생들 스스로 자

신이 어느 단계에 있는지 파악해보기 위해 이 도표를 사용할 수 있다. 자신이 기억 단계 중 어느 단계에 있는지, 정보를 기억하는 데 자신의 강점은 무엇인지를 인식하면 다음 단계에서는 무엇을 해야 하는지 알 수 있게 된다.

○ **핵심 노트** "나는 현재 어떤 방식으로 생각하고 있는가?"라고 스스로 질문하기 시작하면 메타인지 및 메타인지적 통제력이 발휘된다.

최신 연구동향 알기

교사들은 교수전략에 관한 과학기반 연구는 물론 뇌가 어떻게 학습하고 기억하는지에 대한 최근의 인지과학 연구에 대해서도 알아야 한다. "교사가 신경과학을 이해하면 교실에서 다양한 시도를 할 수 있는 도구를 갖게 되며, 학생들의 마음속에서 꺼져가던 배움의 기쁨을 재점화하게 된다"(Willis, 2012). 학습내용을 복습하고 평가하는 단계의 이전 과정이 얼마나 충실했는지에 학업성취도의 75퍼센트가 달렸다(Schenck, 2011). 동기부여, 주의끌기, 자신만의 방식으로 재구성하기, 학습강화 그리고 시연활동은 학생의 성적에서 4분의 3을 차지할 정도로 중요하다. 나머지 4분의 1은 학습내용의 복습과 평가에 달렸다.

교사는 학생의 기억력과 이해력을 높이는 데 도움이 되도록 최신 연구를 꾸준히 접해야 한다. 이에 관한 적절한 배경지식을 갖추면, 학생의 수업 참여도와 이해력을 높이는 도구를 선택할 때 전문성을 발휘할 수 있다. 다양하게 시도되는 실험적인 연구를 살펴봄으로써 교사는 현재의 교육 트렌드에 관한 개괄적인 내용은 물론 유용한 팁을 얻을 수 있다. 특히 사례연구를 살펴보면 생각해볼 만한 새로운 교수법이나 평가방법을 접하게 될 것이다.

다년간에 걸친 횡단연구(cross-sectional study)는 수업지도 및 그 밖의 요소와 관련 있는 수행결과를 특정 집단에서만 나타나는 독특한 수행결과로부터 분리해서 볼 수 있게 한다. 또 상관연구(correlational study)는 변수들이 서로 어떻게 영향을 주고받는지에 대한 정보를 제공해준다.

교사연수는 각 학구에서 학생의 성취도를 높이기 위해 그리고 학생을 가르칠 때 필요한 도구를 제공함으로써 교사를 지원하기 위해 이뤄진다. 이처럼 교사는 '고정된 상태'를 선호하기보다는 학생을 더 잘 가르치는 법을 배우기 위해 교사학습공동체(professional learning community, PLC)에 참가하는 등 더 나은 교수방법을 배우는 데 열려 있어야 한다.

일회성 연수는 새로 배운 교수·학습전략을 수업에 한두 번 사용하는 것에 그치게 한다. 이와 달리 수업방식에 관한 피드백을 받으면서 꾸준히 전문성을 개발할 수 있는 과정에 참여하면 교사는 오래된 습관을 버리고 더 효과적인 수업전략을 자연스럽게 사용하게 된다. 알다시피 새로운 습관을 계속해서 익혀나가지 않으면 이전의 좋지 못한 습관으로 쉽게 돌아가고 만다. 학생들이 배운 내용을 장기기억에 저장하기 위해 시연활동과 학습강화가 필요한 것처럼 교사도 기존의 습관을 버리고 더 효과적인 수업전략을 습득하기 위해 연습 및 강화 같은 과정이 필요하다.

핵심 노트 교사는 뇌가 어떻게 배우고, 기억하고, 전이하는지에 대한 최근의 과학적 연구를 알고 있어야 한다.

유급의 문제

어떤 학생이 주 또는 국가 수준 성취도에 달성하지 못하는 상황이라면 그 학생을 유급시켜야 할까? 교사의 책무성이 중시되는 요즘 같은 시대에 학생을 제대로 학습시키기 위해 같은 학년을 한 번 더 다니게 하는 건 간단한 문제가 아니다.

유급제도가 효과적인지에 대해서는 논란의 여지가 있다. '주의집중과 학생의 성취'에 관한 ASCD 연구보고서(ASCD Research Brief)에 따르면 "많은 학교가 특히 읽기와 수학에서 충분한 진전을 보여주지 못하는 학생들을 유급시키는 등 엄격한 진급/유급 정책을 펴고 있다"(2004). 그러나 연구(Shaywitz, 2003)에 따르면 유급제도는 별로 효과적이지 않으며, 유급되지 않은 학생이 학업적으로나 정서적으로 더 나은 결과를 보여준다.

사회적 진급(social promotion, 성취도에 미달하거나 결석이 잦은 학생들도 다음 학년으로 진급하게 하는 관행-옮긴이)과 유급을 주제로 하는 연구(Johnson, 2001)에서는 유급 관행이 학생들의 행동, 태도 그리고 자신감에 영향을 준다고 주장한다. 이와 관련된 최근의 연구들은 다음에 제시하는 5가지 전략이 유급이냐 사회적 진급이냐의 이분법적 관행에 대한 대안으로 활용될 수 있다고 밝혔다.

1. **학습 강도 높이기** 엄격한 기준, 명확한 목표 그리고 다양한 커리큘럼을 개발하라. 전문지식을 갖춘 숙련된 교사를 배치하고, 의미 있는 학습경험을 만들어내도록 하라.

2. **전문성 개발의 기회를 제공함으로써 숙련된 교사 확보하기** 지속적이고 의미 있게 전문성을 개발한 교사는 학생의 성취도에 영향을 준다.

3. **학습기회 확대하기** 지속적인 평가, 개별화수업, 뇌기반교육을 시도하라.

4. **정보를 제공하는 평가하기** 형성평가와 총괄평가를 학습개선을 위한 정보를 제공하는 피드백으로 활용하라.

5. **조기에 개입하기** 지도하는 시간을 늘리고, 대안이 되는 학습방법을 제시하라.

이 책의 목표는 학생들이 정보 파지(retention), 즉 의미 있는 정보를 잊지 않도록 해서 성취도를 높이고 유급하지 않게 하는 데 있다. 유급은 학생들에게 정서적 트라우마를 초래할 수 있다. 유급될지도 모른다는 생각은 아이들에게 부모의 죽음 또는 시력을 잃는 상황에 맞먹는 스트레스를 유발한다(Sevener, 1990). 학생과 교사가 수업을 통해 기대하는 바를 공유하고, 배운 내용에 대해 되돌아보기 및 시연활동을 하고, 학생의 수행에 대해 교사가 피드백을 주고, 배운 내용을 복습하는 과정을 통해 학생과 교사 모두 적절한 정보를 얻을 수 있다. 공식적인 고부담시험뿐만 아니라 수업 내에서의 평가 또한 학생이 다음 학년으로 올라갈 수 있는지를 판단하는 기준이 되어야 한다. 학생이 학습내용을 기억하고 이를 필요한 곳에 전이할 수 있도록 하는 것이 교사의 목표가 되어야 한다.

학생들이 더 많은 지식을 기억할수록 계속해서 배워나가는 데 더 큰 노력을 기울이게 된다. 학생들이 현재 즐기고 있는 것, 잘하는 것을 어떤 방식으로 배웠는지 설명하도록 하라. 학습이 어떤 패턴으로 일어나는지 보여주도록 하라. 학습내용을 장기적으로 기억하기 위해 각각의 단계를 밟을 때 각 단계에서 이뤄지는 학습과정은 서로 영향을 미친다. 단계별로 성공 예시를 보여주고, 시각자료를 활용해 정보를 주는 피드백을 제시해 학생의 올바른 수행을 강화하라. 학생들이 자신의 성취를 보고 느낄 수 있도록 하라.

학생이 무언가를 성공적으로 해내면 교사 또한 수업을 잘했다는 성취감을 느끼게 된다. 학생들이 배움에 더욱 열정을 갖고, 교사 또한 이러한 과정에 익숙해지면 성공의 선순환이 형성될 것이다. 학생들이 자신의 학습과정에서 문제가 있는 부분을 정확히 찾아내고, 이를 해결해나가는 것 또한 더욱 쉬워질 것이다.

바로 지금 그 첫발을 내디뎌보길 바란다.

되돌아보기

01 기억 강화를 위한 7단계 수업전략에 따라 수업을 진행하면서 여러분 자신의 사고 과정에 대해 생각해보라. 어떤 단계가 가장 쉬운가? 어려운 단계가 있다면 어디에서 도움을 구할 수 있는가?

02 교수학습 관련 최신 연구에 얼마나 익숙한가? 동료교사들과 공부모임을 만들어 이 책을 함께 읽고 토론해보라.

03 전문성 개발에 대한 의견을 가지고 있는가? 전문성을 개발하는 데 필요한 것이 무엇인지 생각해보고, 동료교사는 무엇을 필요로 하는지 비교해보라.

04 여러분이 근무하는 학교는 이직률이 어떠한가? 소속 학구에서 교사 멘토링을 제공하는가?

05 성취기준에 맞는 수업 및 학습내용을 계획하고, 학생들의 기억 향상을 위한 수업 전략을 연구하는 동아리가 있다면 참여할 의향이 있는가?

꼭 알아야 하는
기초 용어

〈부록 A〉는 뇌의 구조와 기능에 관한 기초적 정보를 담고 있다.
기억처리 과정을 이해하는 데 도움이 되기를 바란다.

4개의 엽, 브로카 영역, 베르니케 영역

뇌에는 4개의 엽(lobe)이 있다(《도표 A.1》 참조). 뇌는 좌반구와 우반구로 나뉘는데 각 엽은 좌·우반구에 하나씩 있다. 좌반구는 상세하고 구체적인 내용, 우반구는 '큰 그림'의 처리와 관련이 있다. 기억은 뇌의 여러 영역에 저장되기 때문에 각 영역의 기능과 위치를 이해하고 있는 편이 좋다.

도표 A.1
4개의 엽, 브로카 영역, 베르니케 영역

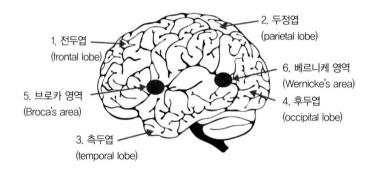

1. **전두엽**(frontal lobe) 머리 위쪽, 이마 뒤편에 위치한다. 작업기억, 고차원적 사고, 계획, 의사결정, 선택 등 집행기능을 담당하며, 뇌에서 넓은 영역을 차지하고 있다.

2. **두정엽**(parietal lobe) 머리 위쪽의 약간 뒤편(전두엽과 후두엽 사이의 부위-옮긴이)에 위치한다. 감각자극 처리, 공간 인지, 문제해결 능력과 관련 있다.

3. **측두엽**(temporal lobe) 머리 양옆, 귀 위쪽에 위치한다. 청각정보, 기억처

리의 일부, 말하기 기능의 일부와 관련 있다.

4. **후두엽**(occipital lobe) 머리 뒤쪽(소뇌 바로 위-옮긴이)에 위치하며, 시각자극을 처리한다. 물체, 사람 등에 관한 기억이 저장되며, 새로운 정보에 의미를 부여하고 눈에 보이는 세계를 이해하는 과정이 일어난다.

5. **브로카 영역**(Broca's area) 왼쪽 관자놀이 뒤에 위치하며, 어휘·구문·문법 등 구어 생성과 관련 있다(표현언어).

6. **베르니케 영역**(Wernicke's area) 좌반구에 위치하며, 언어의 이해를 책임진다(수용언어).

핵심 노트 기억은 뇌 속에 있는 4개의 엽 여기저기에 분산되어 저장된다.

뇌의 구조

뇌 속에는 기억과 관련된 다양한 기능을 하는 부분들이 존재한다. 각자 맡은 역할이 있으면서도 서로 촘촘히 연결된 조직 구조로 되어 있다. 뇌의 각 영역은 과제수행을 위해 함께 작동하면서 우리가 학습하고 기억할 수 있도록 돕는다.

1. **전측대상회**(anterior cingulate) 전두엽 안에 위치하며, 주의집중·감정·동기·기억과 관련 있다.

2. **기저핵**(basal ganglia) 뇌의 보상체계 중 하나로 피질 깊숙한 곳에 있으며 기억작용에도 일부 관여한다. 순차적 정보를 처리하는 데 주요한 역할

도표 A.2
뇌의 구조

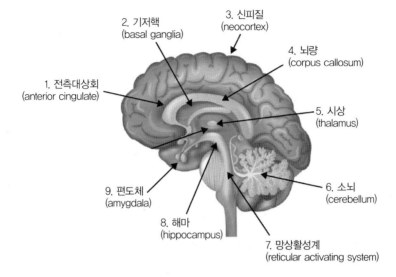

2. 기저핵
(basal ganglia)

3. 신피질
(neocortex)

4. 뇌량
(corpus callosum)

1. 전측대상회
(anterior cingulate)

5. 시상
(thalamus)

9. 편도체
(amygdala)

6. 소뇌
(cerebellum)

8. 해마
(hippocampus)

7. 망상활성계
(reticular activating system)

을 한다는 연구결과도 있다(Bednark, Campbell, & Cunnington, 2015).

3. **신피질(neocortex)** 뇌의 가장 위쪽에 있는 막으로 두께가 0.6~1.3cm 정도 된다. 각각의 엽에 기억이 저장될 때 이 신피질에 저장되는 경우가 많다.

4. **뇌량(corpus callosum)** 좌뇌와 우뇌를 연결하는 밴드 모양의 신경섬유다 발로서 좌반구와 우반구 사이의 의사소통을 담당한다.

5. **시상(thalamus)** 시상은 뇌의 중앙에 위치하며, 변연계의 일부로 여겨지기도 한다. 감각기관을 통해 유입되는 모든 정보를 선별하는 중요한 역할을 하며, 걸러진 정보를 각 엽의 관련 영역으로 전달한다.

6. **소뇌**(cerebellum) 말 그대로 '작은 뇌'로, 머리 뒤쪽에 있는 후두엽 아래에 위치한다. 오랫동안 균형감각에만 관련된다고 알려졌으나, 최근에는 신체 움직임과 사고과정에도 중요한 역할을 한다는 사실이 알려졌다.

7. **망상활성계**(reticular activating system) 뇌의 기저에 있으며, 각성을 통제한다. 전두엽, 변연계, 뇌간, 그리고 여러 감각기관을 연결한다. 해마도 망상활성계와 교류한다. 망상활성계가 과도하게 긱싱을 일으키면, 해마는 정보를 과거와 비교하고 사건을 지휘해 새로운 것인지 평범한 것인지로 분류한다(Sousa, 2017).

8. **해마**(hippocampus) 편도체 가까이에 위치한다. 측두엽 깊은 곳에 있는 변연계의 일부로서, 사실적 정보가 유입될 때 처리하는 역할을 한다. 단기기억을 장기기억으로 전이하는 것을 촉진하는 데 중요한 역할을 한다.

9. **편도체**(amygdala) 뇌의 중앙을 차지하고 있는 아몬드 모양의 구조이다. 변연계(limbic system, 동기와 정서를 주로 담당함-옮긴이)의 일부이며, 감정을 처리한다. 정보가 유입되면 감정을 기반으로 걸러내며, 걸러진 정보를 나중에 사용하기 위해 목록화해서 저장한다.

○ 핵심 노트 정보를 기억하고 인출하는 데는 뇌의 많은 부분이 관여한다.

정보 고속도로

냄새를 제외하면 뇌로 유입되는 모든 감각정보들은 뇌간(brain stem)을 통해 들어온다. 냄새 관련 정보는 변연계로 직접 전달되기 때문에 냄새는 기억에 가장 강력한 영향을 주며, 편도체와 해마에 즉시 연결된다.

뇌의 첫 번째 정보여과장치는 망상활성계이다. 망상활성계는 뇌로 유입되는 자극 중 어떤 자극에 집중할지를 결정하기 위해 정보를 걸러낸다. 무엇에 집중해야 할지를 판별하는 방법은 무엇일까? 몇 가지 단서가 있다. 생존은 판단의 가장 중요한 근거가 된다(배가 고픈 상황에서 집중하려고 애써본 적이 있다면 이해가 될 것이다.). 새로움과 신기함이 두 번째이며, 그다음은 선택의 문제이다. 즉, 우리가 집중하기를 원하는 것에 집중할 수 있다. 내가 지금 여기 앉아서 키보드를 두드리며 일하는 동안 키보드가 손가락에 닿는 느낌에 애써 집중하려고 하지 않는다면 그 부분은 무시될 수 있다. 키보드 자판에 끈적끈적한 시럽이 묻어 있다면, 뇌는 곧바로 그 새로운(끈적한) 경험에 집중하게 될 것이다. 이와 같이 망상활성계의 목적을 잘 알고 있으면 주의집중에 대해 논의할 때 큰 도움이 된다.

정보는 망상활성계에서 시상으로 전달된다. 시상은 정보가 어디로 가야 할지를 결정해서 연결해준다. 시각정보는 후두엽으로 향하고, 청각정보는 측두엽으로 향하도록 한다. 두정엽, 후두엽, 측두엽, 전두엽은 유입된 정보를 확인하고 이전의 정보와 연결 짓는 연합피질(association cortex)을 가지고 있다. 이 과정이 완료되면 정보는 뇌의 가운데 부분으로 전달되며 해마와 편도체에 의해 걸러진다. 사실적 정보일 경우 해마가 가지고 있으면서 신피질에 장기기억으로 저장될 수 있도록 한다. 이때, 나중에 기억을 잘 하도록 정보를 목록화하는 것도 잊지 않는다. 정서와 관련된 정보라면 편도체가 같은 방식으로 처리한다. 목록화가 이루어지면 정보는 장기기억으로 저장되기 위해 감각을 담당하는 영역으로 전달된다.

뇌세포

뇌는 다양한 세포로 구성되어 있으며 무게는 대략 1.4kg 정도이다. 뇌 전체 부피의 10퍼센트는 뉴런(neuron)이라 불리는 신경세포로 구성되어 있다(〈도표 A.3〉 참조). 이 뉴런이라는 세포들이 학습하고 기억을 저장한다. 뉴런은 전기화학적으로 서로 긴밀하게 소통하고 연결되어 신경망을 형성한다. 이러한 신경망이 활성화되어 기억을 저장하게 된다.

뉴런은 가지돌기(dendrites, 수상돌기라고도 함-옮긴이)라고 불리는 조직을 가지고 있다. 이것은 나뭇가지에 비유할 수 있으며, 다른 뉴런들로부터 정보를 받아들이는 역할을 한다. 정보나 메시지는 가지돌기의 수용영역에 매달려 있다가 세포체(cell body) 안으로 들어간 뒤, 나무의 큰 줄기에 해당하는 축삭돌기(axon, 세포체에서 길게 뻗어나온 가지-옮긴이) 쪽으로 흘러 들어간다. 하나의 뉴런에는 하나의 축삭돌기가 있지만, 가지돌기의 수는 수천 개에 이른다. 축삭돌기에서는 여러 개의 축삭말단(axon terminal)이 가지처럼 뻗어 여러 개의 메시지를 보낸다. 축삭돌기의 말단을 떠날 때, 메시지는 신경전달물질(neurotransmitter)이라는 화학물질의 형태를 띤다. 이 화학물질은 시냅스(synapse)라고 불리는 곳을 지나고, 바로 옆 뉴런의 가지돌기에 가서 달라붙는다.

뉴런들이 서로 의사소통할 때, '점화(priming)가 된다'라고 표현한다 (〈도표 A.4〉 참조). 전기적 활동은 뇌 속에서 항상 일어난다. 즉, 뉴런은 보

도표 A.3
뉴런

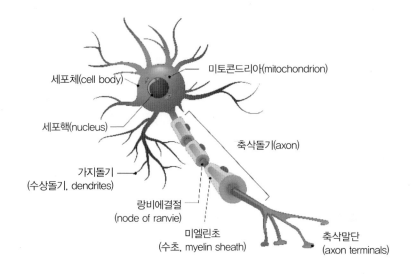

세포체(cell body)
미토콘드리아(mitochondrion)
세포핵(nucleus)
축삭돌기(axon)
가지돌기
(수상돌기, dendrites)
랑비에결절
(node of ranvie)
미엘린초
(수초, myelin sheath)
축삭말단
(axon terminals)

도표 A.4
두 개의 뉴런이 상호작용하는 모습

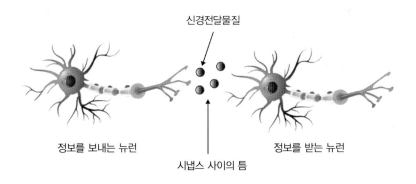

신경전달물질

정보를 보내는 뉴런
정보를 받는 뉴런
시냅스 사이의 틈

통 낮은 수준의 전기적 활동을 하고 있다. 하지만 뉴런들이 리드미컬하게, 목적을 가지고 점화되는 경우가 아니면 '쉬고 있다'라고 표현된다. 함께 점화되면서 패턴을 형성하는 뉴런들을 신경망(neural network)이라고 부른다. 이러한 신경망은 뇌에서 패턴과 프로그램을 형성한다(패턴을 형성해 프로그램처럼 작동한다는 의미-옮긴이). 따라서 기억이 형성되려면 뉴런이 함께 발화해 신경망이 만들어져야 한다. 여러분의 뇌는 수백만 개의 신경망을 보유하고 있다.

뇌세포의 90퍼센트를 차지하는 것은 아교세포(glial cell)이다. 아교(glial)란 '접착제'를 뜻하는데, 이는 아교세포가 어떤 기능을 하는지 설명해준다. 아교세포는 뉴런을 물리적으로나 영양적으로 지원하면서 뉴런이 제자리에 잘 있도록 붙들어주고, 영양소를 운반하며, 불필요한 물질을 분해한다. 아교세포의 도움으로 뉴런들은 서로 강력한 연결고리를 형성할 수 있으며, 아교세포의 도움이 없으면 기억도 영향을 받게 된다.

특정 유형의 아교세포는 신경망 내에서 메시지가 전달되는 속도를 높이기 위해 뉴런을 두껍게 만든다. 이를 미엘린(myelin, 수초-옮긴이)이라고 한다. 미엘린은 흰색의 지방질로, 뇌 전반에 걸쳐 분포되어 있으며 일생에 걸쳐 발달 정도에 따라 생성되는 것으로 보인다(Armstrong, 2016). 예를 들어, 출생 시에는 청각, 일부의 신체 움직임, 흡철 반사(sucking reflex, 어린아이가 입술에 무언가 닿으면 반사적으로 빠는 현상-옮긴이)에 해당하는 뇌의 영역만이 미엘린 처리가 되어 있다. 가장 마지막에 미엘린 처리가 되는 부분은 이마 바로 뒤편, 전두엽의 앞부분에 위치한 전전두피질(prefrontal cortex)이다. 전전두피질까지 미엘린 처리가 되면 의사결정, 계획수립, 높은 수준의 사고 등이 더욱 쉽게 이뤄진다. 이 부분은 20대 중반이 되기 전까지는 미엘린 처리가 완전히 이뤄지지 않는다.

화학물질

뉴런이 메시지를 전달하고 신경망을 형성하는 과정은 전기·화학적 작용이다. 뉴런 안에서는 신호가 전기적으로 전달되지만, 뉴런 간에는 화학물질이 신호전달을 맡는다. 뇌에는 신경전달물질이라고 불리는 다양한 화학물질이 존재한다. 그 화학물질을 분류하면 다음과 같다.

아세틸콜린(acetylcholine) 정보를 장기기억에 저장하는 데 필수적인 역할을 한다. 잠잘 때 아세틸콜린의 수치가 상당히 높아지며, 이는 기억이 잠자는 동안 강화된다는 이론을 뒷받침한다.

도파민(dopamine) 신경전달물질로서 뇌에서 몇 가지 역할을 수행한다. 도파민을 받아들이는 수용체는 보상체계의 하나인 기저핵에 존재한다. 우리 몸의 도파민 체계는 장기적인 의사결정과 삶의 영위에 필요한 기억 등에 큰 영향을 미친다. 또한 움직임, 학습, 기쁨, 강화에도 영향을 준다(Sousa, 2017).

엔도르핀(endorphin) 신체적 에너지를 쏟을 때 느끼는 행복감을 의미하는 '러너스 하이(runner's high, 30분 이상 뛰었을 때 밀려오는 행복감으로, 헤로인이나 모르핀을 투약했을 때 나타나는 의식 상태나 행복감과 비슷함-옮긴이)'와 연관된다. 또한 학습과 기억에도 커다란 영향을 미친다.

감마-아미노부티르산(gamma-aminobutyric acid, GABA) 뇌의 홍분을 조절하는 역할을 하는 중추신경계의 억제성 신경전달물질이다. 감마-아미노부티르산의 수치가 낮으면 불안을 느낄 수 있다. 학습과 기억에 관여하는 주요 화학물질로 알려져 있다.

글루타민산염(glutamate) 홍분을 일으키는 신경전달물질로, 학습과 기억에 관여하는 시스템을 활성화한다.

노르에피네프린(norepinephrine) 새로운 기억을 형성하고, 그것을 장기기억으로 옮기기 위해서는 노르에피네프린이 필요하다. 동기, 각성, 집중에 필요한 홍분성 신경전달물질이다.

세로토닌(serotonin) 기분(mood), 식욕, 수면 등의 조절에 관여하는 신경전달물질이다. 세로토닌은 식욕과 체온뿐만 아니라 기억과 학습을 조절하는 중요한 역할을 한다. 세로토닌의 수치가 낮으면 불면증, 우울증, 공격적 행동이 나타나고, 고통에 대한 민감도가 증가한다. 집중하거나 올바른 의사결정을 내리기 위해서는 적당량의 세로토닌이 필요하다(인체에서 약 90퍼센트의 세로토닌은 장내 음식물에 반응하여 분비되며 위장관의 운동을 촉진하는 역할도 수행함-옮긴이).

핵심 노트 기억은 신경세포의 신경망 형태로 저장되며 신경전달물질을 통해 화학적으로 정보를 전달한다.

기억 탐색하기

감각기억(sensory memory) 모든 정보는 감각기관(미각, 후각, 시각, 청각, 촉

각)을 통해 뇌로 들어오는데 금방 사라진다. 감각기억은 우리가 무엇을 경험하고 있는지 뇌가 인지할 수 있는 만큼만, 즉 기껏해야 몇 초 또는 그보다 더 짧은 시간 동안만 지속된다. 새로운 정보는 시상에 의해 적절한 연합피질로 전달되고, 다시 해마가 있는 부위로 돌아와 여러 감각 정보가 하나의 완전한 사건으로 통합된다. 이 정보에 주의집중하면 그 정보는 다음 단계의 기억과정인 즉시기억으로 저장된다(Sousa, 2017).

즉시기억(immediate memory) 유입되는 감각정보에 주의를 기울이면 그 정보는 약 20초간 유지된다. 이러한 기억과정을 의식적 기억(conscious memory) 또는 단기기억(short-term memory)이라고 부르는데, 실제로 단기기억 과정은 즉시기억과 작업기억으로 이뤄진다.

즉시기억을 통해 식당 전화번호를 찾아 전화를 걸 때까지 번호를 머릿속에 유지시킬 수 있다. 그 과정에서 방해를 받으면 전화번호를 잊어버리게 되어 다시 전화번호를 찾아야 한다. 즉시기억은 약 20초 동안 최대 7비트의 정보를 저장한다.

능동적 작업기억(active working memory) 능동적 작업기억은 즉시기억으로부터 얻은 정보를 사용해 작업하는 것을 포함한다. 작업기억은 복잡한 인지과제를 처리하는 데 필요한 정보를 조작할 수 있는 시간과 장소를 제공한다(Baddeley, 1999). 작업기억의 용량을 늘리면 학생들이 표준화시험을 더 잘 볼 수 있다(Klein & Boals, 2001). 관련된 사전지식을 장기기억에서 작업기억으로 자주 불러오는데, 이를 통해 새로운 정보와 사전지식을 연결 지어 정보를 이해하게 된다. 작업기억에 정보를 저장할 수 있는 기간은 짧게는 몇 시간에서부터 길게는 며칠 또는 몇 주에 이른다. 정보가 장기기억에 저장되려면 그 정보는 어떤 방식으로든 의미가 있어야 한다. 즉, 새로운 정보와 이전에 저장된 정보 사이에 연결고리가 있어야 한다.

학교에서 학생들은 수학문제를 풀고, 에세이를 작성하고, 글을 읽으면서 작업기억을 사용한다. 그들은 새로운 아이디어를 생각해내고, 가설을 세우고, 문제를 해결하기 위해 관련 정보를 머릿속에 담아두고 조작하는 과정을 거친다.

장기기억(long-term memory) 기억 속에서 상세하게 표상(representation, 감각에 의해 획득한 현상이 마음속에서 재생된 것-옮긴이)될 수 있는 정보는 영구적인 기억으로 간주된다. 이러한 종류의 기억은 오래 지속된다. 뇌에서 정보 네트워크가 만들어지고 적절한 상황에서 자주 활용되면 정보의 활성화가 쉽게 일어나 정보인출이 이뤄진다.

새로운 정보는 어떤 과정을 거치는가? 만약 새로운 정보와 관련된 사전지식이 없다면 어떻게 되는가? 이는 내가 자주 받는 질문이다. 새로운 정보는 다양한 경로를 통해서 장기기억에 저장된다. 노래나 신체활동을 이용해 정보를 익히면 저장하는 데 도움이 된다. 또, 정보를 익힐 때 강렬한 감정을 느끼면 쉽게 잊히지 않는다. 특정 정보들 사이에서 유사점과 차이점을 찾아보는 활동 역시 정보를 이해하고 저장하는 데 도움이 된다.

복잡한 인지과제를 처리하려면 학생들은 많은 양의 지식에 접근해야 한다. 글을 이해하거나 고도의 숙련이 필요한 수행을 위해서는 작업기억에 요구되는 정보가 매우 많다. 따라서 작업기억에는 감각기억을 통

장기기억의 기능적 분류

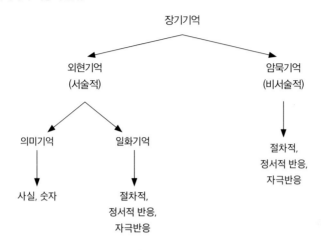

해 들어와 단기적으로 유지되고 있는 정보 외에 장기기억의 관련 정보까지 불러와 동시에 표상할 필요가 있다. 예를 들어 글을 읽는 학생들은 대명사가 가리키는 것이 무엇인지 알기 위해서 이전에 언급된 등장인물 및 이야기 내용을 기억하고 있어야 한다. 또, 현재 읽고 있는 문장에서 제시된 정보와 이전에 읽은 내용 사이에 어떤 논리적인 관련성이 있는지 파악하기 위해 맥락정보가 필요하다. 마찬가지로 수학 계산을 할 때, 계산 단계별 결과를 기억하고 있어야 최종적으로 문제를 풀 수 있다. 그런 상황에서 장기기억과 작업기억은 상호작용한다.

장기기억은 외현기억과 암묵기억으로 분류되며, 이는 더욱 세분화할 수 있다(〈도표 A.5〉 참조).

핵심 노트 기억은 몇 가지 서로 다른 과정을 거친 후에야 영구적으로 저장된다.

외현기억(explicit memory) 외현기억은 과제를 수행하기 위해 이전 경험을 의식적으로 기억해낼 때 사용된다(Sousa, 2017). 직접적 기억이라 생각하면 이해하기 쉽다(Baddeley, 1999). 외현기억은 의식적으로 학습되는 장기기억으로, 의미기억(semantic memory)과 일화기억(episodic memory)을 포함한다. 이들 기억은 모두 해마를 통해 학습되지만, 서로 확연히 구분된다. 해마는 습득된 정보 패턴을 재생해 되새김질하며 이런 훈련을 통해 기억이 피질의 적절한 위치에 영구적으로 저장될 수 있도록 하는 것으로 보인다.

교사는 일화기억과 의미기억의 차이를 알아야 한다. 일화기억은 무언가를 떠올릴 수 있다는 것(remembering)을 암시하지만, 의미기억은 무언가를 안다는 것(knowing)을 암시한다(Tulving, 1999). 무언가를 떠올릴 수 있다는 것은 그것을 안다는 사실을 전제하지만, 무언가를 안다는 것이 반드시 그것을 떠올릴 수 있다는 사실을 의미하지는 않는다. 학생들의 학업성취도를 높이기 위해서는 이 두 가지 기억경로를 잘 활용해야 한다. 둘 다 다중경험을 통해 기억을 강화할 수 있으며 이렇게 저장한 기억은 다양한 인출경로를 통해 접근할 수 있다.

의미기억과 일화기억 모두 사실에 관한 지식과 관련되고, 둘 다 인출과 서술이 가능하기 때문에 서술기억(declarative memory)이라 불리기도 한다(Wolfe, 2010).

일화기억(episodic memory) 일화기억이란 스스로를 인식하는(autonoetic) 것, 즉 자기 자신에 대해 아는 것을 가리킨다(Tulving, 1985). 일화기억은 사건 및 사람들의 위치와 그에 대한 묘사를 일컫는다. 일화는 시작,

중간, 끝과 같은 이야기적인 요소를 가진다. 또한, 특정 시간 및 공간과 관련해 뚜렷하게 기억나는 어떤 것을 말한다. 우리는 의식적으로 과거의 경험을 기억해낼 수 있다. 일화기억은 해마를 통해 사건, 경험, 장소로 범주화되어 저장된다.

런던의 택시기사에 관한 연구는 우리가 뇌를 어떻게 변화시켜 기억을 저장하는지를 보여준다. 런던에서 택시기사가 되려면 2년 동안 공부해야 한다. 공부를 시작하기 전과 2년 후, 공부를 다 끝낸 시점에 택시기사의 뇌를 스캔해보니 택시기사의 해마가 2년 동안 증가했다. 운전 경험이 쌓이면서 뇌가 계속 변화한 것이다(Brown, 2011).

일화기억은 맥락과 관련된다. 특정 장소에서 무언가를 배우고 나면, 같은 장소에 있을 때 배운 내용을 더 잘 회상할 수 있다(Baddeley, 1999).

의미기억(semantic memory) 의미기억은 이지적인(noetic) 것, 즉 아는 것이다. 의미기억은 시간이나 공간과 관련되기보다는 사실이나 언어 또는 개념에 대한 지식과 관련되며, 맥락독립적(context-free)이다. 또한 해마를 통해 저장된다. 해마는 모든 의미기억을 저장할 만큼 용량이 크지 않기 때문에 일부는 신피질 영역에 저장된다. 이러한 과정에는 시간과 잠이 필요하다. 해마는 정보를 메모하거나 범주화해서 나중에 쉽게 인출되도록 한다. 연구자의 대다수는 어떤 시점이 되면 기억에 접근하는 데 반드시 해마가 필요한 건 아니라고 생각한다. 특별한 과정을 거치면 기억은 이러한 기억경로 없이도 인출될 수 있지만 그렇게 되기까지는 며칠, 몇 달, 심지어 몇 년이 걸릴 수도 있다(Wiltgen et al., 2010).

의미기억의 대상이 되는 지식은 한 번에 학습되지 않으며 반복을 통해서 학습된다. 일단 학습하고 나면 그 정보를 어떻게 또는 언제 배웠는지 보통 잊어버리기 마련이다.

○ **핵심 노트** 교육시스템은 대부분 외현기억을 다룬다.

암묵기억(implicit memory) 암묵기억은 비서술적 기억(nondeclarative memory)이라 불린다. 암묵적 학습은 명시적이고 의도적인 학습이 아닌, 우연히 혹은 무의식적으로 일어나는 학습이다. 즉, 간접학습이다(Baddeley, 1999). 이런 종류의 기억은 처음에는 명시적이지만 반복을 거듭하면서 암묵적으로 변한다. 자동차를 운전할 때 운전 방법을 의식적으로 떠올리지 않는 것처럼 말이다. 암묵기억에는 절차적 지식 외에도 감정적 반응, 기예(skill)나 습관, 자극에 대한 반응이 포함된다.

절차기억(procedural memory) 절차기억이란 '노하우(know how)'에 대한 기억이다. 절차기억은 시간이 지나도 쉽게 잊히지 않으며 의식적으로 회상되는 것이 아니다. 근육기억(muscle memory)이라고도 불리며, 운동과 관계된(motor) 것일 수도 있고 운동과 관계없는(nonmotor) 것일 수도 있다(Levine, 2002). 기저핵과 소뇌가 절차기억에 관여한다.

순서대로 반복되는 과정은 암묵적 기억경로에 저장된다. 자전거를 타거나 신발끈을 묶는 것처럼 운동과 관계된 절차일 수도 있고, 이야기를 처음부터 끝까지 말하거나 과학적 접근법의 절차를 차례대로 말하는 것처럼 운동과 관계없는 절차일 수도 있다.

'부탁해요' 또는 '고마워요'라고 말하는 습관 역시 우리가 예의범절의 절차를 배우는 과정에서 얻은 습관이다.

정서기억(emotional memory) 뇌 한가운데 있는 편도체를 살펴보면 시상과 얼마나 가까이 있는지를 알 수 있다. 이 둘이 하나의 뉴런에서 나왔다는 주장도 있다(Goleman, 2013). 이를 통해 우리는 정보가 고차원적 사고 및 재인을 위해 신피질까지 올라가기 전 그 정보를 뇌의 감정 영역이 재빨리 받아들이고 걸러낸다는 사실을 알 수 있다. 이 때문에 감정이 관여된 정보는 편도체의 검토를 거쳐 저장된다. 편도체는 감정적인 내용에 대해 우리가 의식하지 못하는 사이에 반응한다.

자극반응(stimulus response) 자극반응은 반사적 기억(reflexive memory)이라고도 불리며, 특정 자극에 대한 반응을 의미한다. '뜨거운 난로 효과(hot stove effect, 한 번의 실패 경험으로 인해 그 후 어떤 도전도 하지 않는 태도-옮긴이)'와 비교되기도 하는데, 누군가 재채기를 하면 반사적으로 '블레스 유(bless you, 영어 문화권에서 누군가 재채기를 할 때 주변 사람들이 '건강 조심하세요.'라는 뜻으로 건네는 말-옮긴이)'라고 말하는 것도 자극반응의 일종이다. 학생들에게 반의어를 가르쳐보면 종종 '자동적'으로 학습하게 되는 것을 볼 수 있다. 교사가 '멈추다'라고 말하면 학생들이 '가다'라고 말하는 식이다. 플래시카드와 랩 가사를 통한 학습 역시 이러한 자극반응을 유도할 수 있다. 많은 사람이 이러한 기억 시스템을 '자동화된'이라고 부른다(Sprenger, 2010).

핵심 노트 외현기억보다 암묵기억이 더 강력하고 더 오래 지속된다.

그래픽 오거나이저의 종류

도표 B.1 벤다이어그램(venn diagram)

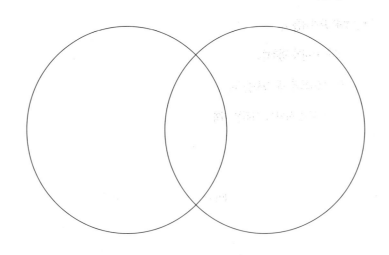

도표 B.2 **마인드맵(mind map)**

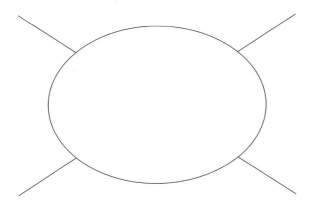

도표 B.3 **KWHLU차트(KWHLU chart)**

K	W	H	L	U

K(Know): 무엇을 이미 알고 있는가?
W(Want): 무엇을 알기를 원하는가?
H(How): 그것을 어떻게 배우고 싶은가?
L(Learned): 방금 무엇을 배웠는가?
U(Use): 배운 내용을 실생활에서 어떻게 활용할 것인가?

도표 B.5 **위계도(hierarchy diagram)**

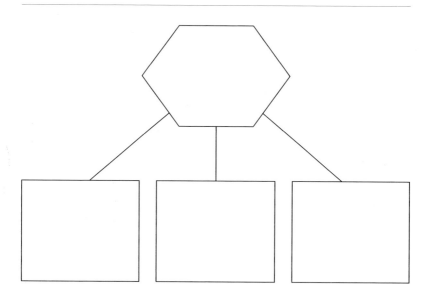

도표 B.6 **순서도(sequencing chart)**

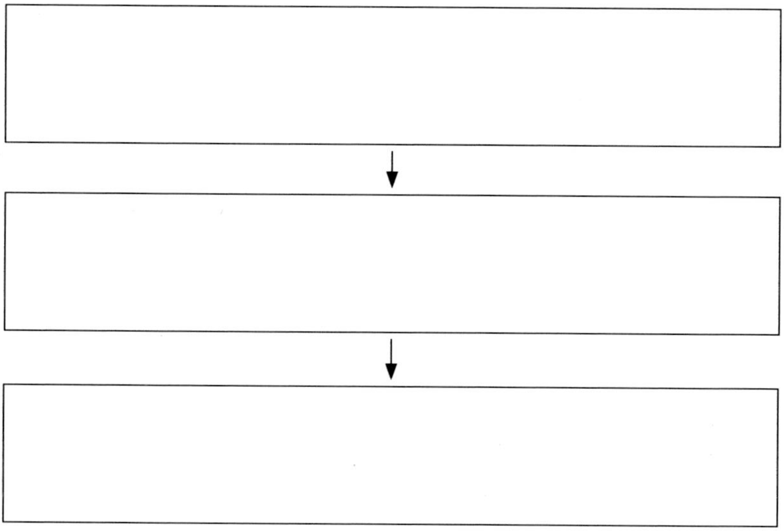

```
┌─────────────────────────────────────────────────────┐
│                                                       │
│                                                       │
│                                                       │
└─────────────────────────────────────────────────────┘
                           │
                           ▼
┌─────────────────────────────────────────────────────┐
│                                                       │
│                                                       │
│                                                       │
└─────────────────────────────────────────────────────┘
                           │
                           ▼
┌─────────────────────────────────────────────────────┐
│                                                       │
│                                                       │
│                                                       │
└─────────────────────────────────────────────────────┘
```

도표 B.7 **PMI차트(PMI chart)**

P(Plus)	M(Minus)	I(Interesting)

P(Plus): 방금 배운 학습내용 중 어떤 부분이 좋은가?

M(Minus): 마음에 들지 않거나 이해가 되지 않는 주제나 개념이 있는가?

I(Interesting): 이 수업에서 어떤 부분이 흥미롭다고 느끼는가?

도표 B.8 **인과관계 오거나이저(cause-and-effect organizer)**

무슨 일이 일어났는가?(결과)

[   ]

~때문에(원인 1)

[   ]

~때문에(원인 2)

[   ]

~때문에(원인 3)

[   ]

도표 B.9 **인과관계 지도(cause-and-effect map)**

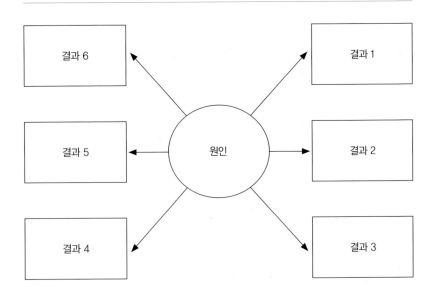

도표 B.10 **인과관계 사슬(cause-and-effect chain)**

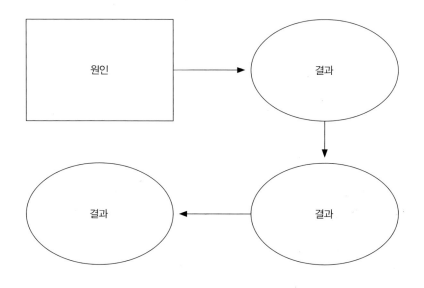

도표 B.11 **예시하기 오거나이저(exemplifying organizer)**

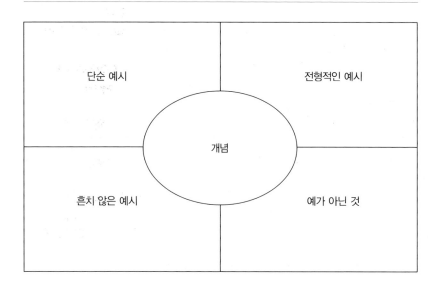

참고문헌

ACT, Inc. (2016/17). *Test preparation*. Available: http://www.act.org/content/act/en/products-and-services/the-act/test-preparation.html.

Alber, R. (2014, January 15). How important is teaching literacy in all content areas? *Edutopia*. Available: https://www.edutopia.org/blog/literacy-instruction-acrosscurriculum-importance

Allday, R. A., Bush, M., Ticknor, N., & Walker, L. (2011). Using teacher greetings to increase speed-to-task engagement. *Journal of Applied Behavior Analysis*, 44(2), 393-396.

Allen, R., & Scozzi, N. (2012). *Sparking student synapses, grades 9-12: Think critically and accelerate learning*. Thousand Oaks, CA: Corwin.

Anderson, J. R. (2000). *Learning and memory: An integrated approach* (2nd ed.). New York: Wiley.

Anderson, L., Krathwohl, D., Airasian, P., Cruikshank, K., Mayer, R., Pintrich, P., et al. (Eds.). (2001). *A taxonomy for learning, teaching, and assessing*. New York: Longman.

Andreason, N. (2004). *Brave new brain*. New York: Oxford University Press.

Armstrong, T. (1993). *Seven kinds of smart*. New York: Plume.

Armstrong, T. (2016). *The power of the adolescent brain: Strategies for teaching middle and high school students*. Alexandria, VA: ASCD.

ASCD Research Brief. (2004, May 25). Retention and student achievement. Available: http://www.ascd.org/publications/researchbrief/v2n11/toc.aspx

Atkins, S., & Murphy, K. (1993). Reflection: A review of the literature. *Journal of Advanced Nursing*, 18(8), 1188-1192.

Baddeley, A. (1999). *Essentials of human memory*. East Sussex, United Kingdom: Psychology Press.

Bailey, F., & Pransky, K. (2014). *Memory at work in the classroom: Strategies to help underachieving students*. Alexandria, VA: ASCD.

Bednark, J. G., Campbell, M. E. J., & Cunnington, R. (2015). Basal ganglia and cortical networks for sequential ordering and rhythm of complex movements. *Frontiers in Human Neuroscience*, 9,421.

Benjamin, N. (2010). "People think in stories" presentation. Available: http://csuepress.columbusstate.edu/csu_tv/159

Biffle, C. (2013). *Whole-brain teaching for challenging kids*. Yucaipa, CA: Whole Brain Teaching, LLC.

Bloom, F., Beal, M. F., & Kupfer, D. (Eds.). (2003). *The Dana guide to brain health*. New York: Dana.

Boud, D., Keough, R., & Walker, D. (1985). *Reflection: Turning experience into learning*. London: Kogan Page.

Brookhart, S. (2017, January 26). How to give effective feedback to your students. [ASCD Webinar.] Available: http://www.ascd.org/professional-development/webinars/how-to-give-effective-feedback-to-your-students-webinar.aspx

Brophy, J. (1987, October). Synthesis of research on strategies for motivating students to learn. *Educational Leadership*, 45(2), 40-48.

Brown, M. (2011). How driving a taxi changes London cabbies' brains. *Wired*. Retrieved from https://www.wired.com/2011/12/london-taxi-driver-memory/

Bruning, R. H., Schraw, G. J., & Ronning, R. (1999). *Cognitive psychology and instruction*. Upper Saddle River, NJ: Prentice-Hall.

Burke, K. (2009). *How to assess authentic learning* (5th ed.). Thousand Oaks, CA: Sage.

Burmark, L. (2002). *Visual literacy: Learn to see, see to learn*. Alexandria, VA: ASCD.

Burns, M. (2012). The new brain science of learning. [Video.] Available: https://www.youtube.com/watch?v=ahSYwchh-QM

Burrows, D. (1995). The nurse teacher's role in the promotion of reflective practice. *Nurse Education Today*, 15(5), 346-350.

Butler, R. (1987). Task-involving and ego-involving properties of evaluation: Effects of different feedback conditions on motivational perceptions, interest and performance. *Journal of Educational Psychology*, 79(4), 474-482.

Cahill, L. (2004). *Ten things every educator should know about the amygdala*. Presentation at the Winter Learning Brain Expo, San Diego, California.

Caine, R., & Caine, G. (1994). *Making connections: Teaching and the human brain.* Alexandria, VA: ASCD.

Carter, E. W., Wehby, J., Hughes, C., Johnson, S. M., Plank, D. R., Barton-Arwood, S. M., et al. (2005). Preparing adolescents with high-incidence disabilities for high-stakes testing with strategy instruction. *Preventing School Failure,* 49, 55–62.

Chapman, C., & King, R. (2000). *Test success in the brain-compatible classroom.* Tucson, AZ: Zephyr.

Chapman, C., & King, R. (2012). *Differentiated assessment strategies: One tool doesn't fit all* (2nd ed.). Thousand Oaks, CA: Corwin.

Chappuis, J., Stiggins, R., Chappuis, S., & Arter, J. (2011). *Classroom assessment for student learning: Doing it right—Using it well* (2nd ed.). London: Pearson.

Cohen, J. (1999). *Educating minds and hearts.* Alexandria, VA: ASCD.

Colbert, B., & Knapp, P. (2000, October 18). *This sucks. You're stupid: Giving negative feedback.* Paper presented at the William Mitchell College of Law, Midwest Clinic Conference.

Comer, J. (2003). Transforming the lives of children. In M. Elias, H. Arnold, & C. Hussey (Eds.), *EQ + IQ = Best leadership practices* (pp. 11–22). Thousand Oaks, CA: Corwin.

Connellan, T. (2003). *Bringing out the best in others.* Austin, TX: Bard Press.

Cooke, V. (1991). *Writing across the curriculum: A faculty handbook.* Victoria, Canada: Centre for Curriculum and Professional Development.

Costa, A., & Kallick, B. (2000). *Describing 16 habits of mind.* Retrieved from: http://www.habitsofmind.net/pdf/16HOM2.pdf

Costa, A., & Kallick, B. (Eds.) (2009). *Learning and leading with habits of mind: 16 essential characteristics for success.* Alexandria, VA: ASCD.

Cotton, K. (2000). *The schooling practices that matter most.* Alexandria, VA: ASCD.

Covey, S. (1989). *The seven habits of highly effective people.* New York: Simon & Schuster.

Crannell, A. (1994). *Writing in mathematics with Dr. Annalisa Crannell.* Available: https://www.fandm.edu/uploads/files/107682389602454187-guide-to-writing.pdf

Crew, J. (1969, Spring). The effect of study strategies of the retention of college text material. *Journal of Reading Behavior,* 1(2), 45–52.

Crossland, R., & Clarke, B. (2002). *The leader's voice: How your communication can inspire action and get results!* New York: Select Books.

Crowley, K., & Siegler, R. (1999, March–April). Explanation and generalization in young children's strategy learning. *Child Development, 70*(2), 304–316.

Damasio, A. (1999). *The feeling of what happens.* New York: Harcourt Brace.

Danielson, C. (2002). *Enhancing student achievement: A framework for school improvement.* Alexandria, VA: ASCD.

Danielson, C. (2011). *The framework for teaching evaluation instrument.* Hoboken, NJ: The Danielson Group.

Dean, C., Hubbell, E., Pitler, H., & Stone, B. (2012). *Classroom instruction that works: Researchbased strategies for increasing student achievement* (2nd ed.). Alexandria, VA: ASCD.

DeFina, P. (2003). *The neurobiology of memory: Understand, apply, and assess student memory.* Presentation at the Learning and the Brain Conference, Cambridge, Massachusetts.

Dehn, M. (2010). *Long-term memory problems in children and adolescents.* Hoboken, NJ: Wiley.

Desautels, L. (2016, March). How emotions affect learning, behaviors, and relationships. *Edutopia.* Available: https://www.edutopia.org/blog/emotions-affect-learning-behavior-relationships-lori-desautels

Dewey, J. (1910/1997). *How we think.* New York: Dover.

Dickman, M., & Blair, N. (2002). *Connecting the brain to leadership.* Thousand Oaks, CA: Corwin.

Diekelmann, S., & Born, J. (2010). The memory function of sleep. *Nature Reviews Neuroscience, 11*(2), 114–126.

Dunlosky, J., Rawson, K. A., Marsh, E. J., Nathan, M. J., & Willingham, D. T. (2013). Improving students' learning with effective learning techniques. *Promising Directions from Cognitive and Educational Psychology, 14*(1), 4–58.

Dweck, C. (2006). *Mindset: The new psychology of success.* New York: Random House.

Eichenbaum, H., & Dickerson, B. (2010). The episodic memory system: Neurocircuitry and disorders. *Neuropsychopharmacology, 35*(1), 86–104.

Engle, R. W., Kane, M. J., & Tuholski, S. W. (1999). Individual differences in working memory capacity and what they tell us about controlled attention, general fluid intelligence, and functions of the prefrontal cortex. In A. Miyake & P. Shah (Eds.), *Models of working memory: Mechanisms of active maintenance and executive control* (pp. 102–131). Cambridge: Cambridge

University Press.

Erlauer, L. (2003). *The brain-compatible classroom: Using what we know about learning to improve teaching.* Alexandria, VA: ASCD.

Feldman, R. (2007). On the origins of background emotions: From affect synchrony to symbolic expression. *Emotion* 7(3), 601–611.

Fogarty, R. (2003). *Nine best practices that make the difference.* Thousand Oaks, CA: Corwin.

Fogarty, R. (2009). *Brain-compatible classrooms* (3rd ed.). Thousand Oaks, CA: Corwin Press.

Francis, E. (2016). What EXACTLY is Depth of Knowledge? (Hint: It's NOT a wheel!) *ASCD Edge.* Available: http://edge.ascd.org/blogpost/what-exactly-is-depth-of-knowledge-hint-its-not-a-wheel

Gardner, H. (1983). *Frames of mind: The theory of multiple intelligences.* New York: Basic Books.

Gazzaniga, M. (1999). *The mind's past.* Berkeley: University of California Press.

Gelb, M. (1998). *How to think like Leonardo da Vinci.* New York: Dell.

Giannetti, C. G., & Sagarese, M. (2001). *Cliques: Eight steps to help your child survive the social jungle.* New York: Broadway.

Glasser, W. (1999). *Choice theory.* New York: Perennial.

Goldberg, E. (2001). *The executive brain: Frontal lobes and the civilized mind.* New York: Oxford University Press.

Goleman, D. (1998). *Working with emotional intelligence.* New York: Bantam.

Goleman, D. (2013). *Focus: The hidden driver of excellence.* New York: HarperCollins.

Gordon, B., & Berger, L. (2003). *Intelligent memory.* New York: Viking.

Gregory, G., & Kaufeldt, M. (2015). *The motivated brain: Improving student attention, engagement, and perseverance.* Alexandria, VA: ASCD.

Guillory J., Hancock, A., & Kramer, J. (2011). Upset now? Emotion contagion in distributed groups. *Proc ACM CHI Conference on Human Factors in Computing Systems* (Association for Computing Machinery, New York), 24, 745–748.

Hamann, S. B., Ely, T., Grafton, S., & Kilts, C. (1999). Amygdala activity related to enhanced memory for pleasant and aversive stimuli. *Nature Neuroscience,* 2, 289–293.

Harris, M. T. (2014). The effects of a test-taking skills intervention on test anxiety and test performance on 4th graders. [Thesis paper.] http://digitalcommons.

lsu.edu/cgi/viewcontent.cgi?article=4205&context=gradschool_theses

Harvey, S., & Goudvis, A. (2007). *Strategies that work* (2nd ed.). York, MN: Stenhouse.

Hattie, J. (2012). Know thy impact. *Educational Leadership, 70*(1), 18-23.

Hattie, J., & Yates, G. (2014). *Visible learning and the science of how we learn.* New York: Routledge.

Hamid, A. A., Pettibone, J. R., Mabrouk, O. S., Hetrick, V. L., Schmidt, R., Vander Weele, C. M., Kennedy, R. T., Aragona, B. J., & Berke, J. D. (2016). Mesolimbic dopamine signals the value of work. *Nature Neuroscience 19(1)*, 117-126.

Higbee, K. (1996). *Your memory: How it works and how to improve it.* New York: Marlowe.

Holzer, M. L., Madaus, J. W., Bray, M. A., & Kehle, T. J. (2009). The test-taking strategy intervention for college students with learning disabilities. *Learning Disabilities Research and Practice, 24*, 44-56.

Jensen, E. (2013). *Engaging students with poverty in mind: Practical strategies for raising achievement.* Alexandria, VA: ASCD.

Jensen, E., & Nickelsen, L. (2008). *Deeper learning: 7 powerful strategies for in-depth and longer-lasting learning.* Thousand Oaks, CA: Corwin.

Johnson, D. (2001). *Critical issue: Beyond social promotion and retention—Five strategies to help students succeed.* Available: http://www.readingrockets.org/article/beyond-social-promotion-and-retention-five-strategies-help-students-succeed

Johnson, D., Johnson R., & Holubec, E. (2007). *The nuts and bolts of cooperative learning* (2nd ed.) Minneapolis, MN: Interaction Book Company.

Johnson, N. L. (1995). *Active questioning: Questioning still makes the difference.* Beavercreek, OH: Pieces of Learning.

Johnson, S. C., Baxter, L. C., Wilder, L. S., Pipe, J. G., Heiserman, J. E., & Prigatano, G. P. (2002). Neural correlates of self-reflection. *Brain,* 125(8), 1808-1814.

Kahn, P. (2002). *Advice on using examples of ideas.* Retrieved from http://www.palgrave.com/skills4study/html/subject_areas/maths/maths_ideas.htm

Keeley, M. (1997). *The basics of effective learning.* [Unpublished manuscript.] Available: http://www.bucks.edu/~specpop/memory.htm

Kemmis, S. (1985). Action research and the politics of reflection. In D. Boud, R. Keogh, & D. Walker (Eds.), *Reflection: Turning nursing into learning* (pp. 139-163). London: Kogan Page.

Kenyon, G. (2002). Mind mapping can help dyslexics. *BBC News.* Retrieved from http://news.bbc.co.uk/1/hi/education/1926739.stm

Kerry, S. (2002). Memory and retention time. *Educationreform.net.* Retrieved from http://www.education-reform.net/memory.htm

Kihlstrom, J. (2011, March 8). How students learn—and how we can help them. Paper presented to the Working Group on How Students Learn. Retrieved from http://socrates.berkeley.edu/~kihlstrm/GSI_2011.htm

Klein, K., & Boals, A. (2001). Expressive writing can increase working memory capacity. *Journal of Experimental Psychology: General,* 130, 520-533.

Kohn, A. (1993). *Punished by rewards: The trouble with gold stars, incentive plans, As, praise, and other bribes.* New York: Houghton Mifflin.

Kolb, B., & Whishaw, I. (2009). *Fundamentals of human neuropsychology.* New York: Worth.

Kuczala, M. (2015). *Training in motion: How to use movement to create engaging and effective learning.* New York: AMACOM.

K⊠pper-Tetzel, C. E., Kapler, I. V., & Wiseheart, M. (2014, July). Contracting, equal, and expanding learning schedules: The optimal distribution of learning sessions depends on retention interval. *Memory and Cognition,* 42(5), 729-741.

Laviv, T., Riven, I., Dolev, I., Vertkin, I., Balana, B., Slesinger, P. A., & Slutsky, I. (2010). Basal GABA regulates GABA(B)R conformation and release probability at single hippocampal synapses. *Neuron,* 67(2), 253-267.

LeDoux, J. (2002). *Synaptic self.* New York: Viking.

Lengel, T., & Kuczala, M. (Eds.). (2010). *The kinesthetic classroom: Teaching and learning through movement.* Thousand Oaks: Corwin.

Levine, M. (2002). *A mind at a time.* New York: Simon & Schuster.

Levine, M. (2003). *The myth of laziness.* New York: Simon & Schuster.

Marsh, R. (2013). *Storytelling in education: imagery arts—foundation of intelligence and knowledge.* Available: https://mazgeenlegendary.wordpress.com/storytelling-in-education

Marzano, R. (1998). *A theory based meta-analysis of research on instruction.* Aurora, CO: Mid-continent Regional Educational Laboratory.

Marzano, R. J. (2007). *The art and science of teaching.* Alexandria, VA: ASCD.

Marzano, R. J. (2017). *The new art and science of teaching.* Bloomington, IN: Solution Tree; and Alexandria, VA: ASCD.

Marzano, R., & Kendall, J. (1996). *Designing standards-based districts, schools, and classrooms.* Alexandria, VA: ASCD.

Marzano, R., Pickering, D., & Heflebower, T. (2010). *The highly engaged classroom.* Bloomington, IN: Solution Tree.

Marzano, R. J., Pickering, D. J., Norford, J., Paynter, D., & Gaddy, B. (2001). *A handbook for classroom instruction that works.* Alexandria, VA: ASCD.

Marzano, R. J., Pickering, D. J., & Pollack, J. (2001). *Classroom instruction that works.* Alexandria, VA: ASCD.

Marzano Center Staff. (2013). *Have you done your homework on homework? Marzano Model stresses timing and quality* [blog post]. Available: http://www.marzanocenter.com/blog/article/have-you-done-your-homework-on-homework-marzano-model-stresses-timing-and-q/

Marzano Center Staff. (2015). *Four types of questions that increase rigor* [blog post]. Available: http://www.marzanocenter.com/blog/article/four-types-of-questions-that-increase-rigor/

Maslow, A., & Lowery, R. (Eds.). (1998). *Toward a psychology of being* (3rd ed.). New York: Wiley.

Mason, D., & Kohn, M. (2001). *The memory workbook: Breakthrough techniques to exercise your brain and improve your memory.* Oakland, CA: New Harbinger.

Mateika, J., Millrood, D., & Mitru. G. (2002). The impact of sleep on learning and behavior in adolescents. *Teachers College Record,* 104(4), 704-726.

Mazza, S., Gerbier, E., Gustin, M., Kasikci, Z., Koenig, O. Toppino, T., et al. (2016). Relearn faster and retain longer: Along with practice, sleep makes perfect. *Psychological Science,* 27(10), 1321-1330.

McGee, P. (2017, February 14). Help students reflect and set goals for powerful learning. *Corwin Connect Newsletter.* Available: http://corwin-connect.com/2017/02/help-students-reflect-set-goals-powerful-learning/

McNeil, F. (2009). *Learning with the brain in mind.* Thousand Oaks, CA: Corwin.

McTighe, J., & Wiggins, G. (2013). *Essential questions: Opening doors to student understanding.* Alexandria, VA: ASCD.

Medina, J. (2014). *Brain rules: 12 principles for surviving and thriving at work, home, and school.* Seattle, WA: Pear Press.

Merriam-Webster Collegiate Dictionary. (2003). (11th ed.). Springfield, MA: Merriam-Webster.

Moss, C. M., & Brookhart, S. M. (2009). *Advancing formative assessment in every classroom: A guide for instructional leaders.* Alexandria, VA: ASCD.

Mueller, C. M., & Dweck, C. S. (1998). Intelligence praise can undermine motivation and performance. *Journal of Personality and Social Psychology, 75*, 33–52.

National Education Association. (2003). *Balanced assessment: The key to accountability and improved student learning.* Retrieved from http://www. assessmentinst.com/pdfs/nea-balancedassess.pdf

Northwest Regional Educational Laboratory (NWREL). (2002). *Research you can use to improve results.* Originally prepared by Kathleen Cotton, NWREL, Portland, OR, and published by ASCD in 1999.

O'Connor, K. (2009). *How to grade for learning, K–12* (3rd ed.). Thousand Oaks, CA: Corwin.

Ogle, D. (1986). The K-W-L: A teaching model that develops active reading of expository text. *The Reading Teacher, 39*, 564–570.

O'Keefe, P. A. (2014, September 5). Liking work really matters. *The New York Times.* Retrieved from https://www.nytimes.com/2014/09/07/opinion/ sunday/go-with-the-flow.html

Olivier, C., & Bowler, R. (1996). *Learning to learn.* New York: Fireside.

Panskepp, J, & Biven, L. (2012). *The archaeology of mind: Neuroevolutionary origins of human emotions.* New York: Norton.

Pappas, P. (2010, January 4). *A taxonomy of reflection: Critical thinking for students, teachers, and principals.* Available: http://peterpappas. com/2010/01/taxonomy-reflection-critical-thinking-students-teachers-principals-.html

Paul, R. (1993). *Critical thinking: How to prepare students for a rapidly changing world.* Santa Rosa, CA: Foundation for Critical Thinking.

Pearson, P. D., & Gallagher, M. C. (1983). The instruction of reading comprehension. *Contemporary Educational Psychology, 8*, 317–344.

Perkins, D. (1995). *Outsmarting IQ.* New York: Free Press.

Perry, B. (2016, January 20). A child's brain needs experience, not just information. *Smarter Parenting.* Available: http://www.smarterparenting. com/blog/single/A-childs-brain-needs-experience-not-just-information

Pinker, S. (1999). *How the mind works.* New York: Norton.

Popham, W. J. (2001). *The truth about testing: An educator's call to action.* Alexandria, VA: ASCD.

Rabinowitz, J. C., & Craik, F. I. M. (1986). Specific enhancement effects associated with word generation. *Journal of Memory and Language, 25*, 226–237.

Ramirez, G., & Beilock, S. L. (2011, January 14). Writing about testing worries boosts exam performance in the classroom. *Science, 331*(6014), 211-213.

Ratey, J. J., with Hagerman, E. (2008). *Spark: The revolutionary new science of exercise and the brain.* New York: Little, Brown.

Restak, R. (2000). *Mysteries of the mind.* Washington, DC: National Geographic.

Richards, R. (2003). *The source for learning and memory strategies.* East Moline, IL: Linguisystems.

Rogers, S. (2013). *Teaching for excellence* (5th ed.). Evergreen, CO: Peak Learning Systems.

Rothstein, D., & Santana, L. (2011). *Make just one change: Teach students to ask their own questions.* Boston: Harvard University Press.

Rowe, M. B. (1973). *Teaching science as continuous inquiry.* New York: McGraw-Hill.

Rowe, M. B. (1986). Wait time: Slowing down may be a way of speeding up. *Journal of Teacher Education, 37*(1), 43-50.

Sandi, C. (2013). Stress and cognition. *WIREs Cognitive Science, 4*(3), 245-261.

Sapolsky, R. (2012). *The psychology of stress.* [Video.] Available: https://www.youtube.com/watch?v=bEcdGK4DQSg

Schacter, D. (1996). *Searching for memory.* New York: Basic Books.

Schacter, D. (2001). *The seven sins of memory.* New York: Houghton Mifflin.

Schenck, J. (2000). *Learning, teaching, and the brain.* Thermopolis, WY: Knowa.

Schenck, J. (2011). *Teaching and the adolescent brain: An educator's guide.* New York: W. W. Norton & Co.

Schmoker, M. (1999). *Results: The key to continuous school improvement* (2nd ed.). Alexandria, VA: ASCD.

Senge, P., Cambron-McCabe, N., Lucas, T., Smith, B., Dutton, J., & Kleiner, A. (2000). *Schools that learn.* New York: Doubleday.

Sevener, D. (1990, January). Retention: More malady than therapy. *Synthesis, 1*(1), 1-4.

Shaywitz, S. (2003). *Overcoming dyslexia.* New York: Knopf.

Sinek, S. (2014). *Leaders eat last: Why some teams pull together and others don't.* New York: Penguin.

Singer-Freeman, K. (2003). *Working memory capacity: Preliminary results of research in progress.* [Unpublished manuscript.] Retrieved from http://www.ns.purchase.edu/psych/faculty/freeman.html

Small, G. (2003). *The memory bible: An innovative strategy for keeping your brain young.* New York: Hyperion.

Smith, A. M., Floerke, V. A., & Thomas, K. (2016). Retrieval practice protects memory against acute stress. *Science,* 354(6315), 1046.

Sommer, W. (2010). *Procrastination and cramming: How adept students ace the system.* Available: http://www.tandfonline.com/doi/abs/10.1080/07448481.1990.9936207

Sousa, D. A. (2015). *Brain-friendly assessments: What they are and how to use them.* West Palm Beach, FL: Learning Sciences International.

Sousa, D. A. (2016). *How the special needs brain learns* (3rd ed.). Thousand Oaks, CA: Corwin.

Sousa, D. A. (2017). *How the brain learns* (5th ed.). Thousand Oaks, CA: Corwin.

Sprenger, M. (1999). *Learning and memory: The brain in action.* Alexandria, VA: ASCD.

Sprenger, M. (2002). *Becoming a wiz at brain-based teaching.* Thousand Oaks, CA: Corwin.

Sprenger, M. (2003). *Differentiation through learning styles and memory.* Thousand Oaks, CA: Corwin.

Sprenger, M. (2010). *The leadership brain for dummies.* New York: Wiley & Sons.

Sprenger, M. (2013). *Teaching the critical vocabulary of the common core: 55 words that make or break student understanding.* Alexandria, VA: ASCD.

Sprenger, M. (2017). *101 strategies to make academic vocabulary stick.* Alexandria, VA: ASCD.

Squire, L., & Kandel, E. (2008). *Memory: From mind to molecules* (2nd ed.). Englewood, CO: Roberts and Company.

Stahl, R. J. (1994). *Using think-time and wait-time skillfully in the classroom.* ERIC No. EDO-SO-94-3.

Sternberg, R., Grigorenko, E., & Jarvin, L. (2001, March). Improving reading instruction: The triarchic model. *Educational Leadership,* 58(6), 48–52.

Stickgold, R., & Walker, M. P. (2013). Sleep-dependent memory consolidation. *Nature Neuroscience,* 16(2), 139–45.

Stiggins, R. (2001). *Student-involved classroom assessment for learning* (3rd ed.). Columbus, OH: Merrill-Prentice Hall.

Stiggins, R. (2004). *Student-involved classroom assessment for learning* (4th ed.). Columbus, OH: Merrill-Prentice Hall.

Stiggins, R. (2017). *The perfect assessment system.* Alexandria, VA: ASCD.

Stronge, J. (2007). *Qualities of effective teachers* (2nd ed.). Alexandria, VA: ASCD.

Szpunar, K. K., Chan, J. C. K., & McDermott, K. B. (2009). Contextual processing in episodic future thought. *Cerebral Cortex,* 19, 1539-1548.

Takeuchi, T., Duszkiewicz, A., Sonneborn, A., Spooner, P., Yamasaki, M., Watanabe, M. et al. (2016, September 15). Locus coeruleus and dopaminergic consolidation of everyday memory. *Nature,* 537, 357-362.

Tate, M. L. (2016). *Worksheets don't grow dendrites: 20 instructional strategies that engage the brain.* Thousand Oaks, CA: Corwin.

Teaching in the Fast Lane. (2017, January 26). Six strategies for reteaching. Available: http://www.classroomtestedresources.com/2017/01/6-strategies-for-reteaching.html

Tileston, D. (2000). *Ten best teaching practices.* Thousand Oaks, CA: Corwin.

Tileston, D. (2004). *What every teacher should know about effective teaching strategies.* Thousand Oaks, CA: Corwin.

Tileston, D. (2011). *Closing the RTI gap: Why poverty and culture count.* Bloomington, IN: Solution Tree.

Tileston, D., & Darling, S. (2009). *Closing the poverty and culture gap: Strategies to reach every student.* Thousand Oaks, CA: Corwin.

Tobin, K. (1987, Spring). The role of wait time in higher cognitive level learning. *Review of Educational Research,* 57(1), 69-95.

Tomlinson, C. (2014). *The differentiated classroom: Responding to the needs of all learners* (2nd ed.). Alexandria, VA: ASCD.

Tovani, C. (2000). *I read it but I don't get it: Comprehension strategies for adolescent readers.* Portland, ME: Stenhouse.

Tuckman, B. W. (1998). Using tests as an incentive to motivate procrastinators to study. *Journal of Experimental Education,* 66, 141-147.

Tulving, E. (1985). How many memory systems are there? *American Psychologist,* 40, 385-398.

Tulving, E. (1999). Episodic vs. semantic memory. In R. Wilson & F. Keil (Eds.). *The MIT encyclopedia of the cognitive sciences.* Cambridge, MA: MIT Press.

Vacha, E., & McBride, M. (1993, March). Cramming: A barrier to student success, a way to beat the system, or an effective learning strategy? *College Student Journal,* 27(1), 2-11.

Van Blerkom, D.L. (2011). *College study skills: Becoming a strategic learner.* Boston: Wadsworth-Cengage.

van der Kleij, F. M., Feskens, R. C. W., & Eggen T. J. H. M. (2015). Effects of feedback in a computer-based learning environment on student outcomes: A meta-analysis. *Review of Educational Research,* 85(4), 475–511.

Verhoeven, S., & Boersen, G. (2015). *Move forward with dyslexia! Dismiss the label, dissolve fear of failure, discover your intelligence, deserve success.* CreateSpace.

Wellington, B. (1996). Orientations to reflective practice. *Educational Research,* 38(3), 307–315.

Wenglinsky, H. (2002, February 13). How schools matter: The link between teacher classroom practices and student academic performance. *Education Policy Analysis Archives,* 10(12).

Wheatley, M. (2004). *Simple conversations.* Presentation at the ASCD Annual Conference, New Orleans.

Wiggins, G., & McTighe, J. (2005). *Understanding by design* (2nd ed.). Alexandria, VA: ASCD.

Wiliam, D. (2011). *Embedded formative assessment.* Bloomington, IN: Solution Tree.

Williams, A. (2015, July). 8 successful people who use the power of visualization. Mindbodygreen.com. Available: https://www.mindbodygreen.com/0-20630/8-successful-people-who-use-the-power-of-visualization.html.

Williamson, A. (1997, July). Reflection in adult learning with particular reference to learning-in-action. *Australian Journal of Adult and Community Education,* 37(2), 93–99.

Willingham, D. T. (2004). The privileged status of story. *American Educator.* Available: http://www.aft.org/periodical/american-educator/summer-2004/ask-cognitive-scientist

Willis, J. (December 2009/January 2010). How to teach students about the brain. *Educational Leadership,* 67(4). Available: http://www.ascd.org/publications/educationalleadership/dec09/vol67/num04/How-to-Teach-Students-About-the-Brain.aspx

Willis, J. (2012, July 27). A neurologist makes the case for teaching teachers about the brain [blog post]. Available: https://www.edutopia.org/blog/neuroscience-higher-ed-judy-willis

Wiltgen, B. J., Zhou, M., Cai, Y., Balaji, J., Karlsson, M. G., Parivash, S. N., Li, W., & Silva, A. J. (2010). The hippocampus plays a selective role in the retrieval of detailed context memories. *Current Biology,* 20(15), 1336–1344.

Wolfe, P. (2010). *Brain matters: Translating research into classroom practice* (2nd ed.). Alexandria, VA: ASCD.

Wormeli, R. (2014) *Smart homework: Can we get real?* Available: https://www.
middleweb.com/16590/smart-homework-can-talk/

Zull, J. (2002). *The art of changing the brain: Enriching the practice of teaching
by exploring the biology of learning.* Sterling, VA: Stylus.

찾아보기

○

감사의 말

이 책에 많은 시간과 에너지를 쏟아준 훌륭한 친구들,
연구자들, 동료들에게

인간의 기억에 관해 연구하는 많은 분이 우리의 기억이 어떻게 작동하는지를 밝혀내기 위해 연구에 매진하고 있습니다. 먼저 대니얼 셰크터(Daniel Schacter)에게 감사 인사를 드리고 싶습니다. 그는 엄청나게 많은 시간을 들여 학습의 7단계 과정을 검토해줬고, 이 책을 끝낼 수 있도록 끊임없이 격려해줬습니다. 이 책에 영향을 준 존경하는 학자 로버트 마자노(Robert Marzano), 에릭 젠슨(Eric Jensen), 데이비드 수자(David Sousa), 존 해티(John Hattie), 릭 워멜리(Rick Wormeli)에게도 감사드립니다. 이분들이 애써주신 덕분에 우리가 학습에 대해 좀 더 많은 것을 알게 되었습니다.

ASCD 관계자분들께 감사드립니다. 특히 많은 지지와 격려, 도움을 준 캐롤 콜린스, 스테파니 로스, 제니 오스터태그, 리즈 웨그너에게 감사드립니다.

너무도 많은 것을 깨닫게 해준 나의 학생들에게도 큰 빚을 지고 있습니다. 또한 나를 감동하게 하는 수많은 선생님에게도 깊은 감사를 드립니다.

나를 위해 늘 일정을 맞춰주고 내가 출장에서 돌아오면 여행가방을 들어주며 전폭적인 지원을 해주는 남편에게도 감사의 말을 전하고 싶습니다.

배우는 대로 **쏙쏙** 기억되는
7단계 수업전략, 7R

2022년 4월 18일 | 초판 발행
2022년 8월 29일 | 개정판 1쇄 발행

지은이 마릴리 스프렌거
옮긴이 이현아, 권채리, 이찬승

펴낸이 이찬승
펴낸곳 교육을바꾸는책
편집·마케팅 고명희, 장현주, 김승지, 노현주
제작 류제양
디자인 최수정

출판등록 2012년 4월 10일 제313-2012-114호
주소 서울시 마포구 양화로 7길 76 평화빌딩 3층
전화 02-320-3600   **팩스** 02-320-3611

홈페이지 http://21erick.org   **이메일** gyobasa@21erick.org
유튜브 youtube.com/gyobasa   **포스트** post.naver.com/gyobasa_book
트위터 twitter.com/GyobasaNPO   **인스타그램** instagram.com/gyobasa

ISBN 978-89-97724-16-1 93370